Fundamentos da psicanálise
de Freud a Lacan

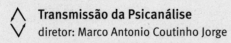
Transmissão da Psicanálise
diretor: Marco Antonio Coutinho Jorge

Marco Antonio Coutinho Jorge

# Fundamentos da psicanálise de Freud a Lacan

Vol.1: As bases conceituais

*3ª edição revista e ampliada*
*1ª reimpressão*

Copyright © 2000, 2005, 2022 by Marco Antonio Coutinho Jorge

1ª edição: 2000
2ª edição revista: 2005
3ª edição revista e ampliada: 2022

*Grafia atualizada segundo o Acordo Ortográfico da Língua Portuguesa de 1990, que entrou em vigor no Brasil em 2009.*

*Capa*
Bloco Gráfico

*Imagem de capa*
*Sem título*, 2009, de Maria Lynch. Caneta hidrográfica sobre papel. Coleção particular.

*Revisão*
Huendel Viana
Adriana Bairrada
Luciana Baraldi

Dados Internacionais de Catalogação na Publicação (CIP)
(Câmara Brasileira do Livro, SP, Brasil)

Jorge, Marco Antonio Coutinho
 Fundamentos da psicanálise de Freud a Lacan : Vol. 1 : As bases conceituais / Marco Antonio Coutinho Jorge. — 3ª ed. rev. e ampl. — Rio de Janeiro : Zahar, 2022. — (Fundamentos da psicanálise de Freud a Lacan ; 1)

 ISBN 978-65-5979-081-4

 1. Freud, Sigmund, 1856-1939 2. Lacan, Jacques, 1901-1981 3. Psicanálise I. Título. II Série.

22-120239          CDD: 150.195

Índice para catálogo sistemático:
1. Psicanálise   150.195

Eliete Marques da Silva – Bibliotecária – CRB-150.195

Todos os direitos desta edição reservados à
EDITORA SCHWARCZ S.A.
Praça Floriano, 19, sala 3001 — Cinelândia
20031-050 — Rio de Janeiro — RJ
Telefone: (21) 3993-7510
www.companhiadasletras.com.br
www.blogdacompanhia.com.br
facebook.com/editorazahar
instagram.com/editorazahar
twitter.com/editorazahar

O inconsciente é decerto o verdadeiro intermediário entre o somático e o psíquico, talvez seja o *missing link* tão procurado.

Sigmund Freud

O inconsciente é estruturado como uma linguagem.

Jacques Lacan

# Sumário

*Prefácio à série* Fundamentos da psicanálise de Freud a Lacan   9

*Introdução*   13

1. Pulsão e falta: O real   23
2. Inconsciente e linguagem: O simbólico   87
3. Freud e os pares antitéticos   138
4. O objeto perdido do desejo   185

Anexo I: Sobre a evolução da espécie humana   215

Anexo II: Futebol, a guerra na vida cotidiana   231

*Notas*   247
*Referências bibliográficas*   269
*Créditos das ilustrações*   275

# Prefácio à série *Fundamentos da psicanálise de Freud a Lacan*

O MOMENTO EM QUE ESTA SÉRIE, *Fundamentos da psicanálise de Freud a Lacan*, se completa, com a publicação de seu quarto volume, coincide com a reedição dos três volumes anteriores em versões inteiramente revistas, ampliadas e com novas ilustrações. Nesses cerca de vinte anos entre o surgimento do primeiro e do último volumes, foi com grande satisfação que vi se firmar a receptividade desta obra junto a psicanalistas e estudantes de psicologia.

Em um processo de ressignificação tão caro à psicanálise, tive oportunidade, assim, de dirigir um novo olhar para o conjunto e revisitar cada volume da série. Há aqui um trabalho construído de acordo com movimentos que nitidamente se impuseram, ao longo do tempo, pelo aprofundamento da pesquisa teórico-clínica. Não por acaso demarquei a obra de Sigmund Freud em períodos que permitem ordenar sua evolução de forma gradativa e rigorosamente obediente ao avanço da experiência analítica: o ciclo do inconsciente, o ciclo da fantasia e o ciclo da técnica. Mostrei que esses três ciclos estão intimamente articulados e seguem um eixo de construção bastante notável, cuja consistência emana certamente da ênfase na soberania da clínica que norteou seus três grandes passos teóricos: pulsão sexual, narcisismo, pulsão de morte.

O primeiro volume trata das bases conceituais da psicanálise, a pulsão e o inconsciente. Com uma revisão minuciosa e completa, seu texto ganhou maior clareza e o sequenciamento das ideias foi aperfeiçoado — elementos importantes para um livro que condensa significativa gama de conteúdos teóricos complexos e consistentes. Nesse *As bases conceituais*, resgatei o esquecido conceito de recalque orgânico na obra de Freud, com o intuito de acrescentar elementos para elucidar o próprio mecanismo do recalque — pedra angular do edifício teórico da psicanálise, segundo seu criador —, e introduzi, como consequência dessa investigação, a noção de pulsão olfativa, única pulsão que não encontrou tematização consistente na psicanálise, embora sua manifestação na clínica e na vida cotidiana seja inegável.

A ordenação dos achados teóricos relativos ao inconsciente e à pulsão, com os múltiplos conceitos deles derivados, visou oferecer com a maior fidedignidade possível um retrato nítido, embora denso, da importância da leitura lacaniana da descoberta freudiana. Sem Lacan, não teríamos hoje tão bem definidas suas concepções absolutamente inéditas da sexualidade humana e do conhecimento sobre o inconsciente a partir da estrutura da linguagem. Um novo anexo foi acrescentado ao volume, em que o jogo de futebol é analisado como paradigma das exigências da pulsão e dos limites da sublimação imposta pela cultura.

O segundo volume, *A clínica da fantasia*, concentrou-se em um dos mais poderosos núcleos temáticos da psicanálise desde sua criação, o conceito freudiano de fantasia (*Phantasie*). Como consequência direta das elaborações do volume anterior, introduzi a definição da fantasia como a articulação entre a pulsão e o inconsciente. Percorri o conceito em suas variadíssimas manifestações e isolei um período de estudo sobre a fantasia na obra de Freud — que denominei ciclo da fantasia —, para demonstrar o lugar central que ele ocupa na maneira singular pela qual a psicanálise concebe o aparelho psíquico.

Isolei no matema lacaniano da fantasia seus dois polos — amor e gozo —, que orbitam em torno do núcleo vazio do desejo, o que nos permitiu detectar as duas fantasias de desejo que norteiam a vida erótica de modo universal. Mostrei como a clínica da separação amorosa, causa frequente das mais variadas formas de profunda desestabilização psíquica, pode ser considerada emblemática da desfusão pulsional produzida quando a fantasia sofre um golpe e sua potência é rarefeita a ponto de abalar, com maior ou menor duração, a estrutura subjetiva.

*Prefácio*

Criei uma forma inédita de conceber a relação entre a fantasia e a pulsão de morte, que reorganiza de modo fecundo um sem-número de ocorrências clínicas e lhes fornece inteligibilidade analítica. Mostrei como a localização de gozo propiciada pela fantasia fundamental — verdadeiro núcleo do aparelho psíquico — é fonte da realidade psíquica, e como sua ausência, mesmo momentânea, é o fator desencadeante de estados de enlouquecimento, passíveis às vezes de serem considerados erroneamente como psicóticos. A vida e a história clínica do grande dançarino russo Vaslav Nijinsky, um capítulo acrescentado ao volume 2 nesta nova edição, ilustram esse ponto de maneira impressionante.

O terceiro volume, *A prática analítica*, focalizou, especialmente tendo em mente a noção de ciclo da técnica, os elementos que considero os mais relevantes do método psicanalítico criado por Freud. Quis concentrar em uma única obra os termos fortes que definem a especificidade da experiência analítica, tal como construída por Freud, e que foram objeto da atenção de Jacques Lacan ao longo de todo seu ensino. Visitei o período de exatos dez anos em que o jovem neurologista Sigmund, após retornar de seu estágio com Jean-Martin Charcot no hospital da Salpétrière, em Paris, voltou toda sua atenção para a clínica da histeria, com a qual gestou e erigiu a ciência psicanalítica. Nessa nova edição, acrescentei um capítulo sobre o longo percurso de Freud na criação das balizas de uma clínica estrutural.

Indicando o enraizamento do ciclo da técnica naquele que o antecedeu, percorri-o como a expressão da maturidade alcançada por Freud com o estudo minucioso da estrutura da fantasia em suas várias apresentações. Os conceitos introduzidos por ele para tematizar as questões relativas à direção da análise foram estudados a partir das férteis interrogações e elaborações que o ensino de Lacan forneceu. Assim, apoiado no conceito lacaniano de desejo do analista e na ética que ele implica, acompanhei as principais balizas da prática analítica — a relação entre angústia e desejo, as duas faces da repetição, a distinção entre interpretação e construção em análise, a dialética entre luto e culpa, o lugar do analista e o sujeito suposto saber —, e introduzi a noção de deliberação analítica.

O quarto volume, *O laboratório do analista*, além de complementar temas pouco aprofundados nos anteriores — como o estudo da lógica da interpretação e do tempo da sessão analítica a partir de Lacan, assim como a genealogia do objeto *a* e o discurso psicanalítico —, tem o mérito de fornecer a luz mais intensa com a qual passei a conceber a posição do analista em sua prática: entre ciência e arte. Em seu consultório, a cada sessão o analista está em um verdadeiro laboratório, lidando com duas dimensões distintas e ambas imprescindíveis: uma em que o conhecimento teórico e científico se mostra necessário e subjacente à prática em toda a sua extensão; e outra em que a experiência real com seus analisandos o conduz a desenvolver um *savoir-faire* atravessado por seu estilo, mas também comprometido com a marca do encontro singular que cada paciente produz, em suas diversas manifestações transferenciais, e exige como escuta e resposta analítica.

Todo conhecimento é pouco para um analista, assim como toda prudência e humildade também — os analistas, mundialmente, são unânimes em reconhecer isso. Como afirma Lacan, o analista nada sabe do saber que lhe é suposto pelo seu analisando, mas isso não o exime de percorrer continuamente os mais variados saberes dos quais a teoria psicanalítica se nutre. Ao contrário, a posição de não saber ocupada pelo analista na direção do tratamento de seus pacientes só tem legitimidade, e pode produzir as consequências almejadas, quando é construída em uma referência ao saber. É o que Lacan nomeou de douta ignorância.

O relançamento dos três primeiros volumes junto à publicação do mais recente e último volume da série foi uma proposta entusiasmada do editor Ricardo Teperman, a quem devo essa fantástica oportunidade. Pude contar com a experiência de Ana Cristina Zahar, editora apaixonada por seu ofício e pela psicanálise, na leitura e sugestões de cada volume, o que deu à série uma nova vida textual. A eles, não poderia haver agradecimento maior que o da alegria de um autor diante do caloroso acolhimento a uma obra que expressa seu desejo de criar no campo teórico inaugurado por Sigmund Freud e continuado pelo ensino de Jacques Lacan.

*Rio de Janeiro, setembro de 2022*

# Introdução

NESTE PRIMEIRO VOLUME DE *Fundamentos da psicanálise*, procedi à retomada de uma questão aparentemente tida como respondida: o que é o inconsciente? Após mais de um século de existência da teoria e da prática psicanalíticas, tal pergunta poderia parecer irrisória. Não é essa a posição que defendo: essa interrogação insiste em exigir de nós maior elaboração, desde que Freud introduziu em seus primeiros trabalhos psicanalíticos o conceito de inconsciente. De fato, a questão sobre "o que é o inconsciente?" foi continuamente sustentada por Jacques Lacan — cujo ensino constitui nosso eixo condutor da leitura de Freud — como o enigma maior que exige decifração. Em um de seus escritos mais tardios, por exemplo, Lacan surpreende ao estabelecer uma analogia entre inconsciente/psicanálise e natureza/física ao asseverar:

> A estrutura, sim, cujo reconhecimento a psicanálise impõe, é o inconsciente. Parece bobagem repetir isso, mas o é muito menos quando se percebe que *ninguém sabe o que isso é*. Isto não deve nos deter. Também nada sabemos sobre o que é a natureza, o que não nos impede de ter uma física, e de alcance sem precedente, pois ela se chama a ciência.[1]

Considero, precisamente porque não temos podido dar uma resposta mais abrangente à tal questão sobre o que é o inconsciente, que a psicanálise tem sido alvo de inúmeros equívocos. Em particular, vê-se que ela tem sido repudiada pelos outros saberes em algumas de suas teses fundamentais ou, ainda, tem sido fonte de grandes mal-entendidos entre os próprios psicanalistas.

O conceito freudiano de pulsão, para tomar um exemplo central na elaboração deste volume, e cujo estatuto transdisciplinar pretendo enfatizar, é revelador disso: considerado por Lacan um dos quatro conceitos fundamentais da psicanálise, a pulsão não abriu via de reflexão junto aos outros saberes, e, mesmo entre os psicanalistas, prestou-se até hoje a equívocos básicos, que podem ser atestados pela desvirtuação produzida pela escola inglesa ao traduzir o termo alemão *Trieb* por instinto. A história da incompreensão desse conceito talvez possa ser lida como essencialmente ligada à história das resistências à psicanálise — a história de uma verdadeira repulsão à pulsão. No entanto, como veremos, segundo a leitura lacaniana de Freud, a pulsão é o conceito psicanalítico que mais se revela inseparável da questão sobre o que é o inconsciente.

O retrato da presença da psicanálise na cultura permanece ambivalente, senão confuso. Ali, a psicanálise tem sido alvo de enorme assimilação e, simultaneamente, de grande repúdio. A onipresença da psicanálise nos quadros da universidade e no discurso diário da mídia atesta sua importância na vida cotidiana, apesar de ainda ser "rejeitada", em certos meios, como discurso científico.

Cada um a seu turno, Freud e Lacan ressaltaram que a cultura norte-americana sempre se pautou por uma poderosa resistência ao discurso psicanalítico. Decorre desse fato que a pluralidade das produções teóricas mais criativas da psicanálise contemporânea venha se norteando por uma referência quase absoluta aos desenvolvimentos trazidos pelo ensino de Lacan. Como apontou Alain Didier-Weill, a "tarefa que Lacan nos deixou, por seu trabalho de *retorno a Freud*, é de uma grande exigência, pois reconhecemos que esse retorno se especifica por não poder ser realizado de uma vez por todas". Se não tivermos em mente que o retorno a Freud é um ato que deve ser repetido em sua virulência, nosso pensamento se desenvolverá sob o ascendente exclusivo do princípio de prazer e não resistirá "à tentação que lhe é proposta pelo pensamento dogmático, ou ideológico, cuja função é a de fazer com que se cale a questão singular, trazendo-lhe, de uma vez por todas, uma resposta coletiva".[2]

Por um lado, a vida da psicanálise depende da abertura que ela saiba manter para o novo, trazido continuamente pelo aprofundamento da especificidade de sua experiência. Sua vitalidade depende de ela não se tornar uma intrincada armadura teórica afastada da experiência clínica, da escuta do sujeito em análise, a partir da qual sua teoria se fundou e da qual ela continua retirando sua força.[3]

A transformação da psicanálise num discurso dogmático, de cunho religioso, retira dela toda sua eficácia e alcance, transformando-a num saber inócuo e, mais do que isso, resistencial. Pois a psicanálise, como postulou Lacan, é o único discurso que coloca o saber no lugar da verdade, isto é, que trata do saber sobre a singularidade subjetiva em seu estado nascente, no próprio ato da palavra falada. E o que pode evitar o advento da "religião" psicanalítica não é outra coisa senão o cuidado com a dimensão que lhe é própria, de escuta do discurso do sujeito — e isto, para além de toda e qualquer teoria bem formulada.

A experiência analítica é a única a proporcionar a um sujeito acesso ao mais amplo espectro de suas formações do inconsciente. Nesse sentido, a rigor, a transmissão da psicanálise se dá de um a um, no seio da própria experiência de análise: não há tratado de psicanálise capaz de reunir a infinita gama de formações do inconsciente para auxiliar o psicanalista em sua prática interpretativa. Sua única bússola é a escuta analítica, e esta se produz na relação transferencial a partir do dizer do analisando acionado pela regra fundamental da psicanálise, a regra da associação livre.

Por outro lado, Freud quis dar ao conceito de inconsciente uma abrangência ímpar, acabando por estendê-lo do âmbito restrito da patologia neurótica a todas as regiões da mais legítima produção humana. Nenhuma de nossas ações, escolhas, tendências ou desejos escapa à ação do inconsciente, o que faz com que a fronteira tão rígida entre normal e patológico, construída outrora pelo saber psiquiátrico, se torne algo tênue. A "psicopatologia" é observada por Freud, assim, de modo paradoxal, nas mais diversas regiões do próprio cotidiano. Nesse sentido, Freud observa no artigo intitulado "Uma breve descrição da psicanálise", que a importância da psicanálise decorre primordialmente de suas relações com a vida psíquica normal e não com a patológica. E a descoberta da interpretação dos sonhos foi o que revelou esse fato, pois os sonhos correspondem a "genuínas produções patológicas que podem surgir regularmente nas condições de saúde".[4]

Assim, além dessa dimensão essencial da experiência de escuta do sujeito em análise, chamada por Lacan de psicanálise em intensão, a psicanálise é um discurso que fornece condições para a extensão de sua reflexão sobre outros campos do saber. Numa de suas obras iniciais, *A psicopatologia da vida cotidiana*, exemplos de formações do inconsciente (atos falhos, lapsos de linguagem, esquecimentos de nomes etc.) proliferam na pena de Freud no sentido de desvincular a ocorrência dessas formações do contexto exclusivo do tratamento analítico com pacientes neuróticos. O último capítulo dessa obra é dedicado à demonstração de que "não há nada no psíquico que seja produto de um livre arbítrio, que não obedeça a um determinismo",[5] e, portanto, até mesmo a escolha aparentemente casual de um número acaba se revelando como sobredeterminada inconscientemente. Não existe o acaso psíquico — esta é a maneira pela qual se pode resumir a posição freudiana a esse respeito.

O alcance da descoberta psicanalítica assume uma dimensão cada vez mais ampla para Freud à medida que suas pesquisas vão se deslocando até atingir a psicologia de grupo, num esquema que pode ser assim simplificado:

Patologia ⟶ Normalidade ⟶ Psicologia de grupo

Foram, de fato, algumas "analogias surpreendentes" que permitiram a Freud estender o campo dos achados da psicanálise da "atividade anímica do indivíduo" para as "operações psíquicas de comunidades humanas e de povos". Só assim a psicanálise pôde adquirir o estatuto de uma "psicologia das profundezas" e ser aplicada à "quase totalidade das ciências do espírito". Essa posição de Freud foi resumida por Lacan de modo pungente, ao afirmar que o inconsciente é a verdadeira doença mental do homem.

Há na obra freudiana algumas investigações que nos incitam a refletir não só sobre o alcance do conceito de inconsciente para um determinado sujeito e para o grupo social, como igualmente para o campo da teoria da evolução da espécie humana. E, por isso, uma parcela considerável do presente livro é dedicada a abordar esse segmento da obra freudiana que não se furta a considerar certos enigmas referentes à emergência do sujeito humano, e que Freud chegou a colocar nos seguintes termos numa carta a seu aluno Georg Groddeck: "O inconsciente é decerto o verdadeiro intermediário entre o somático e o psíquico, talvez seja o *missing link* tão procurado".[6]

Dentre as muitas balizas teóricas existentes na obra freudiana sobre a questão da emergência do sujeito, escolho duas, uma do início e outra do fim, que se revelam de algum modo complementares. Para começar, uma passagem de *A interpretação dos sonhos* menciona a possibilidade de se refletir a respeito da emergência do sujeito a partir dos achados da psicanálise sobre o inconsciente:

> Por trás desta infância individual, é-nos prometido também alcançar uma perspectiva sobre a infância filogenética, sobre o desenvolvimento do gênero humano, do qual o do indivíduo é de fato uma repetição abreviada, influenciada pelas circunstâncias contingentes de sua vida. Podemos vislumbrar quão acertadas são as palavras de Nietzsche: no sonho "prossegue atuando uma antiquíssima relíquia do humano que já não se pode alcançar por um caminho direto"; isso nos leva a esperar que mediante a análise dos sonhos haveremos de obter o conhecimento da herança arcaica do homem, o que há de inato em sua alma. Parece que sonho e neurose conservaram para nós da antiguidade da alma mais do que poderíamos supor, de sorte que *a psicanálise pode reivindicar para si um lugar de destaque entre as ciências que se esforçam por reconstruir as fases mais antigas e obscuras dos primórdios da humanidade.*[7]

A segunda, extraída da passagem de *Moisés e o monoteísmo* em que Freud trata da relação entre a herança arcaica e as fantasias primordiais, revela que "a capacidade de simbolização" seria este elemento "psiquicamente inato", a "herança arcaica" que se transmite nas gerações:

Temos de finalmente decidir-nos por adotar a hipótese de que os precipitados psíquicos do período primeiro se tornaram propriedade herdada, a qual, em cada nova geração, não exigia aquisição, mas apenas um redespertar. Nisso, temos em mente o exemplo do que é certamente o simbolismo "inato" que deriva do período do desenvolvimento da linguagem, familiar a todas as crianças sem que elas sejam instruídas, e que é o mesmo entre todos os povos, apesar de suas diferentes línguas.[8]

Nessa retomada do conceito de inconsciente quisemos privilegiar ambas: as conjecturas freudianas sobre o inconsciente como o *missing link* e a elaboração lacaniana sobre o inconsciente estruturado como uma linguagem, considerando-as imprescindíveis e mutuamente complementares. O espectro de ação da abordagem freudiana foi desde sempre bastante amplo, não se furtando a tratar de questões que escapavam ao inconsciente tomado na experiência estritamente clínica e, portanto, relativa à sua emergência na fala do sujeito em análise.

Por sua vez, ainda que ressalte o inconsciente como "transindividual",[9] Lacan operou um limite metodológico em sua abordagem que possibilitou, de fato, que ele viesse a explorar em profundidade a estrutura da linguagem em sua relação com o inconsciente. Como ele mesmo afirma no seminário *A ética da psicanálise*, o processo simbólico é inoperante no mundo animal e, na medida em que as coisas do mundo humano pertencem a um universo estruturado em palavras, isso "implica que tenhamos primeiro um conhecimento completo, estrito, do que o processo simbólico quer dizer".[10]

Uma vez que se tratava de dar relevo ao lugar central ocupado pela fala e pela linguagem na experiência psicanalítica, fato fundamental que havia sido completamente esquecido pelos analistas pós-freudianos, foi necessário para Lacan estabelecer que o mundo humano é o mundo da linguagem, que não há nada aquém ou além da linguagem. Cético em relação a qualquer conjectura que aborde regiões situadas pretensamente fora dos limites dessa metodologia, Lacan afirmou que "não há nenhuma chance de dispormos da chave do acidente de percurso que fez com que o sexo acabasse constituindo uma doença no ser falante, e a pior doença, aquela pela qual ele se reproduz".[11] Para ele, toda investigação humana está para sempre presa no interior do cinturão criado inarredavelmente pela linguagem.

Mas pelo simples fato de ter delimitado, a partir da perspectiva psicanalítica, a importância fundadora da linguagem e, mais essencialmente, ter dissecado sua estrutura — sabe-se que a analogia entre o ato do psicanalista e aquele do cirurgião era muito cara a Freud —, Lacan nos trouxe de volta àquelas regiões cruciais e problemáticas da obra freudiana de uma maneira mais consistente, em que seus contornos estão mais bem definidos e apresentando novas possibilidades de reflexão. Assim, pretendo demonstrar que, talvez aqui como nunca, Lacan não só resgata Freud como também o complementa, pois seu ensino, ao redirecionar a experiência psicanalítica para sua vocação inaugural de escuta do desejo do sujeito em sua verdade singular, criou uma lógica do significante e uma tripartição estrutural real-simbólico-imaginário, ambas fundamentais para a psicanálise contemporânea. Real-simbólico-imaginário constitui um novo nome, dado por Lacan, ao inconsciente freudiano.

Além da experiência psicanalítica com sua escuta do discurso do analisando, o entrelaçamento da psicanálise com outras disciplinas sempre foi extremamente fecundo para ela. Freud acreditava que o ensino da psicanálise não podia prescindir do estudo de uma série de disciplinas afins, ou mesmo de todas aquelas que fazem do homem um ser letrado. Isso não significa que a experiência da psicanálise não seja inteiramente específica e não envolva dimensões e dispositivos próprios, pois ela parte de dois conceitos fundamentais — inconsciente e pulsão —, que caracterizam a poderosa singularidade de suas descobertas. Mas é preciso que seus achados possam, por sua vez, adquirir uma ressignificação no mundo das ideias, junto às outras disciplinas, e sair do gueto teórico muitas vezes criado pela ortodoxia.

Por mais particulares que sejam os achados psicanalíticos (em especial, os conceitos de inconsciente e de pulsão) e sujeitos às concepções próprias à teoria e à prática freudiana (a experiência da transferência), eles não estão desvinculados dos achados das outras disciplinas que também se debruçam sobre os fatos humanos. E se acreditamos que seja possível a transmissão da teoria psicanalítica, é necessário que ela se valha das outras disciplinas, seja para questioná-las, seja para assimilá-las nos aspectos em que divergem ou convergem.

Se este livro é fruto de muitos anos de estudo da teoria e de exercício da clínica psicanalítica, não é apenas do interior desse campo que eu gostaria que fosse apreciado, uma vez que nele recorto pontos de articulação entre diferentes saberes: psicanálise, linguística e teoria da evolução. Tal articulação, uma das dimensões mais essenciais deste trabalho, foi surgindo à medida que a investigação avançava e não nos foi dada de saída: fato relevante, já que demonstra, por si só, uma proximidade com a forma de operação própria à experiência psicanalítica. Esta se caracteriza pelo acionamento, por parte do analista, de uma posição de não saber que permite, só ela, a emergência da verdade de um saber Outro, o inconsciente. Referindo-se a esse aspecto tão primordial e mostrando o vínculo indissociável que há, na experiência analítica, entre o tratamento e a pesquisa, Freud afirmou que "é o conhecimento que traz o êxito e não é possível tratar sem aprender algo de novo, nem ganhar um esclarecimento sem vivenciar seu efeito benéfico".[12]

Este primeiro volume de *Fundamentos da psicanálise* é uma versão modificada e ampliada de minha tese de Doutorado na Escola de Comunicação e Cultura da UFRJ, intitulada "O objeto perdido do desejo". Sou muito grato a Regina Glória Andrade, que acolheu meu projeto de pesquisa e apontou, com sensibilidade, a sua direção principal. Agradeço a Ieda Tucherman pelo rico diálogo estabelecido durante a segunda fase desse trabalho, assim como aos outros membros da banca examinadora: Doris Rinaldi, Paulo Vaz e Márcio Tavares do Amaral, cujas pertinentes observações sobre falta e perda foram levadas em consideração para a escrita final desta obra. Betty Bernardo Fuks esteve na origem da ideia desse curso e, assim, partilho com ela as realizações que se sucederam a partir daí.

Um trabalho como este não poderia ter sido feito sem um intenso e prolongado intercâmbio. Assim, são muitos os agradecimentos.

O profundo conhecimento das obras de Freud e de Lacan transmitido no original ensino de M.D. Magno, por mim seguido durante os primeiros anos de formação psicanalítica, trouxe à minha consideração inicial muitas das questões aqui desenvolvidas.

Alain Didier-Weill foi uma presença marcante ao longo da escrita deste livro. Sua depurada leitura do ensino de Jacques Lacan tem sido uma bússola para direções essenciais de minha investigação.

Os membros e associados do Corpo Freudiano Escola de Psicanálise Seção Rio de Janeiro têm sido interlocutores privilegiados durante todos esses últimos anos. A todos meu agradecimento e meu afeto.

Meu agradecimento a Eliane Maria Soares Gomes pela palavra salutar sempre presente.

A colaboração de Ana Cristina Zahar e de André Telles foi preciosa para ordenar este livro em sua forma final. Agradeço-lhes pelo raro prazer intelectual sempre presente em nossos trabalhos conjuntos.

Sou grato a Cláudio Píccoli, por sua incessante colaboração, de extremada amizade, na ordenação final do texto.

Agradeço a Ana Cristina Coutinho Jorge, Maria Teresa de Jesus Pereira Santos e Anna Maria da Silva Leite, que acompanharam com carinho a escrita deste trabalho em muitos fins de semana no Brejal.

Agradeço ao CNPq, pela ajuda financeira recebida durante o curso de doutorado.

Um esclarecimento precisa ser feito no que diz respeito às citações das obras de Freud neste livro. Optei pela referência à edição argentina da Amorrortu Editores, a qual traduzi sempre levando em conta nossa edição brasileira. Contudo, como nem todo leitor trabalha com essa tradução, a cada citação fiz referência às duas edições do seguinte modo: *AE*, Amorrortu Editores; *ESB* Edição Standard Brasileira.

# 1. Pulsão e falta: O real

## Jacques Lacan e o "retorno ao sentido de Freud"

Surgida na aurora do século xx, a psicanálise já ultrapassou seu primeiro centenário de existência. Criada por Sigmund Freud, cujo legado é uma obra ciclópica, a psicanálise obteve ao longo dessa existência enorme difusão, a qual, no entanto, se revelou muitas vezes incongruente com o pensamento de seu criador.

Desde a época em que Freud vivia, ocorreram desvios teórico-práticos das premissas básicas de sua doutrina que a descaracterizaram de tal modo que o levaram a promover cisões no seio do movimento psicanalítico. Um eloquente retrato dessa situação foi delineado pelo próprio Freud ao escrever "A história do movimento psicanalítico" (1914), ensaio que evidencia como a história da psicanálise, desde seus primórdios, não poderia ser narrada de forma independente da história das resistências à própria psicanálise.

Tais resistências, sempre presentes na história doutrinária, manifestando-se inclusive por meio de uma aceitação abrupta e apenas aparente de suas teses — como a que se observa cada vez mais contemporaneamente, quando a psicanálise frequenta o cotidiano dos meios de comunicação de massa despojada de sua particularidade discursiva —, foram relacionadas por Freud à verdade mesma de sua descoberta do inconsciente: há algo nos homens que age à revelia deles próprios, algo a partir do que eles agem sem saber que o fazem. Em diferentes trabalhos, como "Uma dificuldade no caminho da psicanálise" (1917) e "As resistências à psicanálise" (1925), Freud subsume tais resistências ao fato, em si mesmo dificilmente aceitável, de que a psicanálise exibe uma divisão (*Spaltung*) constituinte, originária, reveladora de que os homens não são senhores de si mesmos.

Freud chegou a comparar sua descoberta do inconsciente com dois outros golpes desferidos pela ciência sobre o amor-próprio da humanidade: se Copérnico retirou a Terra do centro do universo e Darwin mostrou que o homem não está no centro da criação, a psicanálise, por sua vez, descentrou o homem de si mesmo ao mostrar que "o eu não é senhor nem mesmo em sua própria casa".[1] De fato, ao descentrar a sede do sujeito de sua consciência, o inconsciente freudiano subverteu de modo radical o cogito cartesiano e introduziu a dimensão de uma racionalidade inteiramente nova. Como pontuou Lacan, ao formular seu "Penso, logo existo" René Descartes permitiu que fosse discernido o lugar do sujeito do inconsciente sobre o qual a psicanálise poderia operar: "Sou onde não penso, penso onde não sou".

Contudo, se durante sua vida Freud encarregou-se pessoalmente de estabelecer a crítica dos desvios teóricos sofridos pela psicanálise na concepção de alguns de seus seguidores (Jung, com a ênfase numa libido dessexualizada; Adler, com a noção de "protesto masculino", fundamentada numa limitada concepção do eu; Rank, com a visão reducionista do suposto "trauma do nascimento"; Reich, com os ideais libertários da sexualidade), após sua morte um progressivo comprometimento de seu pensamento foi levado a cabo. Monopolizada em sua prática pela International Psychoanalytical Association (IPA), que enclausurou a formação do psicanalista num ambiente médico de caráter tecnicista refratário ao debate maior das luzes do século, a psicanálise viveu um prolongado período de hibernação, durante o qual foram-lhe gradativamente retirados elementos preciosos da elaboração freudiana. Mais do que nunca, era exemplar para definir a situação reinante a metáfora da "faca de Lichtenberg", com a qual Freud encerra "A história do movimento psicanalítico": "Pode-se dizer que com sua 'modificação' da psicanálise Jung nos oferece um equivalente da famosa faca de Lichtenberg. Mudou o cabo e botou uma lâmina nova, e porque gravou nela o mesmo nome espera que seja considerada como o instrumento original".[2] Metáfora tão mais reveladora quanto refere a psicanálise à dimensão essencial de ruptura, de corte, através da qual o inconsciente frequentemente se presentifica no discurso.

Na abordagem retroativa de todas essas transmutações sofridas pelo discurso psicanalítico, impõe-se isolar um denominador comum: a perda do vigor racionalista do mestre vienense, em consequência à homogeneização de sua doutrina a diversas formas de ideologia.

Por um lado difundida em toda parte, por outro, a psicanálise tornou-se irreconhecível e, se podemos afirmá-lo hoje, devemos isso à elaboração teórica empreendida pelo ensino de Jacques Lacan, sobretudo a partir da década de 1950, nos trinta anos seguintes, através de um seminário oferecido inicialmente aos psicanalistas e depois frequentado pela intelligentsia parisiense e mundial. Com Lacan, pôde-se evidenciar que os fatores mais decisivamente responsáveis pela desfiguração do pensamento freudiano, quais sejam, a medicalização e a psicologização da teoria e da prática psicanalíticas, já haviam sido prenunciados pelo próprio Freud, em particular no estudo "A questão da análise leiga" (1926), no qual ele tematiza amplamente sua crítica à restrição, imposta pelos norte-americanos, do exercício da psicanálise aos médicos. Ainda que tivesse sido pronunciada pelo criador da psicanálise, tal crítica foi rechaçada pelos analistas pós-freudianos, o que fez com que, híbrida da medicina e da psicologia, a psicanálise se convertesse numa terapêutica adaptacionista, normativizante e se inscrevesse doravante no quadro da psicologia geral.

Esse estado encontrou sua crítica mais radical no ensino desenvolvido por Lacan, que inaugurou, para realizá-la, um movimento de "retorno à obra de Freud" assim definido: "O sentido de um retorno a Freud é um retorno ao sentido de Freud".[3] Em "Posição do inconsciente", texto apresentado em 1964 no Colóquio de Bonneval, organizado pelo psiquiatra Henri Ey, cujo tema era o "inconsciente", depreende-se não só a situação encontrada por Lacan, como também sua crítica, pois Lacan afirma aí que "a psicologia é veículo de ideais", e, mais ainda, que "o ideal é servo da sociedade".[4]

No último seminário que proferiu, em Caracas, em 1980, Lacan ressaltou a genuinidade de seu próprio percurso: "Venho aqui antes de lançar minha Causa Freudiana. Vocês veem que me apego a este adjetivo"[5]. Tal apego de Lacan explicitou-se, com efeito, não apenas por seu famoso lema inaugural de "retorno a Freud", como ainda pelo tema de grande parte de seus seminários, dedicados à releitura da obra de Freud, e também pela própria nomeação da instituição que fundou em 1964, após ter sido expulso da IPA, a Escola Freudiana de Paris. Mais essencialmente, tal apego manifestou-se por seu objetivo maior, o de reabrir a via radical e inovadora de um pensamento. Ainda naquele seminário, acrescentou Lacan: "Cabe a vocês serem lacanianos. Quanto a mim, sou freudiano".[6] Com isso, Lacan fazia uma derradeira indicação, aparentemente paradoxal, a seus discípulos — pois, como ser lacaniano senão sendo, antes de mais nada, freudiano?

Com a leitura lacaniana de Freud, cuja metodologia implicava o acionamento dos principais achados de Freud sobre sua própria obra, viu-se surgir um pensamento inteiramente novo, embora este fosse, surpreendentemente, o de Freud. Com efeito, Lacan trouxe de volta a originalidade implicada no pensamento freudiano e, dando-se conta, a partir daí, de que o sentido da obra de Freud ainda estava por ser compreendido em sua essencialidade, os psicanalistas passaram a poder denunciar o reducionismo a que tinha sido levada a psicanálise nos manuais utilizados nos institutos de formação psicanalítica filiados à IPA para transmitir a teoria freudiana. O fato é que, até então, o estudo do texto de Freud estava cada vez mais sendo considerado secundário, privilegiando-se a leitura daqueles autores que faziam uma "revisão" de sua obra, como Otto Fenichel.

Difundindo-se por todos os setores da teoria, o ensino de Lacan teve o valor de um verdadeiro ato psicanalítico e resultou, de fato, numa fecunda depuração do pensamento freudiano e numa verdadeira refundação da prática psicanalítica. Por um lado, Lacan resgatou no texto de Freud determinadas categorias teóricas que nunca tinham sido objeto de consideração efetiva: noções como as de *Verneinung*, denegação, *Nachträglich* só-depois; conceitos como os de *Trieb*, pulsão, *Verwerfung*, foraclusão. Por outro, Lacan produziu novas conceituações que, embora possam hoje ser consideradas como implícitas no texto de Freud, ao serem explicitadas, ou, vale dizer, nomeadas, puderam não apenas retificar o campo teórico, como igualmente nele introduzir novas perspectivas. São exemplares desse aspecto a lógica do significante e a tripartição estrutural real-simbólico-imaginário, que passou a constituir um verdadeiro novo paradigma para a psicanálise.

A questão fundamental posta por Lacan reiteradamente e de diferentes formas ao longo de seu ensino — como transmitir a psicanálise? —, não deixou de encontrar uma contrapartida na elaboração de matérias da psicanálise. Interpelado, nos Estados Unidos, sobre a impossibilidade de matemizar a psicanálise, Lacan esclareceu que se tratava, para ele, não de matemizar tudo, mas sim de "começar a isolar um mínimo passível de ser matemizado".[7] Fórmulas mínimas passíveis de agregar a maior gama de achados da experiência psicanalítica, os matemas de Lacan representam a inclusão no quadro teórico do elemento mais limítrofe à conceituação e, entretanto, o mais nuclear: o real. Nesse sentido, é necessário sublinhar que, tendo inventado "o que se escreve como o real",[8] para Lacan, "nenhuma práxis, mais do que a análise, é orientada para aquilo para que, no âmago da experiência, é o núcleo do real".[9]

## A pulsão e a sexualidade freudiana

Nuclear na teoria psicanalítica, o conceito de pulsão foi introduzido por Freud nos *Três ensaios sobre a teoria da sexualidade* (1905). A intervenção de Lacan no campo teórico psicanalítico fez-se sentir, talvez mais do que nunca, quanto a esse conceito. Pois, com ele, pela primeira vez foi resgatada a diferença conceitual entre pulsão e instinto, que Freud é levado a estabelecer de saída, introduzindo o conceito de pulsão para tratar especificamente da sexualidade humana: "A leitura dos escritos analíticos e as traduções oficiais de Freud (que jamais escreveu essa palavra) nos enchendo a boca de instinto, talvez tenha interesse em obviar a uma retórica que obtura toda eficácia do conceito".[10] Tal distinção conceitual fundamental, não realizada pelos psicanalistas, e consequentemente pelos tradutores da obra de Freud até Lacan, resultou na mais completa homogeneização das duas categorias, impedindo, portanto, a compreensão da singularidade daquilo que era introduzido por Freud com o conceito de pulsão. O termo *Trieb* em alemão é de uso coloquial, significando impulsão, e o verbo *Trieben* designa a ação de impelir. Através de sua utilização no quadro conceitual de sua teoria, Freud exprimia uma vez mais sua preferência em manejar palavras em uso na língua, resgatando sua significação como exemplar.

Com a pulsão, na verdade, Freud introduz um conceito radicalmente novo para abordar a sexualidade humana e sem o qual esta restaria inteiramente enigmática. Observe-se que o conceito de pulsão foi por ele mesmo antecipado no "Projeto para uma psicologia científica" (1895), ao mencionar a ocorrência de estímulos endógenos na sexualidade.[11] Se nas diversas espécies animais o mecanismo instintual manifesta-se pelo desencadeamento de alguma função biológica ou atitude comportamental (etológica) segundo parâmetros rígidos prefixados pelas leis da hereditariedade genética e inalteráveis para os indivíduos de uma mesma espécie, o que Freud observa na sexualidade humana emerge como algo extremamente diverso. Surgida a partir de sua experiência clínica de escuta dos pacientes neuróticos em análise, a teoria freudiana das pulsões é o resultado da apreensão da ocorrência universal de uma sexualidade que se manifesta sob uma aparência errática e subdita a uma lógica diferente daquela que rege os instintos animais.

Deparando-se com o fato inarredável da universalidade das chamadas perversões sexuais em seus pacientes, Freud conclui que a sexualidade humana apresenta uma verdadeira "constituição sexual" que assume o lugar de uma "disposição neuropática geral",[12] formulação através da qual ele torna inexistente a fronteira entre o normal e o patológico, tão nitidamente demarcada pelos discursos médico e psicológico. Se com os relatos de suas pacientes histéricas Freud partira da ideia da ocorrência de uma sedução e de um "trauma sexual infantil", ele desembocou, através da revelação da existência das fantasias sexuais nessas pacientes, na noção de "infantilismo da sexualidade", isto é, de que a sexualidade é sempre traumática enquanto tal, e isto para todo e qualquer sujeito. Lacan veio a nomear essa passagem fundamental da obra freudiana como sendo a concepção do trauma como contingência, isto é, não se trata de que tenha havido trauma sexual na infância do sujeito, mas sim de que a estrutura da sexualidade é, ela própria, sejam quais forem os acontecimentos históricos, essencialmente traumática:

Sedução (trauma sexual infantil) ⟶ Fantasia (sexo traumático)

Na gênese dessa "constituição sexual", Freud situou aquilo que denominou de recalque orgânico — conceito pouco destacado pelos teóricos da psicanálise, mas que permite que se adquira um bom número de elementos para compreender a sexualidade humana como pulsional e não instintual. A importância atribuída por Freud ao conceito de recalque orgânico não poderia ser mais sublinhada por ele ao afirmar: "Toda a teoria da neurose ficará incompleta enquanto não forem apresentados maiores esclarecimentos sobre o cerne orgânico do recalque".[13] No entanto, antes de abordar o recalque orgânico, trataremos do conceito de recalque em sua obra.

## Recalque: a "pedra angular"

Em "A história do movimento psicanalítico", ao retraçar os passos de sua descoberta, Freud salienta que "a teoria do recalque é a pedra angular sobre a qual repousa toda a estrutura da psicanálise. É a parte mais essencial dela e todavia nada mais é senão a formulação teórica de um fenômeno que pode ser observado quantas vezes se desejar empreender a análise de um neurótico *sem recorrer à hipnose*".[14]

Freud observara que aquilo que transformou seu processo catártico anterior (hipnose e sugestão) em psicanálise foram os "novos fatores": "a teoria do recalque e da resistência, o reconhecimento da sexualidade infantil e a interpretação e a exploração dos sonhos como fonte de conhecimento do inconsciente".[15] Com efeito, todos esses elementos se acham reunidos a um só tempo na descoberta freudiana, na medida em que a prática da hipnose ocultava a resistência, e é precisamente nesse sentido que Freud pode afirmar categoricamente que "a história da psicanálise propriamente dita só começa com a nova técnica que dispensa a hipnose".[16] Foi apenas ao prescindir da hipnose que se tornou possível evidenciar a "atividade mental inconsciente", e, nesse sentido, é relevante a observação de Elisabeth Roudinesco segundo a qual a questão da hipnose volta à tona a cada vez que o movimento psicanalítico é agitado por uma grave crise, fato que constitui o que ela denomina de retorno do "sintoma hipnótico".[17]

Para Freud, a teoria do recalque e da resistência constitui uma descoberta e não uma premissa da psicanálise; ela é uma "inferência teórica legitimamente extraída de inúmeras observações".[18] Quanto às premissas, Freud pondera, sem entrar em maiores detalhes, que existem aquelas "de natureza psicológica e biológica geral" sobre as quais seria conveniente tecer considerações em outro momento. Tais premissas incluem decerto a noção de recalque orgânico, sobre a qual nos debruçaremos mais adiante.

Antes de mais nada, há que ser feita uma distinção básica entre o mecanismo do recalque, *Verdrängung*, e a repressão, *Unterdrückung*,[19] sem a qual deixamos de perceber que o recalque ocorre entre o sistema Pré-consciente/ Consciente (Pcs/Cs) e o sistema Inconsciente (Ics), produzindo a mudança de algum elemento de um sistema para outro. Já a repressão, que se passa entre o pré-consciente e o consciente, não implica a passagem entre os dois sistemas. O recalque independe de uma ação externa coercitiva, pela qual se caracteriza a repressão: ele é um mecanismo estrutural independente da ação externa, e, além disso, estruturante; ao passo que na repressão são os motivos morais que desempenham um papel preponderante.

A crítica que deve ser feita às concepções reichianas diz respeito precisamente a essa confusão, pois, para Wilhelm Reich, tratava-se de conseguir desreprimir ao máximo a sexualidade do sujeito para liberar as vias do gozo e da satisfação sexual. Isto significa que, para Reich, se há recalque é porque há repressão, e a tarefa terapêutica consistiria na desrepressão, para que não houvesse mais recalque. Lacan veio apreciar tal distinção, mostrando o engodo inerente à concepção reichiana e pontuando não só que o recalque não provém da repressão, como também que a repressão é, ela mesma, um efeito de haver recalque. Decorre precisamente daí o fato de Freud ter sido levado a formular a noção de recalque originário, isto é, de um recalque que antecede tudo e está na origem mesma da constituição da estrutura do sujeito.[20]

*Pulsão e falta: O real*

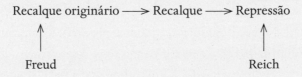

A descoberta do mecanismo do recalque esteve ligada para Freud desde o início de seus trabalhos ao problema da defesa. Por isso, o *Vocabulário da psicanálise*, de Laplanche e Pontalis, propõe duas definições distintas para o recalque, a primeira no sentido próprio: operação pela qual o indivíduo procura repelir ou manter no inconsciente representações ligadas a uma pulsão; produz-se quando a satisfação de uma pulsão, em si mesma prazerosa, provoca desprazer. A segunda, no sentido vago, o aproximaria da defesa.

Com o advento posterior do conceito de recalque originário, o recalque foi elevado, por Freud, de um simples mecanismo de defesa para o nível de um mecanismo constitutivo do inconsciente. Foi em 1911, curiosamente no longo ensaio sobre um caso de psicose paranoica, "O caso Schreber", que Freud tematizou a problemática do recalque pela primeira vez de forma mais consistente. Segundo ele, há dois mecanismos que constituem as características principais da paranoia: a formação dos sintomas, cujo traço mais marcante é a projeção e o recalque. Em 1911, o recalque é decomposto em três fases distintas, que permitem distinguir três conceitos diversos:

- Fixação
- Recalque propriamente dito
- Retorno do recalcado

- A fixação precede e condiciona todo recalque. Uma pulsão ou algum componente pulsional permanece imobilizado num estádio infantil, então essa corrente libidinal passa a se comportar como uma corrente que pertence ao sistema inconsciente, como uma corrente recalcada. É nas fixações que reside a predisposição à patologia posterior, pois em relação à etapa subsequente elas funcionam como um resto passivo que ficou para trás.

Em 1915, no artigo metapsicológico sobre o "Recalque", ao introduzir a ideia de um recalque originário, Freud precisará que esse recalque primevo é "uma primeira fase do recalque, que consiste em negar entrada no consciente ao representante psíquico (ideacional) da pulsão. Com isso, estabelece-se uma fixação; a partir de então, o representante em questão continua inalterado, e a pulsão permanece ligada a ele".[21] Freud considerará ainda como único mecanismo em jogo no recalque originário o contrainvestimento, cuja natureza bastante enigmática pode ser investigada quando abordarmos adiante o conceito freudiano de recalque orgânico e os avanços de Lacan sobre o real.

• São duas as forças que atuam no recalque propriamente dito: a repulsão, que atua a partir do consciente sobre o que deve ser recalcado, e a atração exercida pelo que foi primeiramente repelido sobre tudo aquilo com que possa estabelecer uma ligação. O recalque propriamente dito é um processo ativo que emana do eu. Esse processo visa aqueles elementos pulsionais que primitivamente ficaram para trás, quando surge um conflito entre eles e o eu. Pode também visar certas aspirações psíquicas que ocasionam uma viva aversão. Quanto a isso, Freud observa algo extremamente importante que prefigura desde já a aproximação que ele fará mais tarde entre a fixação e o recalque originário: "Essa aversão, no entanto, não teria acarretado o recalque caso uma relação não se estabelecesse entre as aspirações desagradáveis e a serem recalcadas e aquelas que já o são. Quando esse é o caso, a repulsão inspirada pelas aspirações conscientes e a atração exercida pelas aspirações inconscientes colaboram para o sucesso do recalque".[22] A contribuição dessas "pulsões previamente recalcadas" pode ser maior ou menor.

Em 1915, no artigo metapsicológico sobre o "Recalque", Freud precisará que esta segunda fase do recalque, o recalque propriamente dito, afeta os derivados mentais do representante recalcado e seus elos associativos. O recalque propriamente dito ocorre só-depois (*Nachdrägen*), sendo necessário sublinhar que o processo do recalque não consegue retirar todos os derivados daquilo que foi originalmente recalcado ("primevamente recalcado"). As distorções, assim como o grande número de elos intermediários, produzem um afastamento suficientemente grande do representante que foi recalcado, permitindo àqueles o livre acesso ao consciente. Freud afirma que "tudo se passa como se a resistência do consciente contra eles constituísse uma função da distância entre eles e aquilo que foi originariamente recalcado".[23] (Ressalte-se desde já que Freud irá definir mais à frente aquilo que constitui a "essência do recalque" como sendo manter algo à distância.)

Além disso, Freud afirma que o objetivo da regra fundamental da psicanálise, a associação livre, consiste precisamente em instar o analisando a produzir "derivados do recalcado". Essa estrutura de derivados do recalcado, que por manterem essa distância do recalcado chegam até a consciência, é a mesma que constitui os sintomas neuróticos.

• O retorno do recalcado consiste no fracasso do recalque e na irrupção do recalcado à superfície. A importância da fixação é tão maior quanto Freud irá observar que "essa irrupção nasce no ponto em que ocorreu a fixação e implica uma regressão da libido até esse ponto preciso".[24] Existem tantos pontos de fixação quantas são as etapas de evolução da libido.

Em 1915, no primeiro de seus artigos metapsicológicos intitulado "Pulsões e suas vicissitudes", Freud postula que há quatro destinos possíveis da pulsão. São eles:

- Reversão a seu oposto
- Retorno em direção ao próprio eu
- Recalque
- Sublimação

A questão mais fundamental que Freud coloca sobre "o enigma do recalque"[25] diz respeito a sua relação estrita com a sexualidade: por que, afinal, a sexualidade constitui privilegiadamente o objeto do recalque? Aparentemente banal, tal questão se revela como da maior importância, pois não devemos ver nenhuma naturalidade nessa relação intrínseca que o recalque mantém com a sexualidade. Ao contrário, o desenvolvimento dessa questão constitui um eixo central de reflexão, que remete, no fundo, como veremos, à problemática do recalque orgânico.

Nesse primeiro artigo metapsicológico, Freud não trata do conceito de recalque, deixando para fazê-lo no artigo subsequente dedicado exclusivamente a ele. Assim, abre o segundo artigo, intitulado "Recalque"; indicando a relação proximal entre pulsão, recalque e resistência: "Uma das vicissitudes que uma moção pulsional pode sofrer é encontrar resistências que procuram torná-la inoperante".[26] A relação entre pulsão e recalque tem como característica básica o fato de a pulsão não ser um estímulo externo e sim interno. É nesse sentido que a fuga do estímulo se revela completamente inoperante. A outra possibilidade de afastamento do estímulo interno seria a utilização do juízo de condenação, forma elaborada e não automática, como o recalque, de fazer face a alguma moção pulsional, pois o recalque é uma etapa preliminar da condenação, algo entre a fuga e a condenação. Se em seu artigo sobre "A denegação" (1925) Freud desenvolveu a ideia de que a negação é o substituto intelectual do recalque, e porque uma das características principais do mecanismo do recalque é a de que, operando de modo automático, ele se precipita em afastar determinado conteúdo da consciência antes mesmo de qualquer juízo negativo, condenatório, por parte do sujeito.

Freud observa que há uma certa dificuldade em se conceber o processo do recalcamento, pois uma condição necessária para que ele se dê é a produção de desprazer ao invés de prazer. E a dificuldade aqui reside no simples fato de que a satisfação de uma pulsão é sempre agradável. A experiência psicanalítica mostra que uma pulsão que foi recalcada teria sua satisfação passível de ser realizada, na medida em que "tal satisfação seria agradável em si mesma, embora irreconciliável com outras reivindicações e intenções. Ela causaria, por conseguinte, prazer num lugar e desprazer em outro".[27] Assim, a condição para o recalque será formulada por Freud no sentido de que o desprazer seja maior que o prazer obtido pela satisfação da pulsão.

Outra característica maior do recalque é a de que ele exige um constante dispêndio de força. Pois, se o recalcado exerce uma pressão constante em direção ao consciente, é necessária igualmente uma contrapressão também incessante para equilibrá-la. Observe-se o quanto tal definição do recalque como um processo contínuo é congruente com a definição freudiana da pulsão como uma força constante (*konstant Kraft*). É precisamente esse ponto que Freud salientará posteriormente, em "Inibição, sintoma e angústia" (1926): "É porque as pulsões são contínuas em sua natureza que o eu tem de tornar segura sua ação defensiva por um dispêndio permanente (de energia). Essa ação empreendida para proteger o recalque é observável no tratamento analítico como resistência".[28] Vê-se, assim, o quanto os processos de recalque — que exigem para sua manutenção a ação contínua da resistência — produzem um acentuado consumo de energia psíquica para enfrentar a ação da força constante da pulsão:

Pulsão (força constante) ⟷ Recalque + Resistência (processo contínuo)

É nesse momento de teorização da metapsicologia do recalque que se impõe a Freud a necessidade de conjecturar a ocorrência de um recalque originário, na medida em que os processos de recalque secundário só podem surgir "quando tiver ocorrido uma cisão marcante entre a atividade mental consciente e a inconsciente".[29] Nesse sentido, o recalque originário é verdadeiramente constitutivo do inconsciente.

Freud observa em seguida que "a essência do recalque consiste simplesmente em afastar determinada coisa do consciente, mantendo-a à distância". Tal maneira de conceber o recalque em sua essência é, como veremos mais à frente, absolutamente homóloga à formulação feita por Freud acerca do recalque orgânico produzido pela adoção da postura ereta em determinado momento da evolução da espécie humana.[30] É o que levou Paul-Laurent Assoun a afirmar que há, em Freud, uma espécie de "modelo olfativo do recalque",[31] no qual a caracterização radical do ato do recalque é essencialmente a de um ato de "manter à distância".

Antes de ocorrer a "cisão marcante" entre as atividades mentais consciente e inconsciente produzida pelo recalque originário, o rechaço das moções pulsionais se produzia pela reversão no oposto e pelo retorno ao próprio eu. Esses dois mecanismos, comuns na psicose e nas crianças pequenas, são mais arcaicos que o recalque, o qual está relacionado com a clivagem subjetiva enquanto tal. Nesse sentido, o recalque está intimamente associado à entrada em ação do processo secundário que visa substituir o funcionamento psíquico pelo processo primário. Já a reversão no oposto e o retorno ao próprio eu são vicissitudes da pulsão que funcionam sob a égide do processo primário, pois elas não cortam a ambiguidade, a antítese inerente ao percurso pulsional, apenas passam de um a outro lado da antítese moebianamente.[32] Já o recalque instaura um corte euclidiano na superfície do oito interior (banda de Moebius) e produz dois lados incomunicáveis da antítese. Assim, para situar o conteúdo latente do sonho, Freud se vale do conceito de recalcamento, mecanismo através do qual

> na vida de vigília, o material suprimido da psique é impedido de se expressar e é isolado da percepção interna graças ao fato de se eliminarem as contradições nele presentes — *um dos lados é abandonado em favor do outro*; durante a noite, porém, sob a influência de um impulso à formação de compromisso, esse material suprimido encontra meios e modos de irromper na consciência.[33]

Voltaremos a esses elementos quando abordarmos a questão dos pares antitéticos na obra de Freud. Antes disso, trataremos da questão nuclear que foi colocada desde o início, por Freud, sobre a relação do recalque com a bissexualidade.

### Freud e Fliess: o recalque e a bissexualidade

A relação de intensa amizade mantida durante muitos anos entre Freud e Wilhelm Fliess, médico otorrinolaringologista de Berlim que foi apresentado a ele por Breuer em 1887 quando estudava em Viena (Breuer sugeriu-lhe assistir às conferências de Freud sobre neurologia), ocupa um lugar preponderante na história da descoberta freudiana e continua sendo até hoje objeto de ricos estudos. Não são muitas as informações sobre a vida de Fliess (1858-1928), o mais íntimo amigo de Freud no período em que ele gestou a teoria psicanalítica. A lacuna de informações sobre Fliess é tanto maior quanto faltam as cartas que ele trocou com Freud numa correspondência que durou dezessete anos, ao passo que as de Freud foram preservadas na íntegra graças sobretudo ao esforço corajoso de Marie Bonaparte, que as comprou e resistiu às invectivas de Freud para tê-las de volta. Ela sabia que Freud lhes daria o mesmo fim que, aparentemente, deu às de Fliess. Contudo, é curioso que Freud nunca tenha conseguido se recordar se, de fato, havia ou não destruído as cartas de seu amigo: tal esquecimento revelaria uma vez mais a ambivalência de Freud em relação a ele?

Já se disse que Fliess veio a ocupar junto a Freud o lugar deixado vago por Joseph Breuer,[34] depois que os dois amigos e colaboradores romperam por este não mais concordar sobre os pontos primordiais que vinham sendo introduzidos por Freud acerca do papel da sexualidade na etiologia das neuroses. Com efeito, a crescente desavença teórica entre eles culminou, paradoxalmente, no momento mesmo em que se editavam os *Estudos sobre a histeria* (1893-5) escritos por ambos, o que fez com que eles se apressassem em colocar as razões de suas divergências em suas apresentações a essa obra.

Fliess foi o primeiro leitor e crítico de *A interpretação dos sonhos* e Freud atribuía grande importância a seus comentários.[35] Apesar de terem se afastado de modo abrupto após uma polêmica na qual Fliess acusara Freud de plágio, até o fim da vida este fez referência aos seus trabalhos; na verdade, algumas de suas contribuições mais originais, como as noções de bissexualidade e período de latência, tiveram grande importância para Freud. Além disso, como observou Octave Mannoni, considerando que Freud teria sido aquele que "deu um destino" às ideias de Fliess, "o simbolismo sexual do nariz permaneceu como o modelo de um tipo de deslocamento com que a psicanálise lida todos os dias"[36] e o conceito freudiano de repetição encontrou sua matriz na ideia de periodicidade introduzida por Fliess.

A questão que frequentemente tem sido alvo da investigação dos historiadores e dos psicanalistas diz respeito ao estatuto da relação entre Freud e Fliess: enquanto Didier Anzieu falou de autoanálise,[37] expressão utilizada pelo próprio Freud durante algum tempo e cuja ideia central Erik Porge criticou como sendo mítica,[38] Mannoni, por sua vez, introduziu a noção de análise original para designar a primeira relação verdadeiramente analítica da história. Essa noção permite que se defina a relação entre Freud e Fliess como uma relação analítica, e se aproxima de uma formulação de

Serge André. A resposta sobre se o relacionamento entre os dois pode ser considerado uma relação analítica e afirmativa, caso situemos esta análise, como o faz S. André retomando um artigo de Jacques-Alain Miller sobre "A sutura", num lugar muito particular — o lugar do número zero na série de números inteiros; pois o número zero só pode ser considerado, na verdade, como o primeiro número da série de números inteiros caso o número um seja tomado como sendo, paradoxalmente, o segundo, o número dois o terceiro e assim por diante: "O fato de que Freud ocupe a posição do Um da série [dos psicanalistas] nos obriga a situar Fliess na posição do zero".[39]

O caráter absolutamente excepcional dessa análise não deveria nos levar a colocá-la em questão, mas, ao contrário, a repensar o lugar excepcional que a rigor toda e qualquer análise apresenta. Ao dirigir-se a Fliess enquanto sujeito suposto saber, Freud criou o lugar do psicanalista como o lugar do endereçamento da fala, ainda que Fliess não respondesse a partir de tal lugar. Pois o saber sobre o sexo, fundamento paranoico do discurso teórico de Fliess, com seus postulados a respeito de uma periodicidade própria ao sexo masculino e outra ao sexo feminino, impedia, com efeito, que ele pudesse se despojar da suposição de saber e o colocava identificado ao sujeito que sabe.[40]

Erik Porge sugeriu que o que importava para Freud não era que este considerasse Fliess "como um sujeito suposto saber a significação de seu desejo inconsciente",[41] mas sim que Fliess — aparecendo para ele como um sujeito suposto saber quanto às ciências biológicas e se apresentando antecipadamente nada menos do que como o instaurador das bases da biologia —, surgia como um verdadeiro interlocutor para ele, que desejava igualmente abrir os caminhos de uma nova ciência que fundasse as bases da psicologia. Têm-se aí outros elementos para refletir sobre a ambivalência de Freud que indicamos anteriormente: ela não seria inerente à rivalidade despertada entre conquistadores?

Os trabalhos científicos de Fliess transcendiam em muito os limites da clínica médica e abarcavam o campo da biologia geral. Suas três ideias originais referem-se à bissexualidade, à neurose nasal reflexa e à periodicidade biológica. Bem no começo de seus trabalhos, Fliess nomeou uma entidade clínica de neurose reflexa de origem nasal, composta de uma pluralidade de sintomas: cefaleias, nevralgias, distúrbios funcionais dos aparelhos digestório e cardiorrespiratório. Nessa patologia, à importância etiológica atribuída ao nariz se soma o fato de que, para sua terapêutica, Fliess indicava a anestesia com cocaína, o que é digno de destaque quando se sabe que Freud foi o primeiro pesquisador a sugerir (embora tenha sido Karl Koller que os demonstrou)[42] os efeitos anestésicos da substância. A neurose nasal reflexa possuía, para Fliess, uma dupla etiologia: alterações orgânicas do próprio nariz, devidas a sequelas de diversas doenças infecciosas e distúrbios funcionais vasomotores, ligados ao sistema genital. Esta segunda etiologia responderia pelo fato de que as neurastenias, isto é, as neuroses de etiologia sexual, adotam com muita frequência a forma da neurose nasal reflexa, pois, para Fliess, havia uma relação particular e estreita entre o nariz e o aparelho genital feminino. Ele postulava a existência de um elo fisiológico particular entre o nariz e os órgãos genitais, que ele situava em certas "localizações genitais"[43] no interior do nariz.

Esse elemento do discurso teórico de Fliess, a relação que estabeleceu entre o nariz e o sexo feminino, nos interessa muito particularmente: embora se trate de um discurso igualmente delirante, ele apresenta esse curioso traço de referência à relação entre o órgão do olfato e a sexualidade humana, o qual certamente exerça um enorme poder de atração sobre a reflexão de Freud, como veremos adiante.

Ao mesmo tempo que não se pode negar o caráter delirante da elaboração teórica de Fliess, não se pode deixar de levar em consideração o fato de que, se Fliess parte do nariz, Freud, por sua vez, faz determinados desenvolvimentos extremamente interessantes a respeito do recalque mais antigo que teria sido o responsável pelo advento da espécie humana, o recalque orgânico,[44] numa referência precisamente ao olfato. S. André ressalta que o nariz representa para Fliess o ponto central de sua psicose e afirma que é no órgão nasal que se encontra, para Fliess, aquela certeza fundamental que Lacan considera como fenômeno elementar da psicose.

A própria ideia de que o inconsciente é constituído individualmente para cada sujeito pelo recalque originário está relacionada, para Freud, com a ideia de que, para o próprio advento da espécie humana, operou um outro recalque — o recalque orgânico. E, mais essencialmente ainda, o núcleo do inconsciente está, para Freud, relacionado com esse evento filogenético, pois o recalque originário como que repete, na história de cada sujeito, o evento do recalque orgânico, que teria se dado em algum momento da evolução da espécie. O recalque orgânico, sobre o qual vamos nos deter mais à frente, teria aberto um verdadeiro creodo — um caminho obrigatório — para a espécie humana, a partir do qual o recalque passou a ser um elemento estrutural.

Podemos, agora, nos aproximar da noção fliessiana que mais nos interessa, a da bissexualidade. Tal noção, introduzida por Fliess e presente do início ao fim da obra de Freud, merece uma atenção particular, pois ela representa um dos pilares que sustentam a concepção freudiana da sexualidade, central, por sua vez, para o conjunto da teoria psicanalítica. É à percepção da importância da teoria fliessiana da bissexualidade que talvez se possa tributar a credulidade que Freud manifestou em relação a Fliess e suas ideias científicas holísticas; é como se, tendo chamado a atenção de Freud para tal fator tão poderoso, Fliess tivesse obtido junto a ele um salvo-conduto para quase todas as suas outras ideias. Contudo, a teoria da bissexualidade (muito presente no discurso científico do século xix), embora tenha sido útil para Freud no sentido de colocar as questões referentes à sexualidade humana de forma inovadora, corre o risco de desfigurar a verdadeira descoberta feita pela psicanálise, a do objeto perdido do desejo. A teoria da bissexualidade constituiu, na verdade, a possibilidade de nomeação, por Freud, das incidências produzidas pela perda originária do objeto do desejo sobre a sexualidade humana.

Frank J. Sulloway assinala, com pertinência, o acentuado contraste entre o veredito altamente negativo de todos os críticos que apreciaram a obra de Fliess e a atitude de Freud para com ele e sua obra: Riebold se refere a ele como um "maníaco dos números" e à sua obra como psicopatológica; Ernest Jones afirma que o pensamento de Fliess tinha claramente "uma base patológica, estranha ao de Freud"; para Kurt Eissler, ele era "vítima de um conjunto de ideias paranoides"; para Blumenfeld, a obra de Fliess "roça o místico". Ao passo que Freud, como se sabe, "acolhe com entusiasmo as 'descobertas' de seu amigo como avanços científicos de primeira importância no domínio da biologia e da medicina".[45]

Sulloway observa que, ao que tudo indica, apenas dois autores teriam enunciado uma palavra sobre Fliess que apontasse numa direção diferente. Além do próprio K. Eissler, que não deixou de observar, mais além da mencionada crítica, que a importância de Fliess era subestimada pelos psicanalistas e que suas teorias biológicas sobre a periodicidade ainda poderiam vir a ser comprovadas no futuro, Iago Galdston mostrou que "as teorias tão denegridas de Fliess são realmente mais compreensíveis e verossímeis em seu contexto histórico do que imaginamos em geral hoje em dia".[46]

De fato, a noção de bissexualidade suscitou muitas discussões ao final do século XIX e foi utilizada, por exemplo, pelo psiquiatra Richard von Krafft-Ebing, no quadro da concepção de uma bissexualidade humana constitucional, como explicação para a homossexualidade e outras formas então denominadas de "hermafroditismo psicossexual". Krafft-Ebing fazia referência às pesquisas do zoólogo Carl Claus, especialista em hermafroditismo e na alternância sexual das gerações nos animais inferiores, de quem Freud fora aluno no primeiro ano de medicina num curso opcional sobre biologia geral e darwinismo. Sulloway acredita que seja mais do que provável que, nesse curso, um dos principais temas de discussão tenha sido a evolução da sexualidade, pois Claus trabalhava então sobre sua descoberta, que tanto impressionara Krafft-Ebing, a da sexualidade de certas espécies de crustáceos, que são machos na primeira parte de suas vidas e fêmeas durante a segunda.

ACOMPANHAR A QUESTÃO DA BISSEXUALIDADE ao longo da correspondência de Freud para Fliess revela algumas surpresas. O primeiro fato bastante notável é que a primeira edição expurgada da correspondência entre Freud e Fliess, editada por Marie Bonaparte, Anna Freud e Ernest Kris em 1950, suprimiu praticamente todas as cartas do conturbado final do relacionamento entre eles. É igualmente significativo que a ideia da bissexualidade tenha sido aquilo que funcionou como um móbil de união entre Freud e Fliess mas que, ao mesmo tempo, esteve na base da ruptura entre os dois.

A primeira menção, pontual e sem maior problematização, feita por Freud à bissexualidade, ocorre justamente na famosa carta de 6 de dezembro de 1896, outrora numerada carta 52: "Para explicar por que o efeito [da experiência sexual prematura] é ora a perversão, ora a neurose, valho-me da bissexualidade de todos os seres humanos".[47]

Às vezes, observa-se que Freud se refere ao tema fazendo muita questão de precisar que o deve a Fliess, como se antecipadamente quisesse evitar a discórdia que surgiria no futuro entre os dois a respeito da paternidade dessa ideia: "... abracei literalmente *sua* ênfase na bissexualidade e considero essa *sua* ideia a mais significativa para *minha* matéria desde a da 'defesa'".[48] E, além disso, parece se justificar diante de alguma possível recriminação de Fliess, quanto à fraqueza de sua adesão ao tema, ao iniciar uma carta dizendo: "E também não subestimo nem um pouco a bissexualidade; tenho esperado que ela forneça todos os esclarecimentos adicionais...".[49] Tipo de colocação que se repete naquela conhecida passagem em que Freud diz: "Mas a bissexualidade! É claro que você tem razão quanto a ela. Estou me acostumando a encarar cada ato sexual como um processo em que há quatro indivíduos envolvidos".[50]

Na carta de 7 de agosto de 1901, Freud insiste sobre o quanto deve a Fliess no tocante a essa ideia da bissexualidade: "Você se recorda de eu lhe ter dito, anos atrás, quando você ainda era especialista e cirurgião nasal, que a solução estava na sexualidade. Muitos anos depois, você me corrigiu, dizendo que estava na bissexualidade — e vejo que tinha razão".[51] Esta passagem torna-se impactante, caso a compararmos com o comentário feito por Marie Bonaparte em seu caderno de notas, num trecho sobre a relação Freud-Fliess: "Quanto à bissexualidade, se Fliess foi o primeiro a falar nela com Freud, não lhe seria possível reclamar prioridade nessa ideia da biologia. 'E, se ele me deu a bissexualidade, dei-lhe a sexualidade antes disso.' Eis aí o que me disse Freud".[52]

De fato, a ruptura definitiva entre os dois teve como móbil precisamente o problema da bissexualidade, quando Fliess sentiu-se roubado em suas ideias por Otto Weininger e atribuiu a Freud o fato de tê-las comunicado a ele por intermédio de Hermann Swoboda, seu analisando. Entre 20 e 27 de julho de 1904, após um longo período ter transcorrido sem se escreverem, Freud e Fliess trocaram suas quatro derradeiras e ressentidas cartas em torno dessa questão.

Dois aspectos são relevantes na questão da bissexualidade, tal como pode ser depreendida dessa correspondência, e ambos estão intimamente relacionados. O primeiro reside no fato de que, se para Freud a bissexualidade importa enquanto fator psicológico decorrente de uma "universalidade da predisposição bissexual",[53] para Fliess acha-se em jogo a ideia da "bissexualidade persistente e inevitável de todos os seres vivos (e não apenas de uma predisposição à bissexualidade)",[54] pois Fliess considera a bissexualidade sob o plano da biologia geral.[55]

O segundo diz respeito à relação estabelecida por Freud entre o recalque e a predisposição bissexual como base para a explicação da homossexualidade (manifesta ou latente), ou, como se a denominava na época, inversão sexual. Na carta de 4 de janeiro de 1898, Freud inclui Fliess na autoria dessa ideia: "[...] bissexualidade, a qual, afinal de contas, responsabilizamos pela tendência ao recalque".[56] Em 7 de agosto de 1901, Freud se refere entusiasmado a "A bissexualidade humana" como o título de seu próximo trabalho e afirma sobre ele:

> Descerá à raiz do problema e dirá a última palavra que me seja facultado dizer — a última e a mais profunda. Por ora, tenho apenas uma coisa para ele: a compreensão primordial que, já há muito tempo, ergueu-se sobre a ideia de que *o recalcamento, meu problema nuclear, só é possível através da reação entre duas correntes sexuais.*[57]

Em 19 de setembro de 1901, Freud se defende da acusação de Fliess referindo-se precisamente à importância que atribui à bissexualidade na gênese do recalque:

Não compreendo sua resposta a respeito da bissexualidade. Obviamente, é muito difícil nos entendermos. Decerto não tive nenhuma intenção de fazer coisa alguma senão elaborar minha própria contribuição para a teoria da bissexualidade, aperfeiçoando a tese de que o recalque e as neuroses, e portanto a independência do inconsciente, pressupõem a bissexualidade.[58]

Aqui, fica evidenciada a posição de Freud a respeito do problema: o inconsciente e o recalque são conceitos psicológicos que requerem ser relacionados à bissexualidade, mas Freud necessita deixar claro que a noção biológica de bissexualidade pertence a Fliess. Deduz-se da correspondência entre os dois que Fliess estaria preparando um livro sobre tal assunto, mas sem que ele estivesse pronto e, logo, pudesse a ele se referir nomeadamente em seus trabalhos, Freud viu-se constrangido, pelas acusações de Fliess, a tocar no assunto da bissexualidade com extremo cuidado. Nesse sentido, em 23 de julho de 1904, ele lhe escreve: "No momento, estou concluindo os *Três ensaios sobre a teoria da sexualidade*, onde evito o tópico da bissexualidade tanto quanto possível. Há dois pontos em que não posso fazê-lo: na explicação da inversão sexual... e ao mencionar a corrente homossexual nos neuróticos".[59] Com efeito, a teoria da bissexualidade manifestava toda sua importância para Freud especialmente no sentido de fornecer uma explicação para o frequente comparecimento da corrente homossexual latente nos neuróticos submetidos à análise, assim como da homossexualidade manifesta.

ANALISEMOS AGORA COMO, para além dos bastidores de sua correspondência com Fliess, o problema da bissexualidade comparece manifestamente na obra de Freud. Em *A interpretação dos sonhos*, além das várias passagens em que Freud comenta a frequência de símbolos oníricos bissexuais, a passagem mais expressiva sobre a bissexualidade aparece no sonho em que Freud propunha "a um amigo" uma teoria sobre a bissexualidade, "teoria difícil e amplamente procurada". O desejo de obtê-la foi responsável por ambos considerarem no sonho a teoria — que, aliás, não era comunicada no sonho — como sendo clara e sem lacunas.[60] Tal passagem é expressiva do interesse de Freud pela bissexualidade e, simultaneamente, de sua dificuldade para produzir uma teoria a respeito dela. Isto se evidencia mais à frente numa nota em que ele fala dos "problemas todavia não explicados da perversão e da bissexualidade".[61]

Se, no epílogo do "Caso Dora" (1905), Freud apenas menciona a "disposição (constitucional) à bissexualidade" como um dos fundamentos orgânicos do sintoma juntamente com "os germens infantis da perversão e as zonas erógenas",[62] nos *Três ensaios sobre a teoria da sexualidade* ele abre toda uma seção especialmente para discutir os trabalhos dos autores que pretendem explicar a homossexualidade pelo recurso a uma disposição originariamente bissexual, concebida a partir dos dados anatômicos. Nela, Freud chega à importante conclusão de que "não é lícito conceber como tão estreitas as relações entre a hibridez psíquica suposta e a hibridez anatômica comprovável",[63] isto é, entre a homossexualidade e a bissexualidade orgânica, manifesta sobretudo nos casos de intersexualidade. Freud conclui que uma disposição bissexual intervém na homossexualidade, mas acrescenta: *"não sabemos* em que consiste mais além da conformação anatômica".[64] Em 1910, Freud acrescentaria um adendo a uma nota na qual enumera uma bibliografia sobre a bissexualidade e afirma que, muito embora Fliess tenha reclamado para si a paternidade dessa ideia, tal bibliografia o desmente.[65]

Outra passagem dos *Três ensaios* possibilita compreender melhor a posição de Freud quanto às colocações de Fliess sobre a bissexualidade. Nela, Freud vai destacar a importância da bissexualidade, mas se revela ambíguo quanto à importância do papel desempenhado por Fliess para sua própria percepção disso, pois apenas em 1905, portanto ao publicar o livro pela primeira vez, ele cita seu nome, mas o suprime em todas as edições posteriores: "Desde que me familiarizei com o ponto de vista da bissexualidade [através de Wilhelm Fliess], considero que ela é o fator decisivo nesse aspecto, e que, sem levá-la em conta, dificilmente se chegará a compreender as manifestações sexuais do homem e da mulher tal como nos oferece a observação dos fatos".[66]

Em "Fantasias histéricas e sua relação com a bissexualidade" (1908), o tema da bissexualidade não é tão central quanto poderia sugerir o título do artigo, dedicado de fato a explorar a relação entre fantasias e sintomas revelada na clínica psicanalítica. Além disso, das nove fórmulas introduzidas por Freud, a única que ele afirma não ter uma "validade universal" é aquela que diz respeito precisamente às fantasias bissexuais. Contudo, seu artigo se encerra destacando a importância da bissexualidade:

> O significado bissexual de sintomas histéricos, demonstrável pelo menos em numerosos casos, é por certo uma prova interessante da afirmação, por mim sustentada, de que a disposição bissexual que supomos nos seres humanos pode ser discernida com particular nitidez nos psiconeuróticos por meio da psicanálise.[67]

Ao final de "Leonardo da Vinci e uma lembrança da sua infância" (1910), quando discorre sobre os limites da investigação psicanalítica — "as pulsões e suas transformações são o termo último daquilo que a psicanálise pode discernir" —, e a importância da constituição biológica, Freud faz uma referência ao problema da bissexualidade acrescida da ideia de Fliess sobre o bilateralismo, da qual ele discordava: "A investigação biológica de nossa época se inclina a explicar os traços principais da constituição orgânica de um ser humano mediante a mistura de disposições masculinas e femininas no sentido das substâncias materiais [químicas]; tanto a beleza física de Leonardo como o fato de ser canhoto ofereceriam muitos apontamentos para isto".[68] Com efeito, se Fliess afirmava sem hesitação que havia um nexo entre bissexualidade e bilateralismo, durante algum tempo Freud se referiu ironicamente a essa teoria misteriosa como sendo "a nossa bi-bi".

Em "O interesse científico da psicanálise" (1913), Freud pondera, na seção dedicada ao interesse biológico, que as pulsões ativas e passivas, que traduzem no psiquismo o masculino e o feminino, refletem a bissexualidade dos indivíduos, "que se conta entre as premissas clínicas da psicanálise".[69] Já na conferência introdutória xv, denominada "Incertezas e críticas" (1916), Freud critica os excessos da ideia introduzida por Adler de que todos os sonhos tenham de ser "interpretados bissexualmente, como fusão de uma corrente masculina com uma que há de ser chamada de feminina".[70]

Na história clínica do "Homem dos Lobos" (1918), Freud se empenha em esclarecer que, para ele, o recalque e a formação da neurose não podem ser considerados, como para Fliess, originados exclusivamente da bissexualidade: "Destacar a bissexualidade como motivo do recalque seria então demasiado limitado; em contrapartida, o conflito entre o eu e as tendências sexuais (libido) recobre todos os fatos".[71]

Em "Uma criança é espancada" (1919), Freud se detém longamente na mesma questão da relação entre recalque e bissexualidade, sem citar Fliess nomeadamente, fato que revela sua ambivalência quanto a atribuir importância a seu diálogo com Fliess ou não, na medida em que, muito tempo depois, em "Análise terminável e interminável" (1937), ele fará uma referência a essa mesma passagem, mas dessa vez citando o nome de Fliess. Com efeito, essas duas passagens tratam da mesma questão e são complementares para que se entenda o ponto de vista de Freud. No primeiro desses artigos, ele coloca que, para Fliess, a constituição biológica bissexual seria o motivo do recalque e considera a "grandiosa simplicidade" de sua teoria como "cativante": sendo a força motivadora do recalque em cada sujeito a "luta entre os caracteres sexuais", o sexo predominante em cada um recalcaria para o inconsciente a representação mental do sexo derrotado. Assim, "o núcleo do inconsciente, o recalcado, seria então em todo ser humano o do sexo contrário presente nele".[72] O problema, pondera Freud, é que tal teoria ancora-se numa certeza sobre o sexo do sujeito baseada no sexo anatômico, ou seja, "no homem, o recalcado inconsciente se reduz a moções pulsionais femininas; e o inverso na mulher". Isto significaria, obviamente, que o biológico seria a última palavra de todos os processos mentais referentes à sexualidade; mas, para Freud, conforme assinala em seu texto terminal "Esboço de psicanálise" (1938), a bissexualidade é de cunho "psicológico".[73]

Mas o que é essa bissexualidade psicológica para Freud? Trata-se da oposição entre a heterossexualidade e a homossexualidade, presente para cada sujeito em sua escolha de objeto, pois "aprendemos que todos os seres humanos são bissexuais nesse sentido; que distribuem sua libido, de maneira manifesta ou latente, entre objetos de ambos os sexos".[74] Sendo mais rara a bissexualidade propriamente dita, isto é, a conciliação das duas orientações sexuais sem nenhum conflito, o comum é que cada uma das duas orientações sobrepuje a outra e a mantenha em estado latente. No encerramento desse mesmo ensaio, Freud vai radicalizar de modo significativo sua concepção no sentido da importância do fator psicológico em detrimento do fator biológico: "[...] desautorizo sexualizar o recalque dessa maneira, vale dizer, fundá-lo no biológico, em vez de fazê-lo em termos puramente psicológicos".[75]

Vê-se que, percorrendo a fundo a questão da bissexualidade no texto freudiano, devemos relativizar a afirmação de Laplanche e Pontalis segundo a qual "a posição de Freud quanto ao problema da bissexualidade não foi francamente definida por ele".[76] Mas considerando-se que essa afirmação contém algo de verdadeiro, acreditamos que isso se deu pelo fato de Freud não ter isolado o objeto do desejo enquanto objeto radicalmente perdido, o que Lacan chamará de objeto causa do desejo ou objeto *a*. E não será precisamente a essa carência que Freud irá aludir em *O mal-estar na cultura* (1930)? "A doutrina da bissexualidade continua sendo todavia muito obscura e não podemos deixar de considerar um sério contratempo que na psicanálise não se tenha achado enlace algum com a teoria das pulsões."[77]

É em torno da noção lacaniana de objeto *a* que se pode precisar o alcance da ideia da bissexualidade para Freud, salientando que não se trata de uma bissexualidade constitucional orgânica, mas sim da falta estrutural de inscrição do objeto do desejo no inconsciente. Trata-se de que o objeto do desejo do sujeito falante é faltoso por natureza e, nesse sentido, este poderia ser chamado chistosamente, com Lacan, de *a*-sexual. Se Freud se empenhou em destacar a relação entre as fantasias e a bissexualidade, não será porque é nas fantasias sexuais que a proliferação da vestimenta imaginária do objeto *a* — grafada por Lacan como i(*a*) — esconde mas também revela o objeto enquanto eminentemente faltoso? Daí Lacan ter escrito o matema da fantasia como sendo $S \lozenge a$, isto é, a relação desejante do sujeito com o objeto *a*.

O desejo humano é causado por um objeto que falta e que, como tal, é responsável pela estrutura faltosa que desembocou no advento da linguagem, do simbólico como fator absolutamente novo da evolução.[78] Com o advento do simbólico, o sujeito humano desenvolveu uma linguagem que mediatizou um acesso diferente ao real, e, por meio dele, abriu portas que constituíram seus quatro mais excelentes caminhos: arte, ciência, filosofia e religião.

Mas o que significa afirmar, com Lacan, que o objeto do desejo é um objeto faltoso? Perdido em algum momento da evolução da espécie humana, o objeto do desejo se inscreve como falta estruturante: perdido para a espécie, o objeto é faltoso para cada sujeito. E repertoriar o modo pelo qual Freud aborda essa perda originária do objeto em sua obra é o passo que daremos em seguida.

### "A anatomia é o destino": o recalque orgânico e a perda originária do objeto

Numa carta a Fliess de 11 de janeiro de 1897, Freud comenta que o principal sentido dos animais, o olfato, acha-se reduzido nos seres humanos e acrescenta que, no caso dos animais, com o predomínio do olfato e do paladar, "a urina, as fezes e toda a superfície do corpo, inclusive o sangue, têm um efeito sexualmente excitante".[79] Essa é a primeira de algumas menções que Freud faz ao problema do olfato em seus escritos. Esse breve comentário terá continuidade em outra carta do final do mesmo ano (14 de novembro de 1897), na qual, buscando nada menos do que "descobrir a fonte do recalque sexual normal (moralidade, vergonha e assim por diante)", Freud expressa, pela primeira vez, a ideia de que "algo orgânico desempenha um papel no recalque".[80] Ele observa, nesse momento, também pela primeira vez, quão grande importância atribui à posição ereta e à substituição do olfato pela visão como fatores que estariam na própria base do processo normal de recalque.

Trata-se, para Freud, com efeito, de ressaltar que determinadas zonas sexuais que vigoram ativamente nos animais, como o ânus, a boca e a garganta, vêm a perder tal função no ser humano normal por intermédio do recalque. Nesse momento, ele ainda não chega a formular a expressão "recalque orgânico, que só aparecera mais tarde, mas suas observações sugerem que é precisamente graças à sexualidade recalcada nos processos de recalque normal que surge uma multiplicidade de processos intelectuais do desenvolvimento — tais como a moral, a vergonha e coisas similares".[81]

Além disso, Freud estabelece um verdadeiro paralelismo que aproxima a perda do olfato à essência do processo de recalque: "Dito de modo grosseiro, a lembrança realmente fede, da mesma forma que, no presente, o objeto cheira mal; e, do mesmo modo que afastamos nosso órgão sensorial (a cabeça e o nariz), enojados, o pré-consciente e o sentido da consciência desviam-se da lembrança. Isso é *o* recalcamento".

Talvez a noção de recalque orgânico não devesse merecer tanta atenção de nossa parte, caso seu aparecimento ficasse restrito pontualmente à correspondência Freud-Fliess, mas não é isso o que ocorre, pois ela surgirá em outros momentos significativos da obra de Freud. É num breve, porém essencial, artigo intitulado "Meus pontos de vista sobre o papel desempenhado pela sexualidade na etiologia das neuroses" (1906), que Freud menciona pela primeira vez em seus escritos teóricos a noção de "recalque orgânico".

A importância desse artigo freudiano se deve ao fato de ali ele retraçar, passo a passo, a evolução que teve sua teoria a respeito da importância da sexualidade na etiologia das neuroses. Em sua parte final, Freud afirma:

> Acho que se deve salientar o fato de que, por quaisquer que fossem as modificações por que passaram meus pontos de vista sobre a etiologia das psiconeuroses, há dois pontos de vista que nunca repudiei ou abandonei — a importância da sexualidade e do infantilismo. À parte isso, as influências acidentais foram substituídas por fatores constitucionais e a "defesa", entendida em termos puramente psicológicos, foi substituída pelo "recalcamento sexual" orgânico.[82]

Alguns anos mais tarde, essa breve referência dará lugar a considerações bem mais amplas, pois ao final da história clínica do "Homem dos

Ratos" (1909), Freud volta a abordar o problema do olfato. Dessa vez, ele o fará numa relação estreita com a clínica da neurose obsessiva, em particular, mas também da neurose de uma forma geral. Desse modo, a tendência a extrair prazer do odor, comum na infância, tendo se extinguido posteriormente, pode passar a desempenhar um relevante papel na origem da neurose. Freud salienta que o Homem dos Ratos, "conforme ele próprio relatou, quando criança reconhecia cada pessoa pelo seu cheiro, como o faz um cachorro; e mesmo quando adulto era mais suscetível às sensações olfativas do que a maioria das pessoas".[83]

Mais essencialmente ainda, Freud se vê impelido a levantar a "questão geral", segundo seus próprios termos, de situar a origem da neurose enquanto dependente, em grande parte, da atrofia do sentido do olfato decorrente da adoção da postura ereta pelo ser humano ao longo da evolução da espécie. O consequente "recalque orgânico" do prazer no cheiro explicaria, assim, porque, "com o progresso da civilização, é exatamente a vida sexual que tem de cair vítima do recalque. Isso porque há muito conhecemos a íntima conexão, na organização animal, entre a pulsão sexual e a função do órgão olfativo".[84]

Essa passagem é merecedora da maior atenção, não apenas por ser uma daquelas vezes em que Freud se vale da noção de recalque orgânico, como também, e sobretudo, por revelar uma particular inclinação de Freud em atribuir ao recalque da função do olfato a causa mesma de todo e qualquer recalque da sexualidade de uma maneira geral. Então, uma verdadeira equação de causalidade pode ser daí depreendida:

$$\text{Perda do olfato} \longrightarrow \text{Recalque da sexualidade}$$
$$\text{(Recalque)}$$

Mais além disso, uma verdadeira genealogia da neurose enquanto inerente à espécie humana passa a poder ser explicitada, pois não é de modo algum desprezível que Freud encerre seu denso ensaio clínico com as seguintes observações:

Advento da postura bípede do homem ⟶ Atrofia do sentido do olfato ⟶ Recalque orgânico do prazer no cheiro ⟶ Recalque da sexualidade em geral

Àquela "questão geral" a respeito do processo de recalque intrínseco à sexualidade humana, Freud responde então tratar-se de uma espécie de creodo, de caminho obrigatório, aberto pela adoção no ser humano da postura ereta, o que o teria levado ao recalque da sexualidade enquanto fenômeno estrutural. Todas essas considerações levam a refletir sobre o problema do objeto do desejo enquanto objeto radicalmente perdido. Seria, então, tal objeto perdido o olfato, enquanto objeto que unificava a atitude sexual dos indivíduos da espécie? Será necessário, mais à frente, abordar o objeto causa do desejo no âmbito das teorizações freudianas e lacanianas. Por ora, prossigo no fio condutor que se pode depreender no texto freudiano sobre o "recalque orgânico".

Em 1912, Freud encerra o segundo artigo das suas contribuições à psicologia do amor, intitulado "Sobre a tendência universal à depreciação na esfera do amor", de modo a ressaltar ainda uma vez o alcance da perda do olfato como elemento originariamente sexual. Depois de frisar que há algo na própria natureza da pulsão sexual que se revela desfavorável à completa satisfação e situar esse fato por conta de que o objeto final da pulsão sexual é sempre somente um mero substituto do objeto original, Freud coloca a inconstância na escolha do objeto e a "fome de estímulo", que tanto caracterizam os adultos, na dependência desses mesmos fatores.

Em seguida, retomando a problemática do olfato, salienta dessa vez em especial sua relação com as pulsões coprofílicas:

Sabemos que a pulsão sexual é, originalmente, dividida em grande número de componentes — ou melhor, provém desses componentes —, alguns dos quais não podem integrar a pulsão em sua forma filial, mas têm de ser suprimidos ou destinados a outros empregos em uma fase anterior. São eles, principalmente, os componentes pulsionais coprófilos, que demonstraram ser incompatíveis com nossa cultura estética, provavelmente porque, em consequência de havermos adotado a postura ereta, erguemos do chão nosso órgão do olfato.[85]

Os comentários de Freud nesse trecho são extremamente valiosos na medida em que relacionam intimamente o sexual ao excrementício, o qual permanece bastante recalcado nos sujeitos, embora continue participando ativamente da sexualidade de modo inconsciente. Lembre-se a esse respeito que em seu filme *O fantasma da liberdade,* Luis Buñuel constrói uma cena que merece atenção não somente por operar uma singular inversão antitética, como também pelo tipo de conteúdo com que somos ali confrontados: alguns casais estão sentados à mesa de jantar, mas seus assentos não são cadeiras comuns, mas... privadas! Subitamente, o espectador se dá conta do inusitado da cena: os convivas estão sentados, reunidos, satisfazendo suas necessidades fisiológicas, numa atitude social de refeição conjunta. O necessário contraponto dessa atitude tão aberrante para nós vem em seguida, quando cada um se dirige a uma pequena cabine, na qual busca satisfazer, de modo totalmente *privado,* sua fome. Aí, a atitude é a da transgressão e eles se empenham em devorar uma coxa de galinha com uma avidez que exige privacidade... Nada mais insólito para sujeitos civilizados do que a inversão aqui proposta, quando um jantar é substituído pela toilette conjunta...

É precisamente nesse sentido de mostrar a participação do excrementício na sexualidade que Freud prossegue: "Os processos fundamentais que produzem excitação erótica permanecem inalterados. O excrementício está todo, muito íntima e inseparavelmente, ligado ao sexual; a posição dos órgãos genitais — *inter urinas et faeces* — permanece sendo o fator decisivo e imutável. Poder-se-ia dizer nesse ponto, modificando um dito muito conhecido do grande Napoleão: 'A anatomia é o destino'".[86] Esse aforismo freudiano pode, assim, ser compreendido no sentido de que o próprio advento da postura bípede no ser humano constituiu por si só uma radical exigência de afastamento e de cisão de elementos outrora bastante unidos, como os aparelhos do sentido e os órgãos da sexualidade. Dentre aqueles aparelhos, destaca-se, essencialmente, o olfativo, que nos mamíferos desempenha um papel central enquanto elemento de atração dos indivíduos de uma mesma espécie nos diferentes ciclos reprodutivos.

## Do olfato à visão: do instinto à pulsão

O olfato dá, assim, lugar à visão enquanto elemento primordial de atração sexual. Se por um lado o olfato desempenhava seu papel num funcionamento instintivo cujo automatismo visava o desencadeamento da cópula com fins reprodutivos, a visão, passando para o primeiro plano das trocas entre os indivíduos, torna a atividade sexual não mais regida por ciclos periódicos e, sim, espraiada por toda a existência dos sujeitos.

Pode-se dizer que, da passagem do predomínio do olfato ao da visão, não é outra coisa que se produz senão a passagem do funcionamento instintivo ao pulsional, tão fundamental e muitas vezes mal compreendida na teoria psicanalítica. Falar de uma passagem, aqui, pode dar margem a mal-entendidos que devem ser evitados, sobretudo porque, antes dessa passagem, não havia o humano enquanto tal. Essa passagem, na verdade, é o que funda o humano, ou, melhor dizendo, a possibilidade do humano advir.

Do decréscimo da importância da função do olfato ao incremento da função da visão, o que se produz, com efeito, é a passagem do funcionamento instintivo ao funcionamento pulsional, característica mais marcante da sexualidade humana. Isso talvez fique ainda mais claro com os desenvolvimentos freudianos que se seguem.

DUAS EXTENSAS NOTAS DE RODAPÉ da quarta parte de *O mal-estar na cultura* (1930) demonstram a maneira pela qual Freud concebia, até o final de sua obra, a íntima conexão entre a perda do olfato, decorrente da posição bípede, e o advento no ser humano de uma sexualidade regida predominantemente pela visão, absolutamente independente dos ciclos biológicos da reprodução e, portanto, avessa às predefinições instintivas que lhe eram inerentes no período da pré-bipedia.

Analiso a seguir detidamente essas duas notas, nas quais todos os elementos anteriormente esparsos acham-se como que reunidos na reflexão freudiana. Talvez seja aqui onde se encontram os mais valiosos elementos para se poder entender a célebre distinção entre pulsão (*Trieb*) e instinto (*Instinkt*). Essa distinção fora completamente apagada pelas diferentes traduções da obra de Freud, que não perceberam nela qualquer contribuição essencial. Como já observamos anteriormente, Lacan foi o primeiro a chamar a atenção dos psicanalistas para o conceito de pulsão como um dos quatro conceitos fundamentais da psicanálise (além do inconsciente, da repetição e da transferência) e como o conceito nuclear da teoria freudiana da sexualidade.[87]

Na primeira nota, Freud tematiza essencialmente a relação entre o anal e o sexual. Ele afirma igualmente que a diminuição dos estímulos olfativos produzidos no macho pelo período menstrual da fêmea e o subsequente aumento da importância das excitações visuais acarretaram paulatinamente uma inversão da periodicidade orgânica do processo sexual. Pois se por um lado os estímulos olfativos decorrem dos ciclos menstruais e, logo, são intermitentes, por outro lado, os estímulos visuais são permanentes. Vê-se o quanto essa passagem do olfativo para o visual constitui uma matriz para o funcionamento pulsional, na medida em que a pulsão é definida por Freud precisamente como uma força constante (*konstant Kraft*).

Predomínio do olfato (estímulos cíclicos) ⟶ Funcionamento instintual
↓
Predomínio da visão (estímulos permanentes) ⟶ Funcionamento pulsional

O tabu da menstruação seria um derivado desse "recalque orgânico" que, por meio de um procedimento antitético, incidiria precisamente sobre aquele elemento que, outrora, representava o grande móbil de atração sexual. Dito de outro modo, esse tabu seria simplesmente uma "defesa contra uma fase do desenvolvimento que foi superada".[88] Freud afirma que esse procedimento de defesa por antítese pode ser igualmente evidenciado quando "os deuses de um período de civilização superado se transformam em demônios".

Freud salienta uma vez mais, nesse ponto, a diminuição dos estímulos olfativos como uma "consequência de o homem ter-se erguido do chão, de sua adoção de uma postura ereta". Acrescenta ele, ainda, que tal postura tornou visíveis e necessitados de proteção os órgãos genitais, o que teria produzido sentimentos de vergonha. O discurso de Freud mostra-se bastante enfático ao afirmar que a postura ereta teria sido, ela mesma, a responsável pelo "processo fatídico da civilização".[89]

A partir do advento da postura ereta, a sequência de acontecimentos provavelmente teria sido a seguinte:

Desvalorização dos estímulos olfativos ⟶ Isolamento do período menstrual ⟶ Predominância dos estímulos visuais com os órgãos genitais visíveis ⟶ Excitação sexual contínua e não mais cíclica

A família, cuja ocorrência representaria o início da civilização humana, teria sua fundação baseada essencialmente no surgimento dessa excitação sexual contínua, pois a presença do objeto sexual passou a ser requerida ininterruptamente. Ainda uma vez, vê-se o elevado grau de importância atribuído por Freud à bipedia, pois seria dela que derivaria, em última instância, o advento da família e da civilização humanas.

Freud aborda em seguida a conexão entre a tendência cultural para a limpeza e a repugnância pelos excrementos, situando-os como verdadeiros efeitos da adoção da postura ereta. Diz ele: "O incentivo à limpeza origina-se num impulso a livrar-se das excreções, que se tornaram desagradáveis à percepção dos sentidos".[90] Se as excreções são objeto de um repúdio tão acentuado, isso se dá na medida em que as substâncias expelidas do corpo são condenadas "por seus intensos odores a partilhar do destino acometido aos estímulos olfativos depois que o homem adotou a postura ereta".[91]

É de ressaltar como Freud considera que a postura ereta deixou profundas marcas nos indivíduos, levando-os a repetir mais tarde, com a educação infantil (já que as crianças não têm "naturalmente" uma aversão pelos excrementos) e o aprendizado de higiene que dela decorre, um procedimento de recalque dos estímulos olfativos que precisa repetir, nos indivíduos, o recalque orgânico instalado na espécie a partir da adoção da postura ereta. Além disso, cumpre salientar que a educação acha-se aqui definida por Freud como sendo fundamentalmente um processo de recalcamento daqueles estímulos sexuais olfativos que remontam a períodos anteriores à adoção da bipedia.

Freud finaliza essa nota sublinhando que o erotismo anal sucumbe primeiro ao "recalque orgânico" que preparou o caminho para a civilização. Tanto na evolução da espécie, com a adoção da postura ereta, quanto na educação das crianças, com o repúdio aos excrementos e a higiene, o erotismo anal é o mais fortemente atingido pelo recalque.

O fator social é visto por Freud como o responsável pela transformação do erotismo anal, pois "apesar de todos os progressos evolutivos do homem, ele dificilmente acha repulsivo o odor de suas próprias excreções, mas somente o das outras pessoas".[92] As mais comuns expressões de injúria associam-se, assim, facilmente aos excrementos, da mesma forma que uma pessoa que não esconde suas excreções ofende as outras pessoas.

A derradeira observação de Freud nessa nota merece ser citada na íntegra, pela profundidade de sua análise e pela agudeza com que, mais uma vez, recorre à sabedoria maior da língua para colher seus exemplos: "Seria incompreensível, também, que o homem empregasse o nome do seu mais fiel amigo no mundo animal — o cão — como termo injurioso, se essa criatura não provocasse seu desprezo através de duas características: ser um animal cujo sentido dominante é o do olfato e não ter horror aos excrementos nem se envergonhar de suas funções sexuais".[93]

Na segunda nota, Freud retoma as mesmas amplas concepções expressas no escrito clínico sobre o "Homem dos Ratos", a respeito da incidência do recalque do olfato sobre a sexualidade como um todo. Assim, em 1930, na última década de sua vida e tendo produzido a porção mais significativa de sua obra, Freud volta àquelas formulações esboçadas inicialmente na carta a Fliess mais de trinta anos antes, e as qualifica enfaticamente como a sua "conjectura mais profunda".

Seus termos são praticamente os mesmos e ele faz questão de salientar que, com a adoção da postura ereta pelo homem e a depreciação de seu sentido olfativo, não foi apenas o erotismo anal que sucumbiu vítima do recalque orgânico, "mas toda a sua sexualidade". Desde então, uma repugnância passou a acompanhar a função sexual, impedindo a sua completa satisfação, "forçando-a a desviar-se do objetivo sexual em sublimações e deslocamentos libidinais". Freud afirma em seguida:

> Sei que Breuer (1913) certa vez assinalou a existência de uma atitude rechaçante primária como esta para com a vida sexual. Todos os neuróticos e várias outras pessoas repudiam o fato de que *"inter urinas et faeces nascimur* (nascemos entre urina e fezes)". Também os órgãos genitais dão origem a intensas sensações de odor que muitas pessoas não podem tolerar e que estragam suas relações sexuais. Assim, descobriríamos que a raiz mais *profunda do recalque sexual*, que avança juntamente com a civilização, é a defesa orgânica da nova forma de vida alcançada com o porte ereto do homem contra a sua primitiva existência animal.[94]

Assim, percebe-se que a conjectura mais profunda, para Freud, diz respeito precisamente à "raiz mais profunda do recalque sexual". Essas observações mostram que ele manteve uma mesma concepção sobre a importância do recalque do olfato na gênese do recalque da sexualidade e do "mal-estar" inerente a toda a sexualidade humana. Pode-se apontar, igualmente, com elas, as múltiplas ressonâncias que o conceito metapsicológico de recalque recebeu da noção de recalque orgânico.

É interessante observar que Lacan chamou a atenção para o modo pelo qual a ideia de um recalque orgânico surge em *Mal-estar na cultura* e sugeriu que ela é uma decorrência da radicalização imprimida por Freud em sua teoria das pulsões a partir de *Além do princípio de prazer*, com a introdução da pulsão de morte. Se, por um lado, a diminuição de tensão inerente ao funcionamento do princípio de prazer está relacionado ao prazer, por outro lado, o gozo tem a ver com um além do prazer, com a produção do aumento da tensão. E, como o gozo está intimamente ligado ao corpo ("para gozar, é preciso um corpo"), Lacan assevera que "a dimensão do gozo para o corpo é a dimensão da descida rumo à morte".[95] Nesse sentido, dando prosseguimento aos desenvolvimentos de *Além do princípio de prazer* em *Mal-estar na cultura*, Freud teria ressaltado a vigência de um recalque orgânico.

ÀQUELAS TRÊS FASES DO RECALCAMENTO apresentadas por Freud em "O caso Schreber", pode-se acrescentar uma quarta fase, que funciona como um verdadeiro ponto zero. Essa fase, filogenética, portanto pré-histórica, corresponde ao momento em que na evolução da espécie humana deu-se algo inteiramente novo e pleno de consequências, o advento da postura ereta. Ressalte-se que, embora haja autores que tendem a não considerar o recalque orgânico enquanto conceito específico e diferente do de recalque originário,[96] acreditamos que tal distinção é não só necessária, como também bastante frutífera para se explicitar o advento surpreendente do funcionamento pulsional na sexualidade da espécie humana. Se o recalque propriamente dito (ou secundário) é efeito do recalque originário, este é, por sua vez, o efeito do recalque orgânico que teria originado a espécie humana:

0. Recalque orgânico
• postura ereta
• atrofia do olfato

1. Fixação (mais tarde: Recalque originário)
• precede e condiciona o recalque
• pulsão imobilizada num estádio infantil
• resto passivo
• contrainvestimento

2. Recalque propriamente dito (Recalque secundário)
• processo ativo que emana do eu
• visa aqueles elementos pulsionais que ficaram para trás, logo, o recalque depende da fixação (mais tarde, do recalque originário)

3. Retorno do recalcado
• fracasso do recalque e irrupção do recalcado à superfície
• a irrupção nasce no ponto de fixação e a regressão da libido se produz até esse ponto

As transformações impostas à espécie humana na decorrência da aquisição da postura ereta foram tantas e tão profundas, no que diz respeito à sexualidade, que um elemento absolutamente novo se instaurou de modo preponderante: o olhar passou a ter uma primazia radical na função das trocas sexuais. O advento do modelo pulsional, com sua inédita especificidade, foi decalcado, como vimos, dessa função precipual da visão, o que faz com que se possa afirmar que esse modelo pulsional do funcionamento sexual encontra sua matriz no escópico; ou, dito de outro modo, a pulsão é, em sua essencialidade, pulsão escópica.

Temos na teoria psicanalítica essa função principal da visão bastante bem delineada, não obstante ela não tenha sido até hoje relevada, como tentamos fazê-lo, de acordo com a importância que deve ser atribuída aos efeitos do recalque orgânico na evolução da espécie. Contudo, duas grandes concepções teóricas maximizam sua potência articulatória, quando são compreendidas à luz dessas considerações: a teoria do narcisismo, em Freud, e o estádio do espelho, em Lacan.

Em um dos quadros de sua obra plena de maravilhosos insights, intitulado *A travessia difícil*, de 1963, que retoma e depura outra tela de 1926 com o mesmo título, René Magritte ilustra, com a simplicidade de seu surrealismo que se poderia chamar de "minimalista", essa prevalência do olhar para a espécie humana. Nela, vê-se a figura de um homem, vestido de paletó e gravata, postado diante de uma mureta à beira-mar, durante uma tempestade. Ao largo, ocorre um naufrágio. Atrás da mureta, como que fazendo sombra à figura do homem, um dos elementos onipresentes na iconografia magrittiana, um bilboquê que parece traçar de modo estilizado uma figura humana. Um elemento domina a cena: a cabeça do homem transformou-se num grande globo ocular, todos os sentidos foram reduzidos a um único sentido, a visão. A vestimenta impecável da figura não deixa sequer um só pedaço do corpo à mostra: assim, descobrimos que não foi apenas a cabeça que se tornou um grande olho, mas todo o corpo. O imaginário, constituído para o lado de cá da mureta, é como que uma defesa contra a devastação do real, representada pelo mar revolto e pelo barco que afunda. De fato, a figura se posta de costas para o maremoto: a ordem do imaginário se institui para fazer face à desordem do real.

## O estádio do espelho e o imaginário

O estádio do espelho é, para Lacan, o momento inaugural de constituição do eu, no qual o *infans*, aquele que ainda não fala, prefigura uma totalidade corporal por meio da percepção da própria imagem no espelho, percepção que é acompanhada do assentimento do outro que a reconhece como verdadeira. O eu é, assim, descrito por Lacan como essencialmente imaginário, embora sua constituição não prescinda do reconhecimento simbólico do Outro. Como bem ressalta Edmonde Salducci, "para que a criança possa se apropriar dessa imagem, para que possa interiorizá-la, necessita que tenha um lugar no grande Outro (no caso, encarnado pela mãe)".[97]

A vivência de unidade que o bebê tem nesse momento, com a súbita obtenção de um contorno nítido e definido, estabelece a passagem da sensação de um corpo espedaçado, no qual há uma diferenciação entre seu corpo e o de sua mãe, para a do corpo próprio. Por esse fato, desde esse período tão precoce lhe é permitido o acesso à dimensão do recalque das pulsões parciais, que não se integram com harmonia a essa imagem unitária do eu ideal. Assim, se Freud situa o contrainvestimento como o único fator que opera no recalque originário, pois ele está na origem mesma da constituição do inconsciente, vê-se que o eu embrionário do estádio do espelho pode ser situado como a força que opera produzindo esse contrainvestimento.

O eu é então, desde sempre, a sede das resistências ao pulsional, e a ilusão de totalidade que ele configura estará a partir daí em constante confronto com a parcialidade da pulsão. Aí reside a alienação fundadora do eu, que, para se constituir, se vale de uma imagem que, no fundo, não é ele mesmo, mas um outro: "o eu é um outro", Lacan formula em consonância com o poeta Arthur Rimbaud.[98]

Considerando o eu como a sede do "desconhecimento crônico"[99] do desejo do sujeito, Lacan empenhou-se desde o início de seu Seminário em estabelecer a distinção entre o eu e o sujeito, a qual, na falta de ser feita, levou a psicanálise a ser confundida gradualmente com uma psicologia do eu. Tal distinção só foi possível por meio de outra distinção, aquela entre o imaginário e o simbólico: se o eu é da ordem do imaginário e do sentido, o sujeito é partido entre os significantes do simbólico. Isso equivale a dizer que a unidade obtida no eu não o é jamais no nível do sujeito, pois este é sempre dividido, conflitivo, impossível de se identificar de modo absoluto.

O imaginário não é da ordem da mera imaginação e esse registro deve ser entendido como o da relação especular, dual com seus logros e identificações, mas, sobretudo, segundo os desenvolvimentos finais de Lacan, com o advento do sentido. Já o simbólico é da ordem do duplo sentido, e o real, que não se confunde com a realidade, é o não senso radical, ou, como diz Lacan, o "sentido em branco".[100] Dito de outro modo, o simbólico é o registro que permite ao falante mediatizar o encontro com o não senso do real. Voltaremos a esse ponto quando tratarmos dos três registros:

R – não-sentido
S – duplo sentido
I – sentido uno

Deve-se sublinhar que, no artigo sobre "O estádio do espelho", Lacan destaca a importância da postura ereta na poderosa atração que a imagem do adulto desempenha para o *infans*, que ainda não tem "o controle da marcha, ou sequer da postura ereta".[101] A impotência motora na qual se acha "mergulhada" a criança pequena não a impede de se precipitar na direção de uma forma "ortopédica" representada pela *Gestalt* da "totalidade do corpo". Assim, a prematuração do bebê ao nascimento, ressaltada por Lacan, diz respeito não apenas ao aspecto neurológico de finalização da mielinização do sistema nervoso central (SNC), como também à "incoordenação motora" que faz com que, ao nascer, o bebê não ande nem mesmo fique de pé, mas já perceba os adultos de pé. Lacan chama a atenção para esse mesmo aspecto no artigo "Algumas reflexões sobre o eu" ao afirmar que "a estabilidade da postura ereta, o prestígio da estatura, a impressão de grandiosidade das estátuas, tudo isto marca a identificação onde se acha *o ponto de partida do eu*".[102]

Na conferência pronunciada na Universidade Yale, Lacan apontou, de modo chistoso, que a ereção do corpo é fundamental, ao dizer: "Penso com meus pés". Algo que voltou a fazer numa passagem do seminário *R.S.I.*, em que afirma: "Muita gente desconfiou, afinal, ser o homem apenas mão, se é que chega a ser mão; há o seu corpo inteiro, ele pensa também com os pés, eu inclusive aconselhei-os a tentar, porque no final é o que se lhes pode desejar de melhor".[103]

## O conceito de pulsão

Destacando não somente a vigência de uma sexualidade infantil, como ainda indicando nesta uma estrutura perverso-polimorfa, originária para o ser humano, Freud observará que são precisamente os mesmos elementos dessa sexualidade infantil plurívoca[104] que se encontram positivados nas estruturas perversas e negativizados nas neuroses. A célebre assertiva freudiana de que "a neurose é o negativo da perversão" retira seu sentido da observação da onipresença dos processos pulsionais, quer recalcados na neurose, quer manifestos na perversão.

O elemento central da concepção freudiana da Pulsão é seu caráter eminentemente parcial, especificado por uma fonte pulsional (oral, anal etc.) e por um alvo (a resolução de uma tensão interna). Através da formulação da parcialidade da pulsão, Freud indica o erro inerente ao fato de se restringir a sexualidade humana ao aspecto da reprodução.

Para Freud, a sexualidade humana não é de modo algum passível de ser subsumida à genitalidade, através da qual a função reprodutora se perpetua:

"O conceito de 'sexualidade' e, ao mesmo tempo, o de uma pulsão sexual, teve, é verdade, de ser ampliado de modo a abranger muitas coisas que não podiam ser classificadas sob a função reprodutora, e isso provocou não pouco alarido num mundo austero, respeitável ou simplesmente hipócrita".[105]

Nada impediu, contudo, que a maioria dos autores pós-freudianos fizesse coincidir essas duas noções, reconstituindo desse modo, num outro plano, o mesmo desconhecimento inerente à assimilação da pulsão ao instinto. Lacan criticou veementemente o desvio teórico implicado nessas concepções tornadas cada vez mais dominantes — noção de oblatividade, de amor genital etc. —, e indicou nelas a vigência de uma ideologia normativizante absolutamente incompatível com a ética psicanalítica, centrada no desejo, e, ainda, frontalmente contrária à concepção freudiana da sexualidade.

Propondo em seu horizonte um ideal a ser atingido, congruentes com uma ética de dominação que pressupõe qual deve ser o bem para um sujeito, tais concepções só fazem reafirmar o reducionismo da obra de Freud aos valores de uma cultura psicologizante, cujos porta-vozes, submetidos aos logros da busca da felicidade e da harmonia, não se furtam a propor qualquer injunção dogmática aos sujeitos, ainda que a mais ilusória.

Por isso, Lacan insiste na diferenciação entre pulsão e instinto, apontando na redução da primeira ao segundo a incidência, no discurso psicanalítico, de um discurso moralizante: "A Pulsão, tal como é construída por Freud a partir da experiência do inconsciente, proíbe ao pensamento psicologizante esse recurso ao instinto com que ele mascara sua ignorância, através da suposição de uma moral na natureza".[106]

Retomando a teoria freudiana da pulsão para nela indicar um dos quatro conceitos fundamentais da psicanálise, Lacan sublinha que a parcialidade da pulsão posta por Freud depende precisamente da parcialidade que seu funcionamento apresenta em relação à finalidade biológica da reprodução: nenhuma pulsão parcial representa a totalidade da tendência sexual, isto é, a função de reprodução.

Por outro lado, é justamente essa finalidade que se acha presentificada nos mecanismos instintuais do animal, pela circunscrição da atividade sexual aos ciclos periódicos de cio. Enquanto a sexualidade humana é pulsional e obedece a uma força constante da libido, o sexo no animal é cíclico e biologicamente teleológico, visando exclusivamente a reprodução da espécie.

## Os dois dualismos pulsionais

Entretanto, no primeiro dualismo pulsional proposto por Freud em "A concepção psicanalítica da perturbação psicogênica da visão" (1910), que opunha as pulsões sexuais às pulsões de autoconservação (ou pulsões do eu), tal irredutibilidade do sexual à reprodução para a sexualidade humana fica pouco nítida. Pois, através desse dualismo, Freud polariza dois grandes conjuntos de pulsões precisamente em torno da questão da reprodução: as pulsões de autoconservação realizam as funções de preservação do indivíduo, como a alimentação, ao passo que as pulsões sexuais realizam as funções de manutenção da espécie.[107]

Nesse momento da elaboração freudiana, as pulsões sexuais são concebidas como apoiando-se nas de autoconservação e, desse modo, o ato de sugar o dedo ou a chupeta revelaria o apoio (*Anlehnung*) de uma atividade puramente prazerosa, da mucosa oral, sobre uma atividade de cunho vital, como a ingestão do leite materno. Freud distingue dois modos de escolha objetal congruentes com a noção de apoio: a escolha anaclítica, fundamentada no fato de as pulsões sexuais se apoiarem originalmente nas de autoconservação; e a escolha narcísica, baseada no modelo da relação do sujeito com sua própria imagem, em que o objeto o representa sob algum aspecto.

A esse respeito Lacan ressalta a impossibilidade de se considerar como da ordem do pulsional aquelas atividades reunidas por Freud sob a rubrica de autoconservadoras, na medida em que, referenciadas ao nível da necessidade do organismo biológico (fome, sede), apresentam objetos de satisfação invariáveis e preestabelecidos.[108] Pode-se até dizer, ao contrário, que longe de as pulsões sexuais virem a se apoiar naquelas de autoconservação, são estas que, na verdade, se apoiam naquelas: a especificidade do humano implica precisamente que o instintual seja subvertido de modo constante pelo pulsional.

Com a descoberta do narcisismo, apresentada por Freud em seu ensaio de 1914 "Sobre o narcisismo: uma introdução", as pulsões do eu passaram a ser incluídas no campo das pulsões sexuais, pois o eu revelou-se um objeto igualmente investido como objeto sexual pela libido. Assim, o dualismo pulsional inicial dá lugar, na teoria freudiana, a um segundo dualismo, mantido por Freud a partir desse momento. Reunindo as pulsões sexuais e as de autoconservação sob a rubrica geral de pulsões de vida, Freud passa a opor estas à pulsão de morte, elemento teórico novo que se revelaria controvertido para um grande número de autores levando alguns até a acreditar que se tratava de um conceito que não poderia ser assimilado ao conjunto da obra freudiana. Nessa nova dicotomia, a noção de apoio perde sua importância para dar lugar à afirmação mais radical da essencialidade do pulsional como especificando a sexualidade humana: a saber, a falta do objeto. Pode-se mesmo dizer que o conceito de pulsão, a rigor, só foi destacado em sua mais radical especificidade com a introdução por Freud da pulsão de morte, o que talvez constitua a principal fonte de sua recusa.

| 1º dualismo 1910 | Pulsões sexuais | × | Pulsões do eu ou de autoconservação |

| Narcisismo 1914 | Pulsões sexuais englobam as pulsões do eu |

| 2º dualismo 1920 | Pulsões de vida (sexuais + do eu) | × | Pulsão de morte |

Embora fazendo-a sofrer várias comoções, Freud jamais abandonou sua teoria das pulsões. Muitas vezes acentua-se demasiado sua prudência a cada vez que se referia a esse segmento da teoria, ao qual frequentemente denominava de "nossa mitologia", esquecendo-se de sublinhar, contudo, o valor que lhe atribuía. Num escrito tardio, "Por que a guerra?" (1933), carta aberta a Einstein, após explanar sucintamente a evolução de sua teoria das pulsões, Freud não deixa margem de dúvida quanto a isso e antecipa uma possível crítica de seu interlocutor para retrucá-la nos seguintes termos: "Talvez ao senhor possa parecer serem nossas teorias uma espécie de mitologia e, no presente caso, mitologia nada agradável [Freud está se referindo aqui à pulsão de morte]. Toda ciência natural, porém, não chega, afinal, a uma espécie de mitologia como esta? Não se pode dizer o mesmo, atualmente, a respeito de sua física?".[109] É nesse mesmo sentido que Lacan sublinha que o fato de Freud ter chamado de mitologia a pulsão não quer dizer que não seja preciso levar a sério o que ele mostra com ela.[110]

Note-se ainda como é relevante o pequeno acréscimo feito por Freud na definição da pulsão de 1905 a 1914, pois nele trata-se de estabelecer uma relação entre a pulsão e a filogênese, e incluir o corpo enquanto portador da história da espécie — corpo filogenético e, portanto, pré-histórico.[111] Assim, a definição apresentada por Freud nos *Três ensaios*, após destacar o conceito de pulsão como um dos que se situam na fronteira entre o psíquico e o somático, afirma que "a mais simples e mais óbvia hipótese sobre a natureza das pulsões pareceria ser que, em si, não têm qualquer qualidade, e no que concerne à vida psíquica devem ser consideradas apenas como uma medida de exigência de trabalho feita à mente".[112] Já em "Pulsões e suas vicissitudes", Freud dirá que "uma pulsão nos aparecerá como um conceito fronteiriço entre o psíquico e o somático, como um representante psíquico dos estímulos que provêm do interior do corpo e alcançam a mente, como uma medida de exigência de trabalho que é imposta à mente em consequência de sua ligação com o corporal".[113]

## Circuito pulsional

Para Lacan, a pulsão deve ser concebida como o efeito da demanda do Outro, da linguagem, em sua mais precoce incidência sobre o sujeito ainda nem mesmo constituído enquanto tal. Assim, postula que o movimento pulsional só é passível de ser compreendido em sua especificidade caso seja referenciado à lógica do significante, com a qual ele fornece uma estrutura formal para o inconsciente freudiano. O fato de que as pulsões constituem "no corpo, o eco do fato de que há um dizer"[114] representa um dos mais importantes fundamentos da concepção psicanalítica da sexualidade. E coube a Lacan o mérito de explicitar precisamente essa via da "relação entre linguagem e sexo".[115]

Desse modo, seu princípio do "inconsciente estruturado como uma linguagem" permite entender a concepção freudiana das fases do desenvolvimento da libido dissociando-a de um pretenso evolucionismo biológico que seria desde sempre inerente ao homem. Ao invés de pretender situar tais fases, como os pós-freudianos o fizeram de maneira geral (e Karl Abraham em particular), na dependência de algum processo de maturação do organismo (através do qual os ideais normativizantes da "personalidade adulta", "total", insinuam-se uma vez mais na teoria), no qual se daria, por meio de uma espécie de metamorfose natural, o engendramento de uma pulsão parcial (oral) em outra (anal), Lacan ressalta que se trata aí, efetivamente, da intervenção e do reviramento da demanda do Outro.[116] Nessa mesma direção, Lacan virá a insistir, com toda a simplicidade com que se dirigiu ao público norte-americano, em que "o que há de mais fundamental nas assim chamadas relações sexuais do ser humano tem a ver com a linguagem, nesse sentido de que não é à toa que chamamos a linguagem que usamos de língua materna".[117]

Lacan esclarece que se trata, na verdade, para Freud, em sua teoria das pulsões, do destacamento da ação da linguagem em sua incidência inicial sobre determinadas regiões corporais privilegiadas, bordas orificiais cuja função de troca com o Outro é prevalente e cuja estrutura de hiância, de furo, é compatível com a própria estrutura do inconsciente:

*Pulsão e falta: O real*

As assim chamadas fases oral, anal e mesmo urinária estão misturadas de forma demasiado profunda com a aquisição da linguagem, o aprendizado da toilette, por exemplo, está manifestamente ancorado na concepção que a mãe tem do que espera da criança — especialmente os excrementos —, o que faz com que, fundamentalmente, seja em torno do primeiríssimo aprendizado da criança que gravitem todas as etapas daquilo que Freud, com seu prodigioso insight, chama de sexualidade.[118]

Tal ação da linguagem, do Outro, sobre essas estruturas de borda e o que constitui aquilo que Freud denominou de zonas erógenas, devendo-se precisar, entretanto, que tal processo de erogeneização, longe de se restringir a determinadas regiões corporais específicas, espraia-se por todo o corpo do sujeito, transformando-o, assim, num corpo erógeno ou, vale dizer, num corpo pulsional.

Considerando o funcionamento pulsional como congruente com a estrutura hiante originária do inconsciente, Lacan definirá a pulsão como um verdadeiro "tesouro dos significantes"[119] e isolará no circuito pulsional a própria ação do significante sobre o organismo biológico: "A pulsão é uma montagem pela qual a sexualidade participa da vida psíquica, de uma maneira que deve se conformar com a estrutura de hiância que é a do inconsciente".[120]

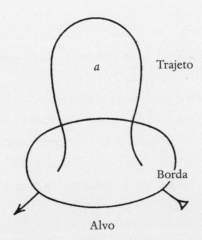

Desse modo, o esquema da pulsão fornecido por Lacan representa o circuito pulsional realizando o tangenciamento do objeto, que é circundado enquanto elemento faltoso. A força da pulsão sendo constante — uma *konstant Kraft*, segundo os termos mesmos de Freud —, e não momentânea, resulta no fato de que a pulsão se presentifica de modo contínuo e independente do meio externo.

Por outro lado, a constância da força pulsional, espécie de "tensão estacionária",[121] como a define Lacan, impede precisamente que se a considere enquanto uma função biológica, a qual sempre apresenta um ritmo específico.

Na pulsão não se trata, como já vimos, de nenhuma pressão de uma necessidade (fome, sede), nem de qualquer estimulação proveniente do mundo externo, mas sim de uma excitação (*Reiz*) interna.

## A pulsão e o real

Lacan observa que na satisfação da pulsão entra em jogo a categoria do impossível — do real como o impossível de ser simbolizado. Freud não indicou outra coisa ao assinalar que, por mais estranho que possa parecer, há algo na natureza mesma da pulsão sexual que é "desfavorável à realização da plena satisfação",[122] sempre persistindo uma diferença eliminável entre a satisfação almejada e aquela obtida:

> A pulsão recalcada nunca deixa de esforçar-se em busca da satisfação completa, que consistiria na repetição de uma vivência primária de satisfação. Formações reativas e substitutivas, bem como sublimações, não bastarão para remover a tensão persistente da pulsão recalcada, sendo que a diferença de quantidade entre o prazer da satisfação que é *exigida* e a que é realmente *conseguida*, é que fornece o fator impulsionador que não permite qualquer parada em nenhuma das posições alcançadas, mas, nas palavras do poeta: Pressiona sempre para a frente, indomada.[123]

Com efeito, nenhum objeto da pulsão pode satisfazê-la e se, para Freud, desde os *Três ensaios*, o objeto da pulsão é definido como indiferente e de natureza totalmente variável, Lacan vem introduzir nesse ponto uma categoria fundamental, a do objeto *a*, objeto causa do desejo. Presença de um cavo, de um vazio, o objeto *a* representa o objeto enquanto faltoso e, logo, possível de ser representado por todo e qualquer objeto.[124]

Nessa medida, Lacan precisa que o objeto da pulsão é o objeto *a*, falta que corresponde à inscrição, na estrutura, do objeto perdido, segundo os termos empregados por Freud em seu artigo sobre "A denegação" (1925). Logo, se Lacan destaca quatro objetos *a* primordiais — o seio, as fezes, o olhar e a voz —, é justo porque estes são unidos pelo mesmo denominador comum: o nada. Por isso, Lacan afirma que o traço comum a esses objetos é que "eles não têm imagem especular, ou, dito de outra maneira, alteridade".[125]

O seio é objeto *a* somente na medida em que "especificado na função do desmame, que prefigura a castração", e o excremento, na medida em que é o objeto que o sujeito "perde por natureza". O olhar e a voz, do mesmo modo, presentificam tal perda, uma vez que representam "suportes que [o sujeito] encontra para o desejo do Outro". Se esses objetos são, por excelência, objetos *a*, isto se dá porquanto "é em revolver esses objetos para neles resgatar, para restaurar em si sua perda original, que se empenha a atividade que denominamos de pulsão".[126] Em consequência, Lacan critica a concepção, introduzida por Melanie Klein e tornada onipresente na literatura psicanalítica, de objeto parcial, uma vez que ela não considera que o traço parcial "não é aplicável por eles serem parte de um objeto total, que seria o corpo, mas por só representarem parcialmente a função que os produz".[127]

Podemos observar assim que, para Lacan, o elemento central que categoriza rigorosamente a pulsão é o registro do real, a partir do que se situa de modo diverso a dialética da pulsão e a ordem do amor. Se a pulsão implica o real em jogo no objeto *a*, o amor define-se precisamente pela elisão do real. Situando o amor, desde o seminário *Os escritos técnicos de Freud*, na intercessão entre simbólico e imaginário, e formulando muito posteriormente, em *Mais, ainda*, que o amor é aquilo que vem em suplência à inexistência da relação sexual, Lacan opõe dois campos distintos:

• Campo do amor, para o qual vigora o imaginário (sentido uno) e a consequente elisão do real: o amor é da ordem do signo.

• Campo da pulsão, que se define pela contínua referência ao real (não--sentido): a pulsão é da ordem do significante.

O regime pulsional encontra esteio no nível inconsciente devido ao isomorfismo que ambos apresentam, sendo topologicamente da mesma ordem: estruturado como hiância, o inconsciente é homotópico à hiância corporal construída pelo circuito pulsional.[128] Dito de outro modo, a falta que constitui o objeto da pulsão é a mesma que constitui o núcleo real do inconsciente. E é precisamente em torno desse núcleo real, de falta, que o inconsciente se estrutura, no simbólico, como uma linguagem.

Voltaremos a esses dois campos distintos e até certo ponto opostos, do amor e do pulsional, ao final deste trabalho. Eles permitem que se entenda melhor o nó borromeano que ata de forma indissolúvel as três instâncias (real-simbólico-imaginário) que constituem a estrutura psíquica do falante, esgarçando-o continuamente, e às vezes até mesmo dilacerando-o, entre o sentido produzido pela junção do simbólico com o imaginário (S-I) e o não-sentido do real (R).

## Pulsão olfativa[129]

Quando as ex-mulheres do sociólogo Darcy Ribeiro organizaram uma festa de aniversário para ele, já ao final de sua vida, foi-lhe perguntado o que mais gostava nas mulheres, e ele respondeu sem hesitar: o cheiro delas. Quando a poeta Elisa Lucinda, num espetáculo interativo, indagou ao público o que era mais difícil de suportar na separação do casal, a primeira resposta que veio foi: a falta do cheiro da pessoa amada. Quando uma jovem analisanda, viúva em processo de elaboração do luto, se referiu ao falecido marido, disse: "A casa, o armário ainda têm o nosso cheiro; não é nem o cheiro dele, nem o meu, é o nosso, e isso é insuportável porque ele não está mais ali". Quando uma mãe que teve seus filhos sequestrados para o Líbano pelo próprio marido foi perguntada pelo repórter da televisão sobre o que mais sentia falta de seus filhos, respondeu que era o cheiro deles. Quando uma analisanda, numa entrevista preliminar, se queixou de sua insatisfação com determinado relacionamento amoroso, falou que quando gosta de um homem precisa "sentir falta dele, querer sentir o cheiro dele...".

O que há de comum e impactante nessas observações colhidas numa amostragem rápida e situadas em contextos tão diferentes é o fato de que cada uma delas afirma com eloquência o vínculo, valioso para o sujeito, entre a experiência afetiva e o componente prazeroso olfativo. Como afirmou Paul-Laurent Assoun, "nada é mais real que um odor, mas também nada é tão subjetivo".[130] O fato de que em nossa língua o verbo utilizado para falar do olfato seja sentir — sentir um cheiro — é, decerto, bastante significativo dessa proximidade entre os odores e os sentidos. Aliás, na língua (onde Freud sempre insistiu que encontrávamos uma "verdadeira sabedoria") são inúmeras as expressões que relacionam o olfato com uma espécie de intuição primitiva altamente valorizada: "isso não está me cheirando bem...", "estou sentindo um certo cheiro no ar...", costuma-se dizer.

Apesar disso, não costumamos valorizar o olfato conscientemente, sua importância parece ser implícita, tácita, como se não precisássemos dizê-la, como se ela retirasse sua potência justamente de seu caráter inefável. Contudo, quando o sentido do olfato é perdido,[131] esse valor é ressaltado sobejamente pelos sujeitos. Com efeito, o poder do olfato pode ser medido por ele ser um sentido intrinsecamente ligado à própria manutenção da vida, pois a respiração faz com que o ar passe continuamente pelos órgãos do olfato. Viver e sentir odores parecem estar intimamente relacionados, fato que não se dá com nenhum outro sentido. Entretanto, as referências ao olfato na psicanálise são bastante restritas e pontuais, dizendo respeito muitas vezes à mais precoce relação do bebê com a mãe, por exemplo, no caso do lactente anoréxico descrito por Françoise Dolto, que só volta a aceitar a mamadeira quando se coloca em torno dele o lençol com o cheiro de sua mãe ausente.[132]

Tomemos esta mesma questão por outra via, mais propriamente psicanalítica. Sabe-se o quanto Lacan renovou a compreensão das fases de evolução da libido, ao desvinculá-las de um pretenso processo de maturação do organismo biológico. Lacan sublinhou que, com seus *Três ensaios*, Freud tentou "construir algo que seria a escansão regular do desenvolvimento para cada criança".[133] Isso significa que as diferentes etapas de evolução da libido, longe de corresponderem a um evento natural, estão decisivamente marcadas pela ação da linguagem, do Outro, sobre o protossujeito ou sujeito ainda em formação.

É certo que o olfato, que também poderíamos chamar de pulsão olfativa,[134] não está restrito a qualquer uma das grandes fases de evolução da libido descritas por Freud, mas parece, antes disso, estar ligado a cada uma delas de forma subjacente, sob a forma do que ele denominava de pulsão componente. Aliás, o mesmo ocorre com as pulsões escópica e invocante, salientadas por Lacan enquanto ligadas particularmente ao desejo do Outro, ao passo que as pulsões oral e anal, constitutivas de fases marcantes da libido, estariam relacionadas com a incidência da demanda do Outro. Vê-se, de saída, que se pode supor que a pulsão olfativa estaria de algum modo relacionada com o desejo do Outro, numa posição terceira que acrescenta o olfato aos sentidos da visão e da audição.

Assim, se Lacan destaca quatro objetos *a* primordiais, cujo traço comum é o de não possuírem imagem especular — quais sejam, o seio, as fezes, o olhar e a voz —, é justo porque eles são unidos pelo mesmo denominador comum, o nada. Quanto a isso, chama a atenção que o odor tem precisamente essa característica de ser *quase nada*. François Baudry ressalta que, ainda que se possam destacar três aspectos solidários do objeto *a* — estilhaços, vazio e resto —, o vazio como objeto é o que se depreende da definição de Lacan do objeto primeiro como "o objeto de que não se tem ideia",[135] assim como do vazio central do nó borromeano referido por Lacan ao objeto *a*.

Mais essencialmente, Lacan estabelece uma relação intrínseca entre o objeto *a* e os orifícios corporais: "O fator comum do pequeno *a* é de ser ligado aos orifícios do corpo".[136] E, curiosamente, na enumeração fornecida por Lacan de objetos *a*, todos os orifícios corporais são mencionados, inclusive o meato uretral, com exceção das narinas.

O seio é objeto *a* na medida em que "especificado na função do desmame, que prefigura a castração"; e o excremento, na medida em que, diz Lacan, trata-se do objeto que o sujeito "perde por natureza". O olhar e a voz, igualmente, presentificam tal perda, posto que representam "suportes que [o sujeito] encontra para o desejo do Outro". E a pulsão é concebida como um percurso que se ocupa em rodear esses objetos para "neles resgatar, para restaurar em si sua perda original".[137] Mas, se analisarmos o odor, veremos que, enquanto objeto de satisfação pulsional, ele tem a singular característica de ser extremamente evanescente; seu caráter etéreo, volátil, parece indicar sua condição propícia de objeto *a* que, ao se desprender do corpo, implica igualmente uma perda.

O regime pulsional encontra esteio no nível inconsciente devido ao isomorfismo que pulsão e inconsciente apresentam, sendo topologicamente da mesma ordem. Estruturado como uma linguagem e em torno de uma hiância, isto é, participando do simbólico *e* do real, o inconsciente é homotópico à hiância corporal delineada pelo circuito pulsional. Por isso, Lacan afirma que a pulsão é uma montagem pela qual a sexualidade participa da vida psíquica, de uma maneira que deve se conformar com a estrutura de hiância que é a do inconsciente".[138]

Para Freud, há algo na própria natureza da pulsão que parece fadá-la à insatisfação, havendo sempre uma diferença eliminável entre a satisfação almejada e aquela obtida. Como vimos, a pulsão "pressiona sempre para a frente, indomada"[139] no sentido de atingir a satisfação completa, que jamais é conseguida, e nenhuma formação reativa ou substitutiva, ou sequer mesmo uma sublimação, remove por completo a tensão persistente da pulsão, sua força constante. Lacan deu grande ênfase a essa indicação freudiana afirmando que na satisfação da pulsão entra em jogo a categoria do impossível e que é precisamente nesse impossível, o real em jogo na pulsão, que reside sua característica mais primordial.

Pergunto: quando o sujeito afirma seu vínculo profundo com o objeto amado através da referência ao odor, não estará ele aí falando da inerência de seu desejo a algo que é extremamente tênue? Este apego ao odor não significará um apontamento inconsciente extremamente poderoso de todo sujeito ao objeto enquanto algo fundamentalmente perdido? Pois se os odores são igualmente denominados de essências, eles não revelam assim que a essência do objeto é o nada?

Pois, se os odores, para serem sentidos, contrariamente à voz e ao olhar, exigem a proximidade[140] acentuada do objeto, e, portanto, uma certa dimensão de desrecalcamento — uma vez que, como vimos, para Freud o recalque tem a ver com o manter à distância —, eles como que autentificam o objeto que está ali tão junto de nós e nos introduzem imediatamente numa dimensão de falta inerente a toda relação com o outro. O odor como que presentifica o objeto enquanto falta, ele como que volatiliza o objeto *in praesentia*, o que pode ser entendido como a introdução da dimensão do impossível, situada além do proibido, na referência ao objeto. A proibição está, de fato, sublinhamos isso em Freud, ligada à dimensão do recalcamento.

Os odores estão ligados aos orifícios corporais, inclusive aos poros que presentificam o furo sobre toda a superfície corporal. Por meio dos odores, o corpo adquire seu verdadeiro estatuto de ser uma grande abertura congruente com o funcionamento pulsional. Se Lacan fala do traumatismo como sendo da ordem do *trou-matisme* (em francês, *trou* significa furo), isto é, se o furo é da ordem do próprio trauma e do recalcamento originário, os odores seriam objetos *a* por excelência. Inefáveis, faltam palavras para designá-los; aliás, do olfato, já se disse que é o "sentido mudo".[141]

Assim, embora haja em todos nós uma grande capacidade de memória olfativa, o que faz com que lembremos de modo particularmente marcante dos odores mais remotos de nossa infância, as palavras faltam para designar tais odores. As lembranças ficam, nesse caso, reduzidas à qualidade de impressões e estas são referidas apenas ao prazer ou ao desprazer da experiência vivida. Pesquisadores têm chamado a atenção para a ausência de um vocabulário olfativo nas línguas europeias, tão contrastante com a capacidade humana de discernir milhares de odores diferentes. Assim, uma mesma palavra, cheirar, é utilizada tanto para os atos de inalar quanto para os de emitir odores, absorvendo num único verbo as vozes ativa e passiva da gramática pulsional. Nossa linguagem costuma designar os odores a partir das coisas das quais eles emanam — cheiro de café, de tinta etc. —, mostrando a associação intrínseca que se estabelece entre os odores e suas fontes, ao passo que em línguas não europeias a variedade de termos olfativos é muito maior.[142]

Em Freud, o olfato comparece de início intimamente associado a seu diálogo com Fliess. Os trabalhos de Fliess revelaram-se delirantes, na medida em que pretendiam estabelecer uma relação causal entre a periodicidade dos ciclos menstruais e o nariz, mas a apresentação do nariz que abre seu livro causa impacto e estranheza até hoje ("No meio do rosto, entre os olhos, a boca e as formações ósseas do cérebro anterior e médio, há o nariz"),[143] na medida em que destaca de modo bastante brutal a posição central do órgão do olfato em relação aos outros órgãos do sentido. Sua estranha descrição do nariz só não destaca aquilo que constitui, curiosamente uma grande indagação para os antropólogos físicos, ou seja, a posição do órgão nasal protuberante e voltada para baixo em nossa espécie, enquanto nos mamíferos tem-se apenas orifícios nasais voltados para a frente. Richard Leakey e Roger Lewin afirmam nesse sentido: "Como Freud, nossa preocupação nesta área do comportamento humano é com o sexo, e por boas razões, porque, além do nosso estranho nariz protuberante, com as narinas apontando para baixo, a fantástica sexualidade dos humanos é uma das poucas características que realmente nos separam dos nossos primos primatas".[144] A psicanálise, por sua vez, permite-nos fazer uma conjectura curiosa, de que a estrutura do órgão nasal humano decorreria da necessidade de manter o vínculo mais proximal possível entre o órgão do olfato e os órgãos sexuais que dele se distanciaram a partir do momento em que a postura ereta impôs-se à espécie.

Certamente, o interesse de Freud pelo olfato passou por seu diálogo com esse interlocutor privilegiado que era Fliess. No artigo "Histeria" (1888), Freud menciona a exacerbação da atividade sensória dos "sentidos inferiores", como o olfato e a audição, na histeria. No "Rascunho I" (1895), os odores, entendidos também como "estímulos olfativos internos",[145] surgem como alguns dos diversos estímulos químicos que podem produzir enxaqueca. No caso clínico de "Lucy R." (1895), que sofria da alucinação do cheiro de pudim queimado, Freud observa que é muito raro que sensações olfativas sejam escolhidas como símbolos mnêmicos de traumas.

Já nos *Três ensaios*, numa nota acrescentada em 1910 à seção sobre o fetichismo, sem contudo mencionar a existência de uma pulsão olfativa, o prazer coprofílico de cheirar surge como um dos elementos constitutivos da escolha do fetiche, como os pés e os cabelos, que sucumbiu ao recalcamento. Em 1915, numa segunda nota acrescentada, Freud mencionará o recalcamento[146] da pulsão escópica como o outro fator presente na constituição do fetiche. Na história clínica do "Homem dos Ratos" (1910), Freud sustenta que a tendência a extrair prazer no odor, comum na infância, tendo se extinguido posteriormente, pode passar a desempenhar um relevante papel na origem da neurose.

No DIA A DIA DE NOSSA CULTURA, os fortes odores corporais, cujos efeitos sofremos passivamente, são continuamente evitados e substituídos, através de uma atitude bastante ativa, pelas fragrâncias desenvolvidas continuamente por uma poderosa indústria de perfumes. O que significa essa espécie de desodorização do corpo presente de modo tão universal, senão a contínua ação desse recalcamento? Isso parece paradoxal, se pensarmos naqueles depoimentos em que o vínculo amoroso é descrito em suas ligações olfativas.

Mas talvez esse paradoxo se explique por uma divisão aparentemente conflitiva, mas basicamente estrutural: a de que os odores corporais que remetem diretamente ao fálico e ao sexual produzem um efeito excessivamente traumático, na medida em que reenviam a própria origem do recalque — não só ao recalque originário, mas igualmente ao recalque que estaria na base do recalque originário, o recalque orgânico. Por um procedimento antitético, tão típico dos processos inconscientes, os outros odores passariam a ser superinvestidos, e duplamente: por um lado, como uma formação reativa eficaz para a manutenção da defesa contra o traumático; por outro, como uma forma de possibilidade de sublimação, de elevar o objeto (abjeto) ao estatuto da Coisa perdida. Dito de outro modo, é como se os sujeitos se apegassem ao odor do objeto amado como uma espécie de nostalgia da Coisa; mas que esta Coisa não ouse se presentificar sob a forma abjeta do objeto perdido, pois ela será alvo do recalcamento.

Pode-se supor que tal recalcamento é também responsável pela carência de trabalhos psicanalíticos sobre a pulsão olfativa; mas tais elementos merecem nossa atenção, pois o olfato comparece na fala dos sujeitos e é preciso dar-lhe ouvidos. Lembremo-nos do verso de Manuel Bandeira: "Prova. Olha. Toca. Cheira. Escuta. Cada sentido é um dom divino".[147] Assim como da "Carta do vidente", de Arthur Rimbaud, quando, no acme de seu êxtase poético, é aos odores que ele parece insistir em fazer referência em primeiro lugar:

> Afirmo que é preciso ser vidente, fazer-se vidente. O Poeta se faz vidente por meio de um longo, imenso e racional *desregramento de todos os sentidos*. Todas as formas de amor, de sofrimento, de loucura: buscar a si, esgotar em si mesmo todos os venenos, a fim de só reter a quintessência. Inefável tortura para a qual se necessita toda a fé, toda a força sobre-humana, e pela qual o poeta se torna o grande enfermo, o grande criminoso, o grande maldito — e o Sabedor supremo! —, pois alcança o Insabido... O poeta é um verdadeiro roubador de fogo. Responde pela humanidade, até pelos animais; deveria fazer com que suas invenções fossem cheiradas, ouvidas, palpadas; ... Achar uma língua, afinal, como toda palavra é ideia, a linguagem universal há de chegar um dia... essa língua será da alma para a alma, resumirá tudo: perfumes, seres, sons: pensamento que se engata a um pensamento e o puxa para fora.[148]

Como apontou Lacan, "os poetas, que não sabem o que dizem, como é bem sabido, sempre dizem, no entanto, as coisas antes dos outros".[149] É digno de nota que, num esboço a nanquim de 1936, intitulado *A cidade das gavetas*, Salvador Dalí retratou uma figura feminina parecendo inebriada pelo próprio odor exalado das gavetas puxadas de seu corpo. A conhecida afinidade de Dalí em relação às descobertas da psicanálise se comprova pela legenda que acompanha o desenho: "Espécie de alegoria da psicanálise, que ilustra uma complacência em sentir o odor narcísico de cada uma de nossas gavetas".[150] Temos aqui um excelente exemplo da afirmação de Lacan, segundo a qual Freud via "na arte uma espécie de testemunho do inconsciente".[151]

## A pulsão de morte e a repetição

Desde "Recordar, repetir e elaborar" (1914), Freud tematizou a questão da repetição no âmbito da direção do tratamento analítico. Contudo, nesse trabalho, como sublinhou Lacan, a repetição ainda não apresenta seu estatuto mais radical, destacado por Freud em *Além do princípio de prazer*, confundindo-se com uma forma particular de rememoração, isto é, a presentificação em ato de determinados elementos da história do sujeito que não foram rememorados.

Desencadeada pela ação da resistência — resistência à regra fundamental da associação livre, que implica trazer à palavra, em simbolizar as moções pulsionais recalcadas —, e na vigência do vínculo transferencial, a repetição surge nesse momento, para Freud, no lugar da rememoração. A noção freudiana da neurose de transferência está relacionada com a possibilidade de o sujeito presentificar, na transferência, sua estrutura neurótica original. Para Freud, a elaboração é o modo pelo qual a experiência analítica permite fazer face às resistências mais vigorosas que se opõem à emergência dos componentes pulsionais recalcados. Nesse sentido, a elaboração (*Durcharbeitung*) confunde-se com o próprio trabalho analítico, na medida em que este visa essencialmente a simbolização.

Lacan observa que esse texto de Freud deu margem a uma concepção errônea da repetição, tornada pelos pós-freudianos homogênea à noção de reprodução e indistinta da transferência.[152] Porém, o texto de Freud não autoriza tal distorção, pois a questão da repetição já foi introduzida por ele mostrando que a ideia da reprodução tivera seu alcance na primeira fase da técnica (na verdade, pré-analítica) da catarse e da ab-reação, na qual visava-se reproduzir, primordialmente, os processos mentais envolvidos na formação dos sintomas.

EM "O ESTRANHO" (1919), Freud enuncia pela primeira vez algo novo sobre a repetição, algo que será articulado efetivamente no ano seguinte, em *Além do princípio de prazer*, ou seja, a necessidade de dar conta de certos fenômenos que indicam uma repetição pura a operar no sujeito, mas, aqui, a repetição ainda não será vinculada à pulsão de morte:

> Pois é possível reconhecer, na mente inconsciente, a predominância de uma "compulsão à repetição", procedente das moções pulsionais e provavelmente inerente à própria natureza das pulsões — uma compulsão poderosa o bastante para prevalecer sobre o princípio de prazer, emprestando a determinados aspectos da mente o seu caráter demoníaco e ainda muito claramente expresso nos impulsos das crianças pequenas; uma compulsão que é responsável, também, por uma parte do rumo tomado pelas análises de pacientes neuróticos.[153]

Freud acrescenta que o que quer que nos lembre esta íntima compulsão à repetição é percebido como estranho (*Unheimlich*) e fornece um exemplo bastante eloquente sobre o sentimento de estranheza e de desamparo, na medida em que associa a questão da repetição à sexualidade, quando, durante um passeio numa cidadezinha do interior da Itália, viu-se retornando repetidamente, e de modo "involuntário", ao mesmo quarteirão da zona de prostituição.

PARA COMPREENDER A RADICALIDADE do estatuto da repetição tal como introduzido por Freud em *Além do princípio de prazer*, é preciso destacar a estreita vinculação estabelecida por ele entre esta e a pulsão de morte. Com efeito, é através da análise dos fenômenos que indicam uma repetição pura a operar insistentemente que ele se vê levado a conceber a pulsão de morte. Tais fenômenos são principalmente a repetição de sonhos traumáticos, a repetição na transferência e o brincar infantil.

Obrigado a rever seu postulado segundo o qual o aparelho psíquico funciona através do princípio de prazer, com sua tendência a reduzir as tensões, Freud se pergunta como é possível que situações cujo teor é eminentemente desprazeroso para o sujeito possam se repetir de modo continuado. Freud detecta nesses fenômenos a vigência de um elemento novo que, contrariando o princípio de prazer, vai além dele. A este elemento novo, deu o nome de pulsão de morte.

A rigor, é ao introduzir a pulsão de morte que Freud destaca o estatuto conceitual da pulsão em sua radicalidade. Somente nesse momento ele consegue evidenciar a dimensão de sua teoria das pulsões na íntegra, ainda que esta possa ser surpreendida em cada uma das transformações que ela sofreu. Através da pulsão de morte, Freud vem a conceber as duas características primordiais de toda pulsão: por um lado, seu caráter conservador, restitutivo, e, por outro, seu aspecto repetitivo. A natureza conservadora das pulsões é definida por meio da constatação de que "todas as pulsões tendem à restauração de um estado anterior de coisas".[154] Exemplificando essa tendência das pulsões por meio do célebre "mito de Aristófanes" presente no *Banquete* de Platão, Freud sublinhará que a característica da pulsão de morte de restaurar um estado anterior de coisas estende-se a todas as pulsões:

> Se procurar restabelecer um estado anterior constitui característica tão universal das pulsões, não podemos nos surpreender com que tantos processos se realizem na vida mental independentemente do princípio de prazer. Essa característica seria partilhada por todas as pulsões parciais e, em seu caso, visaria a retornar mais uma vez a uma fase específica do curso do desenvolvimento.[155]

Quanto à pulsão de morte, sua natureza conservadora reside na tendência de retorno ao estado inorgânico, pois se admitirmos que o ser vivo veio depois do ser não vivo e surgiu dele, a pulsão de morte harmoniza-se bem com a fórmula segundo a qual uma pulsão tende para o retorno a um estado anterior. Esse caráter conservador, restituído, da pulsão, está intimamente relacionado com seu aspecto repetitivo, ou seja, é do caráter conservador que emana a tendência da compulsão à repetição.

Freud estabelece, em *Além do princípio de prazer*, um paralelo entre a pulsão de morte, tal como destacada nos mais diferentes eventos psíquicos, e o campo da biologia, e, através dele, associa o objetivo da pulsão de morte ao que considera como o esforço mais fundamental de toda substância viva: o retorno à aquiescência do mundo inorgânico. A ampla referência de Freud à biologia nesse trabalho foi interpretada por Lacan como uma "metáfora teórica". Assim, no seminário *O eu na teoria de Freud e na técnica da psicanálise*, Lacan afirma que, ainda que Freud se expresse, quanto ao além do princípio de prazer, falando da tendência para levar o animado inteiro de volta ao inanimado, isto não significa que ele esteja falando da morte dos seres vivos — alcance biológico da noção —, mas sim da "vivência humana, do intercâmbio humano, da intersubjetividade", pois há algo que Freud observa no homem que o coage a sair dos limites da vida. Igualmente em "Subversão do sujeito", ao criticar toda uma pseudobiologização da teoria psicanalítica, Lacan volta a afirmar que é preciso reconhecer "na metáfora do retorno ao inanimado, do qual Freud reveste todo corpo vivo, a margem para-além da vida que a linguagem assegura ao ser pelo fato de ele falar".[156] Como resume Catherine Millot, com a pulsão de morte, o que Freud promoveu, segundo Lacan, foi "a existência da autonomia do simbólico, da dimensão da linguagem no homem, que parasita seu ser vivo e nele introduz o registro de um mais-além da vida".[157] A linguagem está relacionada com a pulsão de morte na medida em que ela determina o ser falante *além* de sua condição de vivente.

Porém, a referência de Freud ao campo da biologia não é unívoca nem mesmo em *Além do princípio de prazer*, onde ele evoca a filosofia e cita Schopenhauer, segundo o qual "a morte é o verdadeiro resultado e, até certo ponto, o propósito da vida". Tais observações permitiram que se pudesse ver na formulação freudiana da pulsão de morte uma abrangência que transcende os limites mesmos da problemática do sujeito humano, como o fez M.D. Magno em sua teorização denominada "pleroma".[158] De fato, no "Esboço de psicanálise" (1938), um de seus derradeiros trabalhos, Freud refere-se à física do mesmo modo que já o fizera na carta aberta a Einstein e indica a vigência do caráter conservador da pulsão de morte até mesmo no mundo inorgânico; para ele, a analogia das duas pulsões, de vida e de morte, estende-se da esfera das coisas vivas até o par de forças opostas — atração e repulsão — que governa o mundo inorgânico. Recorde-se, também, que em outro trabalho tardio, "Análise terminável e análise interminável" (1937), Freud se vale ainda da filosofia de Empédocles e sua oposição entre Amor e Discórdia:

> A teoria de Empédocles que merece especialmente nosso interesse é uma que se aproxima tanto da teoria psicanalítica das pulsões que ficaríamos tentados a sustentar que as duas são idênticas, não fosse pela diferença de a teoria do filósofo grego ser uma fantasia cósmica, ao passo que a nossa se contenta em reivindicar validade biológica. Ao mesmo tempo, o fato de Empédocles atribuir ao universo a mesma natureza animada que aos organismos individuais despoja essa diferença de grande parte de sua importância.[159]

### A repetição, o simbólico e o real

Se desde "O seminário sobre 'A carta roubada'" Lacan pode indicar, no automatismo de repetição destacado por Freud, aquilo que denomina de insistência da cadeia significante, é na medida em que isola, de saída, o fundamento simbólico da repetição e observa em sua ocorrência o modo mesmo de comparecimento do significante. Lacan procede à análise de um conto de Edgar Allan Poe a partir do destacamento de duas cenas, uma cena primitiva e sua repetição, para desvelar em ambas o advento de um mesmo "módulo intersubjetivo". Se a noção de intersubjetividade, que percorre não só este como outros escritos da mesma época, será categoricamente refutada mais tarde por Lacan, o que importa para ele nesse momento é demonstrar que o mero deslocamento do significante produz efeitos no sujeito: o sujeito do inconsciente é efeito do significante.

Assim, de início Lacan situa a repetição na dependência da ordem simbólica: "Sendo essa repetição uma repetição simbólica, averigua-se que a ordem do símbolo já não pode ser concebida como constituída pelo homem, mas constituindo-o".[160] É ao vigor dessa ordem simbólica, enquanto eminentemente transcendente à vida, que Lacan atribuirá, então, a essência da pulsão de morte.

No seminário *O eu na teoria de Freud*, Lacan retoma a pulsão de morte para nela destacar a repetição e associá-la à ordem simbólica. Importando, nesse momento, estabelecer uma distinção entre imaginário e simbólico na teoria psicanalítica, Lacan faz uma oposição entre a ordem libidinal, na qual inclui o eu e as pulsões, e a ordem simbólica, a qual tende para além do princípio de prazer, fora dos limites da vida, e é por isso que, segundo ele, Freud a identifica à pulsão de morte. Há aí uma repartição implícita entre as pulsões de vida (ordem libidinal) e a pulsão de morte (ordem simbólica). Com efeito, Lacan opõe radicalmente o registro do simbólico ao do imaginário, uma vez que a ordem simbólica é rejeitada da ordem libidinal, que inclui o âmbito todo do imaginário, inclusive a estrutura do eu.

Nessa perspectiva, associa a pulsão de morte ao simbólico, à "insistência significativa", e observa que "a vida só está presa ao simbólico de maneira despedaçada, decomposta. O próprio ser humano se acha, em parte, fora da vida, ele participa do instinto [pulsão] de morte. É só daí que ele pode abordar o registro da vida".[161] Como a ordem simbólica apresenta uma relação de exterioridade em relação ao sujeito, Lacan a situa como a própria pulsão de morte, vendo nesta uma relação com o símbolo, com aquela fala que está no sujeito sem ser a fala do sujeito.

É no seminário *Os quatro conceitos fundamentais da psicanálise* que Lacan introduzirá um novo discernimento sobre o conceito de repetição. Se até aí ele parece associar a repetição exclusivamente ao registro do simbólico, nesse seminário ele vai distinguir dois aspectos diversos da repetição: o autômaton, associado intimamente ao simbólico, e a tiquê, vinculada ao real. O autômaton representa a repetição em seu aspecto de insistência automática da rede dos significantes, ele é o retorno, a volta, a insistência dos signos através dos quais nos vemos comandados pelo princípio de prazer. A tiquê é precisamente aquilo que se situa além desse automatismo, ela é seu ponto terminal — e inicial —, pois implica o encontro (faltoso) com o real que vigora por trás do funcionamento automático do significante. O autômaton representa a tentativa de trazer para o campo do simbólico, do significante, alguma forma de ligação (*Bindung*) possível do real, de assimilação do real — cujo nome é por excelência o trauma.

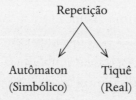

Assim, a repetição, tematizada por Lacan em suas duas vertentes de autômaton e de tiquê, é a manifestação da articulação interna e indissociável, para o sujeito falante, entre o simbólico e o real, entre o inconsciente e a pulsão. Ela revela o comparecimento no simbólico, na linguagem — isto é, no inconsciente estruturado —, daquilo que constitui o núcleo do inconsciente, o real. Após termos percorrido a teoria da pulsão em Freud e Lacan, podemos nos debruçar sobre as relações entre o inconsciente e a linguagem, isto é, aquilo que Lacan nomeou como o registro do simbólico.

## 2. Inconsciente e linguagem: O simbólico

### O inconsciente é um saber

Deve-se a Lacan o fato de ter ressaltado um segmento nuclear da obra de Freud, indicado já no título do escrito que, segundo ele próprio afirma, inaugura seu ensino, "Função e campo da fala e da linguagem em psicanálise" (1953). De fato, tal segmento encontra sua formulação princeps no aforismo lacaniano segundo o qual "o inconsciente é estruturado como uma linguagem", por meio do qual Lacan trouxe a psicanálise de volta a seu campo específico — o da linguagem —, do qual precisamente os analistas pós-freudianos haviam se afastado. Lacan afirma aí que "a descoberta de Freud é a do campo das incidências, na natureza do homem, de suas relações com a ordem simbólica, e do remontar de seu sentido às instâncias mais radicais da simbolização no ser. Desconhecer isso é condenar a descoberta ao esquecimento, a experiência à ruína".[1] Este segmento da obra de Freud, passível de ser isolado em seus extensos desenvolvimentos sobre a linguagem, foi chamado por Lacan de simbólico.

Partindo da evidência, embora pouco focalizada até então, de que a psicanálise opera por um único meio, a palavra do analisando, Lacan estabelece na obra de Freud a relação iniludível entre as diversas formações do inconsciente e a linguagem, através da qual elas necessariamente se manifestam. A esse respeito, Lacan acentua a importância de três textos freudianos iniciais — *A interpretação dos sonhos* (1900), *A psicopatologia da vida cotidiana* (1901) e *Os chistes e sua relação como inconsciente* (1905) —, considerando-os como "canônicos em matéria de inconsciente".[2] Esses três textos podem ser considerados como três batidas de tambor que, tal como as três sinetas do teatro, ou os três toc-toc-toc de alguém batendo à porta, anunciam a descoberta do inconsciente.[3] Mais espantoso ainda é o fato de que esses textos revelam, mais do que quaisquer outros, que o inconsciente "só se oferece naquilo que do sujeito é engano".[4]

Neles, o que Lacan destaca é o modo pelo qual o inconsciente opera, como Freud já pudera salientar, seja produzindo condensações e deslocamentos ao longo das palavras — sem levar em conta o significado ou os limites acústicos das sílabas",[5] seja manifestando "realmente uma preferência por palavras cujo som exprima diferentes significados".[6] É digno de nota o fato de que a pesquisa freudiana sobre o inconsciente o leva a abordar uma série de fenômenos limítrofes: ora aqueles que até então haviam sido relegados às abordagens obscurantistas, como os sonhos; ora aqueles desprovidos de interesse para o discurso da ciência, como os chistes, atos falhos, lapsos de linguagem e esquecimento de nomes; ora ainda aqueles fenômenos incompreendidos pelo discurso médico, como os sintomas neuróticos, as alucinações e delírios psicóticos e as chamadas perversões sexuais.

Nas diversas formações do inconsciente, Lacan isola um mesmo denominador comum, sua estruturação como uma linguagem, e nesse sentido ele mesmo afirmou: "Basta abrir Freud em qualquer página para ser surpreendido pelo fato de que não se trata senão de linguagem no que ele nos descobre do inconsciente".[7] Em todas essas formações, trata-se da ação do recalcamento do desejo inconsciente, inaceitável de algum modo pela instância do eu, desejo recalcado que retorna, ainda que deformado sob a ação da censura. Por isso, Lacan chegou a dizer que o recalcado e o retorno do recalcado constituem uma única e mesma coisa, pois só se tem acesso ao recalcado por intermédio do seu retorno.

Para Lacan, o discurso psicanalítico renovou a questão do saber colocada por Descartes, pois "a análise veio nos anunciar que há saber que não se sabe, um saber que se baseia no significante como tal".[8] Considerando o inconsciente como um saber, Lacan afirma que o ato falho é, com efeito, um ato bem-sucedido, posto que através dele a verdade do sujeito se desvela ainda que à revelia do eu: "O que Freud sustenta como o inconsciente supõe sempre um saber, e um saber falado. O inconsciente é inteiramente redutível a um saber. É o mínimo que supõe o fato de ele poder ser interpretado".[9] Um saber muito particular, acrescentaria Lacan posteriormente, pois trata-se de um saber que funciona sem mestre e se dá enquanto um saber verdadeiro. É o que se pode ler na fórmula do discurso psicanalítico, único discurso no qual o saber, $S_2$, ocupa o lugar da verdade.[10]

Nesse sentido, Jean-Jacques Moscovitz chama a atenção para o fato de o termo alemão que designa o inconsciente, *Unbewusste*, significar literalmente insabível,[11] acrescentando que o consciente seria um saber que se sabe e o inconsciente um saber que não se sabe. São muitas as passagens em que Lacan desenvolve esta que é uma de suas ideias mais fundamentais, a de que o inconsciente é um saber. No seminário *Mais, ainda*, por exemplo, afirma que "o inconsciente é o testemunho de um saber, no que em grande parte ele escapa ao ser falante"[12] e, nesse sentido, "se o inconsciente nos ensinou alguma coisa, foi primeiro o seguinte: que em alguma parte, no Outro, isso sabe".[13] Em uma de suas *Conferências norte-americanas*, Lacan afirma igualmente que a descoberta do inconsciente "é a descoberta de um tipo muito especializado de saber, intimamente modulado com o material da linguagem".[14] Repare-se que a mesma concepção do inconsciente como um saber Outro surge na definição lacaniana de determinados mecanismos fundamentais: o desconhecimento ativo próprio ao recalcamento designa, para Lacan, um "não querer saber de nada disso".[15]

Além disso, e mais essencialmente, é preciso acrescentar que se Lacan ressalta que o inconsciente é um saber, trata-se de um saber que vem preencher a falta de saber instintual — pois o instinto animal é uma forma de saber inscrito no organismo vivo —,[16] falta essa inerente ao sujeito humano desde seu nascimento: "O ser humano manifestamente não tem nenhum saber instintual" e, nesse sentido, pode-se afirmar que "só há o inconsciente para dar corpo ao instinto".[17] Ainda em outra passagem de suas *Conferências norte-americanas*, Lacan esclarece a questão da relação entre o inconsciente e o instinto faltoso para o sujeito humano nos seguintes termos: "... o saber constitui a substância fundamental daquilo de que se trata no inconsciente. O inconsciente, nós imaginamos que é alguma coisa como um instinto, mas isto não é verdade. O instinto nos falta inteiramente, e a maneira pela qual reagimos está ligada não a um instinto, mas a um certo saber veiculado não tanto por palavras quanto pelo que eu chamo de significantes".[18]

Contudo, o saber inconsciente — o simbólico — apresenta um ponto de não saber — real — em torno do qual toda a estrutura orbita: trata-se da diferença sexual que se recusa ao saber. O que significa que o inconsciente é um saber que vem tentar preencher a falha instintual, mas não a preenche completamente: em termos freudianos, resta sempre a não inscrição da diferença sexual, o que Lacan traduziu como a falta do significante do Outro sexo e escreveu com o matema $S(\cancel{A})$, considerado como uma verdadeira matriz da estrutura psíquica:

Inconsciente estruturado como uma linguagem ⟶ Saber ⟶ Simbólico ⟶ $\cancel{A}$
Núcleo do inconsciente ⟶ Não saber instintual ⟶ Real ⟶ $S(\cancel{A})$

É nesse sentido que Freud menciona, desde seus *Três ensaios sobre a teoria da sexualidade*, as teorias sexuais infantis, que são tentativas da criança de produzir um saber sobre o enigma da diferença sexual, aquilo que precisamente não possui saber inscrito e escapa à possibilidade de inscrição. Lembremos, com o que já vimos anteriormente, que o inconsciente — *missing link* — representaria, assim, um saber que veio preencher a falha deixada na espécie pela adoção da postura ereta e a consequente perda do vínculo instintual preponderante nos mamíferos, o olfato.

É bastante surpreendente averiguar que a novidade da ideia lacaniana do inconsciente como um saber já se encontra, contudo, enunciada de modo embrionário na obra de Freud, que utiliza essa expressão numa passagem do primoroso livro sobre *Os chistes e sua relação com o inconsciente*:

> Sabemos de um sonho aquilo que, via de regra, se parece a uma lembrança fragmentária que nos ocorre depois de despertar. Tal lembrança aparece como uma miscelânea de impressões sensoriais, principalmente visuais mas

também de outros tipos, que simula uma experiência e à qual podem ser misturados processos de pensamento (o "saber" no sonho) e expressões de afeto.[19]

Ainda em outra passagem de uma das conferências introdutórias sobre os sonhos, Freud apoia sua argumentação sobre a técnica de interpretação dos sonhos baseada nas associações do sonhador na ideia de que o sonhador sabe o que seu sonho significa, "apenas não sabe que sabe, e, por esse motivo, pensa que não sabe".[20] O sujeito sabe sem saber que sabe — e isso constitui o saber do psicanalista mais essencial, o saber de que há sujeito do inconsciente, saber ao qual ele só pode ter tido acesso através de uma experiência de análise pessoal.

## O sintoma é estruturado como uma linguagem

Tomando a tese freudiana do determinismo psíquico amplamente exposta no capítulo final de *A psicopatologia da vida cotidiana* — segundo a qual todos os atos, vontades, ditos, tendências etc. dos sujeitos são determinados inconscientemente de modo universal —, Lacan pondera que, a rigor, a chamada regra da associação livre (regra fundamental da prática analítica, segundo a qual o analisando é instado a dizer tudo o que lhe ocorrer, abstendo-se de qualquer espécie de seleção, de crítica ou juízo prévio) esteia-se precisamente no fato de que a associação produzida pelo sujeito em análise não é nada livre, mas, ao contrário, sobejamente determinada.

Nesse sentido, a categoria freudiana da sobredeterminação (que significa uma superdeterminação) inconsciente põe em evidência a primazia do simbólico na constituição do sujeito, na medida em que se mostra uma característica geral das formações do inconsciente. Lacan acentua que,

> para admitir um sintoma na psicopatologia psicanalítica, seja ele neurótico ou não, Freud exige o mínimo de superdeterminação constituído por um duplo sentido, símbolo de um conflito defunto, para-além de sua função, num conflito presente não menos simbólico, e se ele nos ensinou a acompanhar,

no texto das associações livres, a ramificação ascendente dessa linhagem simbólica para nela detectar, nos pontos em que as formas verbais se cruzam novamente, os nós de sua estrutura, já está perfeitamente claro que o sintoma se resolve por inteiro numa análise linguajeira, por ser ele mesmo estruturado como uma linguagem, por ser a linguagem cuja fala deve ser libertada.[21]

Lacan se empenha em demonstrar que, para Freud, o "sintoma é estruturado como uma linguagem". Determinado simbolicamente, o sintoma, no sentido lato do termo, é a resultante que expressa um conflito psíquico ao modo de uma formação de compromisso entre o desejo e as defesas. Lacan assinala nesse ponto que Freud veio mostrar basicamente o fato de que os sintomas apresentam um sentido que insiste em presentificar sua verdade à revelia do eu: "Freud assumiu a responsabilidade — ao contrário de Hesíodo, para quem as doenças enviadas por Zeus avançavam para os homens em silêncio — de nos mostrar que existem doenças que falam, e de nos fazer ouvir a verdade do que elas dizem...".[22] Lembre-se, a esse respeito, que uma das *Conferências introdutórias sobre psicanálise* (1917) de Freud intitula-se, justamente, "O sentido dos sintomas".

A formulação de Lacan segundo a qual "o inconsciente é estruturado como uma linguagem" é homóloga ao destacamento do registro do simbólico e desemboca em sua concepção da lógica do significante. Desde os *Estudos sobre a histeria* (1893-5), Freud faz referência ao processo, que já denominava então de simbolização, inerente às experiências de análise que começava a empreender, mas apenas com as contribuições feitas por Lacan pôde ser evidenciado o que esta simbolização designava de fato.

Absolutamente distinta da simbólica de Jung, na qual está implicado o discernimento de significados últimos para o sujeito e para a coletividade (noção de inconsciente coletivo), o simbólico de Lacan revela a estrutura mesma do significante tal como dissecada por Freud ao longo de sua obra. Em seu *Ensaio sobre o homem*, Ernst Cassirer situa o simbólico no cerne da problemática humana e afirma que "não estando mais num universo meramente físico, o homem vive em um universo simbólico. A linguagem, o mito, a arte e a religião são partes desse universo".[23] Mas qual é a estrutura do simbólico? Foi esta a questão que Lacan colocou para si mesmo diante da obra de Freud. Sua resposta surgiu a partir de seu encontro com o ensino de Ferdinand de Saussure e desembocou na teoria do significante.

## O encontro entre Lacan e Saussure

Muitos trabalhos foram feitos por psicanalistas no sentido de expor as teses lacanianas sobre "o inconsciente estruturado como uma linguagem". Mas é da parte de um linguista, Michel Arrivé, que se teve, recentemente, um aporte fecundo no sentido de esclarecer tanto as convergências como as divergências entre Saussure e Lacan: "Acontece que, cada um do seu lado, Saussure e Lacan nos fornecem uma especulação que mostra, mais além das diferenças que subsistem necessariamente, o profundo parentesco — no sentido forte da palavra — das suas reflexões".[24] Para Arrivé "o enraizamento saussuriano da reflexão lacaniana é autêntico e profundo",[25] e ele se pergunta ainda se não podemos ver na definição lacaniana do Outro como "tesouro do significante" um eco intencional da noção de "tesouro da língua" mencionada por Saussure no *Curso de linguística geral* (também mencionado como *Curso*).

O encontro de Lacan com Saussure deve ser compreendido no quadro da busca de cientificidade para a psicanálise, almejada por Lacan de modo muito particular, ou seja, ao situar de maneira nova a questão do sujeito do inconsciente. Lacan pretendeu dar um contorno sólido à crítica freudiana do sujeito racional da filosofia clássica e é por isso que seu procedimento visa "demonstrar o caráter ilusório da consistência do sujeito cartesiano".[26]

Veremos, adiante, que aquilo que caracteriza a definição lacaniana do significante em relação à definição saussuriana do signo é a inclusão do sujeito no primeiro e sua exclusão no segundo. Ocorre que "instaurando no cerne de sua teoria linguística a dicotomia conceitual língua/fala, [Saussure] evacua, com a exclusão do sujeito falante, o subjetivismo psicológico para fora do campo da linguística científica".[27] Mas, na época em que Saussure elabora seu projeto de linguística teórica, as comunicações eruditas dos linguistas (Bally, Meillet etc.) apareciam frequentemente no boletim da Sociedade de Psicologia e, na falta de ter meios conceituais para uma teorização eficaz da noção de sujeito, a operação de Saussure teve como efeito possibilitar que essa teorização viesse a se produzir posteriormente. Ao introduzir o problema da produção do sentido no quadro de uma teoria do valor, Saussure permitiu eliminar a aporia filosófica do referente enquanto garante externo e foi isto que interessou Lacan enormemente, na medida em que, na experiência psicanalítica, a produção do sentido se dá de modo absolutamente independente do referente.

Lacan introduz a categoria de falta na cadeia significante e, a partir do conceito saussuriano da língua como sistema de valores diferenciais, reelabora a noção de sujeito fora da conotação ontológica que implica a alternativa: sujeito pleno do humanismo filosófico ou morte do sujeito. M. Arrivé enuncia três assertivas, nas quais as convergências e divergências entre Lacan e Saussure podem ser reunidas e elaboradas: "1/ o significante lacaniano tem por epônimo e por étimo epistemológico o significante saussuriano. 2/ o significante lacaniano não se confunde com o significante saussuriano. 3/ apesar das diferenças que os separam, os dois significantes são unidos por relações tais que sua denominação pelo mesmo significante — o significante *significante* — é legítima".[28]

Costuma-se afirmar que Freud não teve notícia da existência do livro de Saussure. Mas, como salienta Arrivé, o filho do linguista, Raymond de Saussure, que se tornou psicanalista, não só conhecia bem o trabalho de seu pai desde 1916, como teve sua obra *O método psicanalítico* prefaciada por Freud, que a leu e corrigiu. Nessa obra, o *Curso* é citado numa nota a propósito do lapso, o que constitui sem dúvida uma "prova irrefutável de que Freud conhecia a existência do *Curso*".[29]

Em "Função e campo", embora os termos significante e significado sejam mencionados com frequência, Lacan não se refere a Saussure, nem tampouco fala do deslizamento do significado sob o significante do qual tratará posteriormente. No escrito intitulado "A coisa freudiana", que retoma a conferência de 7 de novembro de 1955, surge pela primeira vez em

Lacan o nome de Ferdinand de Saussure, do qual ele afirma ser "o fundador da linguística moderna".[30]

Se a língua é um instrumento de comunicação, pois, antes dela, conforme coloca Saussure, o pensamento não passa de uma "massa amorfa", uma "nebulosa", para Lacan a função de comunicação pode ser considerada secundária diante da outra função da língua considerada primordial para a psicanálise — a evocação. Contudo, comunicação e evocação não se opõem, mas se relacionam ambas com formas particulares de mensagem, pois o princípio que rege a comunicação é a intersubjetividade, ao passo que na evocação trata-se de uma intrassubjetividade. E. Cassirer observou a um só tempo não apenas a perda de importância do referente para o campo do simbólico humano, como também a hipertrofia desse componente intrassubjetivo: "A realidade física parece recuar em proporção ao avanço da atividade simbólica do homem. Em vez de lidar com as próprias coisas o homem está, de certo modo, conversando constantemente consigo mesmo".[31] A diferença conceitual estabelecida por Lacan entre código e mensagem esclarece essa dualidade entre inter e intrassubjetivo; ela será retomada adiante quando tratarmos dos dois estados do significante.

## Os anagramas e o inconsciente

Pouco tempo antes de começar a proferir seu *Curso*, Saussure pesquisara, nos textos de poetas gregos e latinos, a ocorrência subjacente de um outro texto constituído pelas mesmas letras do primeiro, apenas "fora da ordem no tempo que têm os elementos".[32] Desse modo, isolou, com acentuada frequência, repetições dos sons que obedeciam ao princípio dos anagramas: os sons ou as letras que compõem um nome próprio estariam disseminados no conjunto do poema, que se proporia, "a todo momento, a repetir as sílabas de um determinado nome".[33]

Se é digno de nota que havia em Saussure uma espécie de pressão interna que o levava a procurar ler nos textos a ocorrência de um subtexto (ou um pré-texto) subjacente, surge a questão: por que Saussure teria sido levado a esse tipo de indagação, senão pelo próprio fato de que, para ele, *o fenômeno da linguagem implicava em si mesmo o inconsciente?* Lacan vê nesse "segundo Saussure", o dos anagramas — o primeiro Saussure sendo o do *Curso* —, ser colocada precisamente a questão freudiana do inconsciente. Seus escritos sobre os anagramas, publicados por Jean Starobinski, constituem, de fato, uma pesquisa das "palavras sob as palavras", isto é, remetem à problemática do significante inconsciente, embora Saussure não tenha colocado a questão desse modo.

A posterior publicação das fontes manuscritas do *Curso* mostram que Saussure intuía que a "instituição da linguagem" é a única a não estar submetida "à correção contínua do espírito".[34] Assim, em Saussure, surge o termo "inconsciente" (e "subconsciente"), embora não de uma forma positivada, enquanto substantivo, inconsciente tópico, mas apenas como adjetivo, inconsciente descritivo, referente àquilo que escapa provisoriamente à consciência. Nesse sentido, Lacan insistiu diversas vezes na necessidade de estabelecer uma distinção entre o inconsciente freudiano e as outras noções do inconsciente que o precederam, precisamente porque elas designam apenas aquilo que é não consciente ou mais ou menos consciente: "O inconsciente *não é* uma espécie que defina na realidade psíquica o círculo daquilo que não tem o atributo (ou a virtude) da consciência".[35] M. Arrivé observa, a esse respeito, que Lacan chegará a traduzir mais tarde o termo alemão que designa o inconsciente, *Unbewusste*, de forma ultraliteral (e translinguística) por *Unebévue* um-equívoco, um-engano, para exibir o caráter positivo do inconsciente e criticar sua denominação negativa, inconsciente.

FAÇAMOS AQUI UM BREVE PARÊNTESE para situar o problema do estatuto do inconsciente em Freud. Luiz Alfredo Garcia-Roza, em sua *Introdução à metapsicologia freudiana*, aborda esse problema a partir da confrontação das colocações diametralmente opostas de Lacan e de Jean Laplanche. Se para Lacan "o estatuto do inconsciente é ético e não ôntico",[36] para Laplanche "o inconsciente é individual; e para ser escandaloso, eu diria que ele está na cabeça de cada indivíduo".[37] Tal confrontação é, a nosso ver, uma forma privilegiada para se abordar a questão do inconsciente em sua relação com o real, por um lado, e com o simbólico, por outro. O que há de importante nessa polêmica, que remonta ao VI Colóquio de Bonneval (1960), reside precisamente na necessidade de se diferenciar o simbólico e o real e, ao mesmo tempo, mostrar como ambos se acham entrelaçados.

O sistema inconsciente (Ics) é, para Freud, essencialmente um sistema psíquico que se contrapõe ao sistema psíquico pré-consciente/consciente (Pcs/Cs). Observe-se que o uso do termo "inconsciente" no sentido descritivo[38] é diferente do uso do termo no sentido sistemático e designa apenas aquelas representações que não estão presentes na consciência em determinado momento, mas podem vir à consciência voluntariamente. Em contrapartida, o inconsciente no sentido sistemático implica aquelas representações recalcadas, cujo acesso à consciência é vetado pela ação da censura. Na primeira tópica, Freud situará tal censura entre os sistemas Ics e Pcs/Cs, ao passo que, na segunda tópica, ela será atribuída à instância do eu.

Freud apresenta duas hipóteses diversas para tratar da diferença que surge quando uma representação pertencente ao sistema Ics se torna consciente, a hipótese da dupla inscrição e a hipótese funcional. Como observa Garcia-Roza, ambas as hipóteses não se excluem mutuamente, mas se referem a diferentes momentos do processo de recalcamento: o recalcamento propriamente dito e o retorno do recalcado.

No caso do recalcamento, a hipótese funcional ou econômica permite explicar o modo pelo qual uma mesma representação pré-consciente determinada "é afetada pelo desinvestimento, pelo investimento inconsciente ou pelo contrainvestimento".[39] Trata-se portanto, nesse caso, da mesma representação que sofre diversos processos econômicos, não havendo uma representação pré-consciente e outra inconsciente. No caso do retorno do recalcado, a hipótese tópica ou da dupla inscrição permite entender que a representação passe do Ics para o Pcs sem perder sua primeira inscrição.

Ao final do artigo sobre "O inconsciente", Freud apresenta uma distinção quanto às características das representações inconscientes e pré-conscientes, de modo a abandonar o problema das duas hipóteses anteriores.

Ele formula que a representação consciente abarca tanto a representação-coisa quanto a correspondente representação-palavra, ao passo que a representação inconsciente é apenas da ordem da representação-coisa.[40] Garcia-Roza sublinha que

> esta nova forma de apresentar a questão é uma espécie de *Aufhebung* da posição anterior, que opunha a hipótese tópica à hipótese econômica. De fato, ela não impede que se faça uma topologia do *Ics* e do *Pcs/Cs*, como tampouco ameaça a concepção econômica, além de possibilitar uma outra forma de se pensar a representação.[41]

Para Freud, as características especiais do sistema inconsciente são as seguintes:

• Não há no inconsciente negação, dúvida ou quaisquer graus de certeza. Esses são elementos introduzidos pelo trabalho da censura entre o sistema Ics e o sistema Pcs/Cs. A negação é um substituto, em grau mais elevado, do recalcamento. No Ics só existem conteúdos investidos com maior ou menor força.

• Tais investimentos sofrem condensações e deslocamentos, modo de funcionamento do processo primário.

• Os processos do Ics são intemporais. A referência ao tempo vincula-se ao trabalho do sistema Pcs/Cs.

• Os processos Ics dispensam pouca atenção à realidade externa. Estão sujeitos ao princípio de prazer, de modo que a realidade externa é substituída pela realidade psíquica.

Retornemos, então, ao problema dos anagramas. Saussure colocou de maneira insistente a questão a respeito da origem desses anagramas (ou hipogramas, como os denominou preferencialmente), acreditando que ela pudesse ser religiosa: "A razão *pode ter residido* na ideia religiosa de que uma invocação, uma prece, um hino, só produzia efeito com a condição

Inconsciente e linguagem: O simbólico

de misturar as sílabas do nome divino ao texto". Ou mesmo apenas motivação poética: "A razão *pode ter sido* não religiosa, e puramente poética: da mesma ordem que aquela que preside aliás as rimas, as assonâncias etc.".[42] Impôs-se para ele, cada vez mais, a necessidade de demonstrar a intencionalidade do poeta (mas, cabe perguntar: de onde vinha essa insistente necessidade?) nesse tipo de procedimento e, para fazê-lo, acreditou que nada seria melhor do que interrogar o poeta italiano Giovanni Pascoli, professor na Universidade de Bolonha.

Sua correspondência com ele constituiu-se de apenas duas cartas, nas quais se revela o caráter dramático de seu problema. Na primeira, de 19 de março de 1909, ele indaga: "Tendo me ocupado da poesia latina moderna a propósito da versificação latina em geral, encontrei-me mais uma vez diante do seguinte problema: certos pormenores técnicos que parecem observados na versificação de alguns modernos são puramente fortuitos ou são *desejados* e aplicados de maneira consciente?",[43] para acrescentar que enviaria, numa próxima carta, suas perguntas de modo pormenorizado. A resposta de Pascoli, não encontrada, deve provavelmente ter desencorajado Saussure, que escreveu na carta seguinte, num tom apressado:[44]

> Dois ou três exemplos bastarão para colocar o senhor no centro da questão que se colocou ao meu espírito e, ao mesmo tempo, permitir-lhe uma resposta geral, pois, se é somente o acaso que está em jogo nesses poucos exemplos, disso decorre certamente que o mesmo acontece em todos os outros. De antemão, creio bastante provável, a julgar por algumas palavras de sua carta, que tudo não deve passar de simples coincidências fortuitas: 1. É por acaso ou intencional que, numa passagem como *Catullocalvos*, p.16, o nome de *Falerni* se encontre rodeado de palavras que reproduzem as sílabas desse nome
>
> ... / *facundi calices hausere — alterni* /
>     FA    AL    ER    ALERNI

A questão que Saussure dirige a Pascoli reside, assim, em saber se se trata do acaso ou da intenção do autor nesse "encontro de sons". Questão nitidamente freudiana, se pensarmos no capítulo final de *A psicopatologia da vida cotidiana*, em que Freud se empenha precisamente em demonstrar a inexistência do acaso para o psiquismo. Mas Saussure não recebeu qualquer resposta dessa segunda carta e, tendo interpretado o silêncio do poeta como uma desaprovação em relação a sua própria questão, interrompeu nesse mesmo momento sua pesquisa sobre os anagramas. Mas nela, resta como questão sua insistência em indagar sobre as relações entre a linguagem e uma possível intencionalidade inconsciente.

Abstraindo-se os contextos particulares em que se deu, o episódio entre Saussure e Pascoli lembra de maneira curiosa o ocorrido entre Freud e o escritor Wilhelm Jensen. Freud publicou em 1907 um estudo psicanalítico sobre a novela de Jensen, *Gradiva — uma fantasia pompeiana*, no qual se empenha em mostrar que os sonhos criados por um escritor são igualmente passíveis de análise, como todos os outros, enviando-o em seguida para ele. A troca de correspondência entre os dois acabaria por revelar, da parte de Freud, uma excessiva insistência em confirmar alguns desdobramentos de suas hipóteses com o autor do romance. Jensen, por sua vez, não recusou a interpretação freudiana sobre a *Gradiva*, acatou-a em suas linhas gerais, mas furtou-se a encontrar Freud depois de uma derradeira interpretação que associava seus escritos a sua vida infantil; Pascoli, equivalentemente, calou-se diante da exegese saussuriana.

O que há de comum entre esses dois episódios é que, em ambos, Saussure e Freud pedem a confirmação pelo artista dos achados do cientista; os dois procuraram nesses autores a confirmação de um saber do qual, efetivamente, eles nada sabiam e sobre o qual nada podiam dizer, pois tratava-se de um saber que por definição não se sabe a si mesmo. O que estava em jogo era algo absolutamente novo, o saber inconsciente, o saber do Outro. É nesse sentido que Lacan afirmou que Saussure aguardava o discurso psicanalítico para que a questão do saber fosse colocada de forma nova:

> Um sonho, isso não introduz a nenhuma experiência insondável, a nenhuma mística, isso se lê do que dele se diz, e que se poderá ir mais longe ao tomar seus equívocos no sentido mais anagramático do termo. É nesse ponto da

linguagem que um Saussure se colocava a questão de saber se nos versos saturninos, onde ele encontrava as mais estranhas pontuações da escrita, isto era intencional ou não. É aí que Saussure espera por Freud. E é aí que se renova a questão do saber.[45]

## Saussure e o signo linguístico

No texto que abre a coletânea de seus *Escritos*, "O seminário sobre 'A carta roubada'", Lacan afirma de saída:

> Nossa investigação levou-nos ao ponto de reconhecer que o automatismo de repetição (*Wiederholungszwang*) extrai seu princípio do que havíamos chamado de *insistência* da cadeia significante. Essa própria noção foi por nós destacada como correlata da *ex-sistência* (isto é, do lugar excêntrico) em que convém situarmos o sujeito do inconsciente, se devemos levar a sério a descoberta de Freud. É, como sabemos, na experiência inaugurada pela psicanálise que se pode apreender por quais vieses do imaginário vem a se exercer, até no mais íntimo do organismo humano, essa apreensão do *simbólico*.[46]

Ênfase maior não poderia ser dada, aqui, ao lugar proeminente ocupado por sua teoria do significante, introduzida anteriormente em "Função e campo da palavra" e retomada principalmente em "A instância da letra".

Como vimos, foi ao trabalho do linguista suíço Ferdinand de Saussure, o fundador da ciência da linguística e do método estruturalista, que Lacan recorreu para elucidar as teses freudianas sobre o inconsciente e demonstrar que Freud, num só ato, antecedeu e ultrapassou sua elaboração. Quando se afirma que Saussure fundou a ciência da linguística, é preciso entender o corte radical que ele promoveu no estudo das línguas tal como concebido pela filologia, que estuda a evolução das palavras ao longo do tempo, portanto no eixo da diacronia. Ao conceber a fórmula do signo linguístico, Saussure permitiu que as línguas fossem examinadas do ponto de vista sincrônico: a fórmula do signo, como veremos adiante, pode ser aplicada a qualquer palavra, de qualquer língua e em qualquer época.

Evidentemente, o valor dos estudos filológicos é enorme — Freud os utilizou ao longo de toda a sua obra e Lacan, dizem, andava com seu *Dictionnaire étymologique de la langue française*, de Oscar Bloch e Walther von Wartburg, debaixo do braço e reclamava com frequência que seus alunos não o consultavam como deveriam. Mas é preciso reconhecer que foi a inovadora abordagem de Saussure que permitiu o estabelecimento de uma conexão teórica entre linguagem e inconsciente.

Seu *Curso de linguística geral*, publicado postumamente a partir de notas de discípulos, retomava antigas postulações dos estoicos. Estes consideravam o signo (*sêmeion*) como uma entidade constituída pela relação entre o significante (*sêmainon*) e o significado (*sêmanoimenon*), definindo o primeiro como sensível (*aisthêton*) e o segundo como inteligível (*noêton*). A mesma concepção fora retomada, séculos depois, por Santo Agostinho, que falava do *signum* enquanto constituído pelo *signans* e pelo *signatum*.

Alguns dos principais pontos desenvolvidos por Saussure requerem aqui um breve comentário.[47] Saussure introduz sua noção de signo linguístico pela concepção de uma unidade indissociável entre o significante (imagem acústica) e o significado (conceito), tal como os dois lados de uma folha de papel, não sendo possível, para ele, falar-se do significante independentemente do significado e vice-versa. A "coisa", os "objetos designados", os referentes, portanto, acham-se excluídos dessa definição do signo, o que introduz, de saída, uma concepção da língua diversa da de uma simples nomenclatura que estabeleceria um vínculo entre nomes e coisas. Não é difícil ver o quanto essa concepção da língua é freudiana, na medida em que nela o objeto — ausente — comparece como perdido desde sempre:

$$\frac{So}{Se} = \frac{conceito}{imagem\ acústica}$$

Dois princípios regem o signo, arbitrariedade e caráter linear do significante, e é preciso observar que o primeiro atinge o signo em sua totalidade, ao passo que o segundo incide exclusivamente sobre o significante. Fato que, por si só, coloca um problema a respeito da indissociabilidade dos dois elementos que compõem o signo.

Essa relação entre significante e significado, entre imagem acústica e conceito, para Saussure não é necessária, mas sim arbitrária. Tal arbitrariedade do signo reside em seu caráter essencialmente convencional, que pode ser exemplificado pela existência de inúmeras línguas, que designam os mesmos conceitos por intermédio de diferentes sons, como também pela pluralidade de significados que um mesmo significante apresenta. O fato de Saussure exemplificar a arbitrariedade do signo pelo recurso à diversidade das línguas suscitou críticas de Pichon e de Benveniste, na medida em que Saussure reintroduz assim o problema do referente, do objeto, que havia sido descartado de saída na fórmula do signo. Jean-Claude Milner resumiu o problema ao pontuar que se trata, aí, da passagem da "referência virtual" (isto é, a significação lexical, o significado) à "referência atual", que permite ao signo designar a coisa. Contudo, o que se evidencia é que o princípio da arbitrariedade importa para Saussure na medida em que lhe permite formular rigorosamente, como veremos, as noções de valor e de sistema.

Lacan, que de início havia aceito sem questionar o princípio da arbitrariedade do signo, irá mais tarde introduzir a categoria da contingência para substituí-lo. Em "Radiofonia", Lacan qualifica a escolha por Saussure do termo arbitrário como um verdadeiro "lapso".[48] Posteriormente, no seminário *Mais, ainda*, Lacan assinala que teria sido melhor Saussure ter qualificado o significante com a "categoria do contingente",[49] já que "dizer que o significante é arbitrário não é do mesmo porte que dizer simplesmente que ele não tem relação com seu efeito de significado, pois é escorregar para uma outra referência".[50] Arrivé comenta que, nesse ponto, Lacan é mais saussuriano que o próprio Saussure, ao introduzir com a noção de contingência o acaso, onde Saussure falava de uma decisão, implícita na noção de arbitrariedade.

O segundo princípio é o do caráter linear do significante, pois, sendo de natureza auditiva, o significante se desdobra no tempo e deste toma suas características, que fazem com que não seja possível pronunciar — o caráter linear do significante é uma propriedade da fala — dois elementos ao mesmo tempo: o significante representa uma extensão que é passível de ser medida numa única dimensão, a linha.[51] Esse princípio é acrescido pela ideia da linearidade dos signos na frase e até da linearidade da língua. Para Arrivé isto revela "um elemento não explicitamente dito da teoria: a exigência de uma conformidade absoluta entre as regras que governam os significantes e as que governam os signos".[52] Já na escrita, a sucessão no tempo é representada pela linha espacial dos signos gráficos.

Saussure fala do sistema dos signos numa relação com a noção de valor, a qual vem dar consistência e maior precisão ao princípio da arbitrariedade. O valor incide de três modos: sobre os significados, os significantes e os próprios signos enquanto unidades. A noção de valor revela, por um lado, que os elementos que compõem o signo são interdependentes entre si e, por outro, que o signo não pode ser isolado do sistema do qual faz parte e do qual é igualmente interdependente. Mas a resultante fundamental da noção de valor é a de que, na língua, considerada por Saussure como uma forma e não uma substância, "há apenas diferenças, sem termos positivos": "Quer se considere o significado, quer o significante, a língua não comporta nem ideias nem sons preexistentes ao sistema linguístico, mas somente diferenças conceituais e diferenças fônicas resultantes deste sistema".[53]

Contudo, como não seria possível haver qualquer comunicação sem alguma positividade, Saussure preserva a ideia de positividade no que diz respeito ao "signo considerado em sua totalidade" e postula que a negatividade da língua é percebida quando se considera o significante e o significado separadamente. Nesse sentido, ele distingue as "diferenças", que funcionam para os significantes e significados, das "oposições", que funcionam para os signos. Por exemplo, os signos pai e mãe são opostos enquanto signos e simplesmente diferentes quando abordados enquanto significantes ou significados.

As noções de sincronia e diacronia são introduzidas por Saussure numa relação com dois eixos diversos: o eixo das simultaneidades, que diz respeito às relações entre coisas coexistentes e do qual toda intervenção do tempo está excluída, e o eixo das sucessividades, no qual uma coisa é considerada a cada vez, mas no qual estão situadas todas as coisas do primeiro eixo com suas transformações. É interessante observar que a oposição entre esses dois eixos está rigorosamente relacionada com a concepção da língua como um sistema de valores. Além disso, cumpre distinguir a diacronia da linearidade: a primeira afeta a língua, ao passo que a segunda é uma propriedade da fala. A linearidade é o modo de intervenção do tempo na fala, enquanto a diacronia é seu modo de intervenção na língua, o que permite que se perceba que a linearidade é a condição da diacronia, pois para que uma língua evolua, e não morra, é preciso que seja falada.

Ainda em Saussure cabe sublinhar a noção paradoxal, mas não contraditória, de mutabilidade e imutabilidade do signo, segundo a qual o signo de uma determinada língua pode se transformar, ao longo do tempo, embora tal mudança não possa ser operada por nenhum sujeito em particular. Essa noção é reveladora do fato fundamental de que ninguém tem o poder de dominar a língua. Exemplares do poder maior da língua são o fracasso da disseminação de uma língua universal como o esperanto, relegada ao esquecimento, e, também, a vontade staliniana de criação de uma língua nova, pressentindo a subversão inerente às línguas existentes.[54]

O poder da língua é inerente ao ato da fala e, desse modo, a língua que se designa enquanto língua morta, como o latim, é precisamente a que não é mais falada, não se altera mais, fica estagnada e se reduz a ser idêntica a ela própria. Se criar uma língua nova é no fundo impossível, destruir uma língua viva o é igualmente, pois a língua materna apresenta um valor de sintoma primordial para o sujeito e, como tal, insiste em se presentificar.

O valor do signo, para Saussure, se desdobra em dois aspectos, um absoluto, próprio do signo tomado isoladamente, outro relativo, dependente de sua oposição a outros signos diferentes. O melhor exemplo sobre esse ponto é o do jogo de xadrez, no qual precisamente cada peça, além de possuir um valor em si mesma, decorrente de sua maior ou menor capacidade de deslocamento e de captura no tabuleiro, apresenta ainda um valor relativo à posição que ocupa em determinado momento do jogo. Nesse exemplo, vê-se que, para Saussure, a língua é concebida como um sistema fechado, o que coloca de saída uma diferença radical entre a noção de estrutura fechada do estruturalismo e a estrutura aberta, hiante, que implica a falta posta em relevo pela psicanálise.

Assim, a noção de valor revela, por um lado, que os elementos que compõem o signo são interdependentes entre si e, por outro, que o signo não pode ser isolado do sistema do qual faz parte e do qual também é interdependente. Sendo a língua um sistema cujos termos são solidários, o valor de uma palavra dependerá da significação que lhe confere a presença de todas as palavras do código como também a presença de todos os elementos da frase:

$$\frac{So}{Se} \longleftrightarrow \frac{So}{Se} \longleftrightarrow \frac{So}{Se}$$

Nesse sentido, Charles S. Peirce tratou dessa mesma noção de valor quando falou do interpretante, elemento terceiro necessário para que um signo emitido por um locutor seja compreendido por um ouvinte.

Lacan foi erroneamente considerado como um teórico estruturalista, pois o temo *estrutura*, presente em sua assertiva "o inconsciente é estruturado como uma linguagem", não deve ser tomado no sentido estruturalista, mas sim no sentido psicanalítico. Trata-se, na estrutura em jogo na linguística, de uma estrutura de exclusão do sujeito, ao passo que, na psicanálise, de uma estrutura de inclusão do sujeito. Assim, tal assertiva lacaniana deve ser compreendida à luz daquela outra que afirma que "o inconsciente é o discurso do Outro", na qual se depreende, por um lado, a necessária referência à fala, ao discurso do sujeito, e, por outro lado, ao Outro enquanto lugar de absoluta alteridade dos significantes.

Se para Lacan o desejo é desejo do Outro, é na medida em que, antes mesmo de seu nascimento, o sujeito já tem sua inscrição numa ordem simbólica predeterminada. Essa ordem simbólica, ao mesmo tempo que determina o sujeito, tanto o antecede em sua vida como o ultrapassa após sua morte. Disso dão um eloquente testemunho o nome para sempre inscrito numa lápide funerária e o nome-do-pai que se transmite de geração em geração.

Lacan adotou o termo "simbólico" introduzido por Claude Lévi-Strauss em seu ensaio de 1949 "A eficácia simbólica", no qual ele compara a atividade terapêutica dos xamãs com o tratamento psicanalítico: em ambos, trata-se da cura pela fala e do poder transformador da palavra.

## A primazia do significante

Uma das mais precisas afirmações de Lacan sobre sua teoria do significante, aquela segundo a qual "é o equívoco, a pluralidade de sentido, que favorece a passagem do inconsciente no discurso",[55] pode ser ilustrada de modo simples e vigoroso se pensarmos na linguagem utilizada no futebol e suas metáforas bélicas. Estas só demonstram que os esportes representam, em sua vertente mais geral e abrangente, a sublimação das pulsões agressivas do homem.

Assim, no futebol, o time é constituído como um verdadeiro miniexército, cujo objetivo é vencer uma contenda: nele, fala-se do "capitão" do time, de "tática", de "ataque" e "defesa", de "tiro de meta", de "artilheiro", de "petardo" e "canhão" (para designar chutes poderosos), de "barreira", de "explodir" a bola no "adversário", de "armar" a jogada, de "dominar" e "bater" a bola, "morte súbita", "poder de fogo" do time etc. A linguagem utilizada é uma linguagem bélica, mas a guerra ali só comparece velada. Pois nele, as palavras servem nitidamente a dois senhores distintos, mas muito próximos: a pulsão de agressão ou de dominação, cuja manifestação implica o aparelho motor, e a sua sublimação... O mesmo pode ser observado com o ritual posto em cena nas grandes Copas do mundo, no qual os atletas ocupam o lugar de verdadeiros soldados que representam suas pátrias nos campos (de batalha?) e, enfileirados, cantam seus hinos antes de o jogo começar, vendo com orgulho as bandeiras nacionais serem içadas.

É fato que há, no futebol, uma agressividade contida que mantém uma tensão constante entre os jogadores, entre os torcedores, e, inclusive, entre os times e as torcidas. Ela se exacerba às vezes quando se vê, em certos jogos, crescer o número de "faltas" cometidas pelos jogadores ou de manifestações violentas por parte dos torcedores. Mas são os fenômenos de violência e barbaridade de grupo (Freud já havia indicado que os grupos podem vir a fazer coisas que os sujeitos isolados não fariam) que se manifestam esporadicamente nas torcidas — vide o contundente exemplo dos Hooligans ingleses —, que mostram claramente a estrutura da pulsão e de sua vicissitude sublimatória: o esporte permite a sublimação, mas não toda, pois uma parcela de realização em ato em relação à agressividade que está ali "em jogo" é requerida, apesar de tudo. É nesse sentido que, para Freud, é impossível sublimar toda a pulsão, pois uma parcela de satisfação direta corporal é sempre exigida. Retornaremos a esse tópico mais adiante, no Anexo 2.

Com esse exemplo, aproximamo-nos da verdade inerente à descoberta freudiana do inconsciente, tal como foi recolocada pelos avanços lacanianos e resumida pelo já célebre aforismo "o inconsciente é estruturado como uma linguagem". Se Lacan pôde afirmar, com muita ênfase, que é simplesmente "toda a estrutura da linguagem que a experiência psicanalítica descobre no inconsciente",[56] isso se dá na medida em que "o inconsciente é o que dizemos".[57] O inconsciente não se encontra num suposto além da linguagem, nem em qualquer profundeza abissal ou oculta; ele se acha nas palavras, apenas nas palavras e é nas palavras enunciadas pelo sujeito que ele pode ser escutado. Estruturado como uma linguagem, é nela que o inconsciente se acha profundamente enraizado.

Lacan isola na descoberta freudiana do inconsciente aquilo que denomina de primazia do significante para o sujeito e, assim, inverte o algoritmo do signo linguístico saussuriano (significado/significante), escrevendo $S/s$: significante separado do significado por uma barra resistente à significação: "O inconsciente é, em seu fundo, estruturado, tramado, encadeado, tecido de linguagem. E não somente o significante desempenha ali um papel tão grande quanto o significado, mas ele desempenha ali o papel fundamental. O que com efeito caracteriza a linguagem enquanto tal é o sistema do significante enquanto tal".[58] Se para Saussure o sentido provém do valor oposicional entre os diversos signos, para Lacan, trata-se, no advento do sentido, da inclusão do sujeito representado entre significantes.

Atribuindo a Saussure, como homenagem, o mérito do algoritmo que ele mesmo criou,[59] Lacan introduz alterações essenciais no algoritmo saussuriano:

$$\text{Saussure} \qquad \text{Lacan}$$

$$\uparrow \left( \frac{S^o}{S^e} \right) \downarrow \qquad \frac{S}{s}$$

• Caem não só o círculo que contorna o algoritmo e designa a unidade do signo linguístico, como também as flechas que indicam a relação entre significante e significado enquanto indissociável. Curiosamente, as flechas já não constavam dos esquemas originais de Saussure e haviam sido acrescentadas pelos editores para fins didáticos.[60]

• A posição do significante e do significado é invertida: o significante vai para o numerador ao passo que o significado para o denominador. Já se comentou que, em Saussure, tal posição não seria intencional, na medida em que não havia para ele hierarquia entre os dois elementos do signo, embora no Curso ele surja sempre assim. A primazia do significante é representada não apenas pelo seu lugar no numerador, como igualmente pela maiúscula com que o S é aí escrito, em oposição ao s minúsculo e em itálico do significado.

• A linha que em Saussure designava a relação entre significado e significante adquire um valor próprio que não apresentava, o de uma barra de separação "resistente à significação": a barra separa o significante de seu efeito de significado e constitui a principal das funções de corte do discurso. Como veremos, a barra é franqueada na metáfora e não o é na metonímia.

• O significado desliza sob o significante, como no esquema das duas massas amorfas — dos pensamentos e dos sons — de Saussure. É a partir desse esquema que Lacan irá produzir o grafo das duas curvas, em "Subversão do sujeito", no qual o significante será assimilado à enunciação e circulará em sentido inverso em relação ao discurso, que constitui o enunciado. No deslizamento entre os dois se produz, de quando em quando, um ponto de basta, no qual vêm atar-se o significado e o significante, ponto em torno do qual se deve exercer toda análise concreta do discurso.

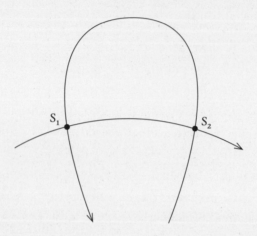

Considerando a função do significante "como o fundamento da dimensão do simbólico, o qual só o discurso analítico nos permite isolar como tal",[61] Lacan irá estender gradativamente sua concepção do significante até que ela passe a designar não apenas as palavras verbalizadas, mas tudo aquilo que pode se estruturar segundo o significante, desde o fonema até as locuções compostas: o significante pode se referir à palavra, à frase, ao fonema e a tudo o mais que possa se estruturar sob o mesmo modo que o significante linguístico.

A definição recorrente fornecida por Lacan do significante, de que ele representa um sujeito para outro significante, implica precisamente a inclusão do sujeito do inconsciente. Além disso, ela apresenta de saída a binariedade significante como inerente a sua própria definição; mais, ainda, ela apresenta essa binariedade de modo articulado na estrutura.

O problema da binariedade estrutural do significante nos interessa de modo particular, na medida em que está intimamente relacionado, veremos adiante, com a questão central para Freud da "significação antitética das palavras primitivas". Lacan formula que o significante surge num par e dá o exemplo do par noite/dia e do par homem/mulher; esses exemplos ilustram que é uma ilusão acreditar que o significante "atende à função de representar o significado",[62] pois eles mostram que, como já sublinhamos, não apenas a coisa está inteiramente ausente da representação significante, mas também que o outro significante, ausente, é o que está ato contínuo sendo referido pelo primeiro. Vê-se que o que está em jogo, para Lacan, em sua definição do significante é a rigor uma visão que enfatiza o caráter puramente diferencial do significante, decalcado por ele da concepção saussuriana do signo: o significante enquanto tal não é "jamais senão *um-entre-outros*, referido a esses outros, não [é] senão a diferença para com os outros".[63]

Lacan preserva a definição do signo, que ele extrai de Peirce, precisamente no que ela não implica a referência ao sujeito e introduz sua definição do significante numa estrita referência a este: o significante é o que representa um sujeito para outro significante, enquanto o signo é o que representa alguma coisa para alguém que saiba lê-lo. Voltaremos adiante a essa definição, cuja importância reside no fato de que o signo refere-se a um sentido já dado, que prescinde do sujeito para advir, ao passo que o significante é produtor de sentido novo que depende precisamente da inserção subjetiva.

O modo pelo qual Lacan isola o advento do sentido reside não na concatenação dos signos em frases, mas sim, por um lado, naquilo que escapa à materialidade significante, ou seja, à pontuação, e, por outro, no efeito de retroação inerente à série significante, no que seu sentido depende necessariamente do último termo enunciado. Aqui, Lacan resgata a noção freudiana de só-depois ou a posteriori (*Nachträglichkeit*), à qual não havia sido dado nenhum relevo pelos analistas até então.

A pontuação, sendo na escrita o elemento que estabiliza o sentido, presentifica-se na fala por meio da enunciação, na dependência da qual é facultado a um mesmo enunciado apresentar os sentidos mais díspares, desde que pronunciado de maneiras diferentes. Assim como a pontuação o faz na escrita, a enunciação, na fala, altera os enunciados e, desse modo, revela o sujeito da enunciação, levando à constatação de que a enunciação jamais pode ser reduzida a qualquer enunciado.

A primazia do significante sobre o significado é reveladora do fato de que, no inconsciente, o significado é abolido, e o significante é o que representa de modo soberano o sujeito para outro significante. Com essa definição aparentemente circular, na qual o elemento que é definido (o significante) surge na sua própria definição (é o que representa o sujeito para outro significante), Lacan introduz as letras fundamentais de sua álgebra que, percorrendo todo seu ensino, virão a constituir posteriormente seus matemas:

• $S_1$: o significante-mestre é uma referência particular do sujeito (trata-se de um número bastante limitado de significantes) que se exemplifica lidimamente por seu nome próprio. É na medida mesma em que um nome próprio é uma representação extremamente particular de um sujeito que ele é intraduzível. Contudo, Lacan observa que, antes de ser *um* significante, o significante-um, $S_1$, é um enxame (*essaim*, em francês, apresentando uma homofonia com *S-Un*) de significantes singulares do sujeito. Mas, como um significante não possui isoladamente potência de representação — este é o princípio que rege a lógica do significante —, $S_1$ está sempre situado numa referência a $S_2$, isto é, numa referência à diferença em relação a $S_2$.

• $S_2$: o saber do Outro, ou seja, o conjunto faltoso dos significantes, é uma das formas de se escrever $A$, o Outro. $S_2$ designa todos os significantes que não têm valor de $S_1$, de marca fundadora para o sujeito.

• $\$$: o sujeito é barrado, para Lacan, na medida em que nenhum significante, nem $S_1$, nem $S_2$, basta para representá-lo integralmente. Por isso, ele é sempre representado de um significante para outro, entre-dois significantes. O sujeito é, assim, intervalar, pontual (daí ocupar o lugar mesmo da pontuação na escrita e da enunciação na fala); ele é "o que desliza numa cadeia de significantes, quer ele tenha ou não consciência de que significante ele é efeito".[64]

• *a*: o objeto *a*, objeto faltoso, objeto causa do desejo, é o que resta da aptidão do significante para representar o sujeito, daí sua estrutura de resto, de dejeto. Ele é o que sobra de toda tentativa de representar o sujeito.

Assim, definindo o significante enquanto eminentemente binário ($S_1$–$S_2$); o sujeito enquanto intervalar, como lugar de escansão entre-dois significantes e passível de ser representado apenas parcialmente pelo significante; e o objeto como aquilo que é radicalmente evasivo à representatividade pelo significante, Lacan articula, a um só tempo, sua lógica do significante às categorias de real-simbólico-imaginário:

O real ex-siste
O imaginário consiste
O simbólico insiste

Sendo o que não se inscreve, o real é o que ex-siste (o que está fora) à consistência do imaginário. Pois se o real é por definição aquilo que é impossível de ser simbolizado — isto é, o não senso radical, o que não tem nenhum sentido —, o imaginário é o oposto do real, ele é da ordem do sentido. Há, apontadas em Freud, várias formas de se nomear o real: o registro do real surge nas vivências cujo teor excede à capacidade de representação psíquica; o real é a morte, aquilo que não tem inscrição possível no psiquismo; o real é por excelência o trauma, isto é, aquilo que não pode de modo algum ser assimilado pelo sujeito em suas representações simbólico-imaginárias; ele é o limite da simbolização e, por isso, sua face mais frequente na clínica e na vida cotidiana é o afeto da angústia. Já o simbólico é o campo da linguagem através do qual o sujeito faz face, por um lado, ao real traumático, e, por outro, reconstitui incessantemente seu imaginário que está continuamente submetido à invasão do real.

## Dois estados do significante

No seminário *As formações do inconsciente*, Lacan fornece uma série de importantes elaborações de sua lógica do significante. Nele, vale-se inicialmente da análise freudiana do chiste para demonstrar como este se vincula com a economia geral da função do significante e apresentar o inconsciente como "o significante em ação".

Ressaltando que para Freud há uma analogia estrutural entre a técnica do chiste e os mecanismos inconscientes de condensação e deslocamento, Lacan observa que, no chiste, há o surgimento de um elemento novo, cuja característica é a de escapar ao código e introduzir uma mensagem. Ao estabelecer a oposição entre código e mensagem, Lacan apresenta um esquema que visa esclarecer a topologia do deslizamento recíproco do significante e do significado. Tal esquema representa para ele dois estados do significante: a cadeia do significante e o círculo do discurso.

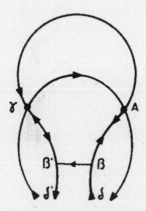

A cadeia do significante constitui-se, para Lacan, no nível dos fonemas, sendo permeável aos efeitos da metáfora e da metonímia. Já o círculo do discurso é constituído por semantemas que não correspondem de maneira unívoca ao significado e são definidos pelo seu uso. Neste último, trata-se precisamente do nível onde se dá a menor criação de sentido, onde a palavra pode ser mais vazia. Em suma, este é o círculo do discurso comum.

Lacan sublinha que os vetores em jogo na cadeia do significante e no círculo do discurso arrancam em sentido contrário, deslizando um sobre o outro e recortando-se em dois pontos: o lugar do código, A (Outro), e o lugar da mensagem, γ, no qual se dá a conjunção do discurso com o significante e o sentido se eleva na direção da verdade. É justo no que alguma mensagem pode ser arrancada do código pelo sujeito que se opera a criação de sentido, dimensão essencial que é, para Lacan, introduzida pelo chiste. Trata-se, aí, no surgimento da mensagem, do lugar da metáfora, cuja função de substituição pode ser exemplificada ao tomarmos o célebre exemplo que abre a obra de Freud sobre o chiste.

O exemplo foi extraído por Freud da obra de Heymans sobre o cômico, que por sua vez o retirou de *Os banhos de Lucca*, de Heinrich Heine. Nele, o agente de loteria e calista hamburguês Hirsch-Hyacinth se jacta ao poeta de suas relações com o rico barão Rothschild dizendo: "E tão certo como Deus há de me prover todas as coisas boas, doutor, sentei-me ao lado de Salomon Rothschild e ele me tratou como um seu igual — bastante familionariamente".

A palavra "familiarmente", na expressão não chistosa do pensamento, transformou-se no texto do chiste em familionariamente. Freud ressalta que não pode haver dúvida de que é precisamente dessa estrutura verbal que dependem o caráter do chiste e o seu poder de causar riso. Em seguida, Freud decompõe a estrutura composta da palavra "familionariamente" em seus dois componentes, familiarmente e milionário:

$$\begin{array}{c} \text{famili är} \\ \underline{\text{milionär}} \\ \text{familionär} \end{array}$$

Se traduzirmos esse chiste (e não é sem interesse observar o número de vezes que Freud se refere nessa passagem à questão da tradução),[65] obteremos o seguinte pensamento: "R. tratou-me bastante familiarmente, isto é, tanto quanto é possível para um milionário".

Nessa mesma passagem, Freud observa numa nota que "parece provável que o fato das duas palavras partilharem várias sílabas em comum ofereceu à técnica do chiste a ocasião de construir a palavra composta".[66] É a esse mesmo fato que Lacan alude ao observar, em suas *Conferências americanas*, que "é o equívoco, a pluralidade de sentido, que favorece a passagem do inconsciente no discurso".[67] Comparando-se esses dois comentários, pode-se ver o grau de fidedignidade de Lacan em relação à letra de Freud: foi precisamente no texto freudiano, e não em outra parte, que Lacan foi buscar os elementos para nomear o registro do simbólico e afirmar que "o inconsciente é estruturado como uma linguagem".

O ato poético é igualmente da ordem da mensagem, do arrancar uma mensagem singular e subjetiva (intrassubjetiva) do código do discurso comum, no qual se dá a comunicação (intersubjetiva). Os poetas o afirmam de inúmeras maneiras, como, por exemplo, Manoel de Barros: "A terapia literária consiste em desarrumar a linguagem a ponto que ela expresse nossos mais fundos desejos". E ainda: "Não gosto de palavra acostumada".[68] E também:

> Carrego meus primórdios num andor./ Minha voz tem um vício de fontes./ Eu queria avançar para o começo./ Chegar ao criançamento das palavras./ Lá onde elas ainda urinam na perna./ Antes mesmo que sejam modeladas pelas mãos./ Quando a criança garatuja o verbo para falar o que não tem...[69]

### Metáfora e metonímia: condensação e deslocamento

Roman Jakobson foi um linguista pós-saussuriano de cujo trabalho Lacan se valeu para dar consistência teórica a sua tese sobre as relações entre inconsciente e linguagem. Seu artigo "Dois aspectos da linguagem e dois tipos de afasia",[70] no qual aplica, de forma inovadora, critérios da linguística estrutural à interpretação e à classificação das afasias, possibilitou a Lacan estabelecer um paralelo igualmente novo entre os dois modos de funcionamento do processo primário, segundo Freud, a condensação e o deslocamento, com duas figuras da retórica clássica, a metáfora e a metonímia.[71] Tal fato é surpreendente quando lembramos que Freud também abordou o problema da linguagem, de forma inaugural em sua obra, com um ensaio sobre as afasias.

Lacan tratou as contribuições de Jakobson sob a perspectiva de sua concepção do significante, o que sem dúvida o levou a redimensioná-los inteiramente em sua articulação. Contudo, é digno de nota que Lacan soube privilegiar aquilo que, na abordagem de Jakobson, revelou-se como sua mais poderosa articulação: o destacamento de dois polos na estrutura da linguagem, o polo metafórico e o polo metonímico.

Jakobson formula que a estruturação da linguagem é bipolar, com duas atividades diversas: a seleção das unidades da língua, onde uma palavra substitui outra por similaridade, e a combinação das unidades da língua, onde duas palavras mantêm uma relação de contiguidade. Assim, para Jakobson, "uma seleção entre termos alternativos implica a possibilidade de substituir um pelo outro, equivalente ao primeiro num aspecto e diferente em outro". Nessa medida, "seleção e substituição são as duas faces de uma mesma operação".[72] Por outro lado, todo signo é composto de outros signos constituintes e aparece igualmente em combinação com outros signos, o que mostra que "todo agrupamento efetivo de unidades linguísticas liga-as numa unidade superior: combinação e contextura são as duas faces de uma mesma operação".[73] Jakobson demonstra que ambas as atividades acham-se especificamente prejudicadas em cada uma das duas formas de afasia, a sensorial e a motora. Na afasia sensorial, em que se dá o distúrbio da similaridade, o sujeito não consegue encontrar palavras, é incapaz da metáfrase e tudo o que diz está no domínio da paráfrase. Na afasia motora, onde ocorre o distúrbio da contiguidade, o sujeito não consegue formar frases compostas; podendo apenas nomear, ele fala de forma telegráfica e perde a capacidade de construir a proposição.

Além disso, Jakobson identifica a metáfora com a atividade seletiva, enquanto a atividade combinatória é identificada com a metonímia, acrescentando que, na poesia, há a predominância da metáfora, enquanto, na prosa, ocorre o predomínio da metonímia. Como corolário maior dessa abordagem, para Jakobson, as diferentes escolas literárias são igualmente passíveis de ser subsumidas de acordo com essa bipolaridade: romantismo e simbolismo privilegiam o polo metafórico, enquanto o realismo privilegia o polo metonímico. É já ao final de seu artigo que Jakobson vem a mencionar, rapidamente, a possibilidade de se estabelecer um paralelo com os dois processos descritos por Freud no funcionamento do sonho, do seguinte modo: identificação e simbolismo estão associados à atividade metafórica, ao passo que condensação e deslocamento estão associados à atividade metonímica.[74] Foi esse paralelismo que chamou a atenção de Lacan, que fez dele uma utilização bastante diferenciada.

JAKOBSON:

Seleção ⟶ Similaridade ⟶ Substituição ⟶ Afasia sensorial ⟶ Metáfora ⟶ Poesia ⟶ Romantismo e Simbolismo ⟶ Identificação e Simbolismo

Combinação ⟶ Contiguidade ⟶ Contextura ⟶ Afasia motora ⟶ Metonímia ⟶ Prosa ⟶ Realismo ⟶ Condensação e Deslocamento

Para Freud, a transformação do conteúdo latente do sonho em conteúdo manifesto, operada pela censura no trabalho do sonho, se dá essencialmente por meio de dois mecanismos: a condensação (*Verdichtung*) e o deslocamento (*Verschiebung*). É nesse sentido que a noção de censura é desenvolvida na *Interpretação dos sonhos* como a maior tributária dos diferentes mecanismos de deformação do sonho.

FREUD:

Conteúdo latente ⟶ Conteúdo manifesto
↓
Condensação e Deslocamento
(compromisso entre desejo e censura)

Assim, se o sonho possui um caráter bastante lacônico, isso se dá devido ao efeito de condensação operado pelo trabalho do sonho, já que a condensação, assim como o deslocamento, é uma resultante do estabelecimento de um compromisso entre o desejo e a censura. Por isso, Freud ressalta a grande diferença entre o caráter sintético do relato de um sonho, seu conteúdo manifesto, e o conteúdo latente que se acha como que embutido, de forma condensada, no primeiro e que só pode ser resgatado por meio das associações do sonhador. Cabe lembrar, aqui, que a ideia da interpretação dos sonhos não foi de modo algum apanágio da teoria freudiana do inconsciente, mas remonta à Antiguidade e, se há uma única diferença radical entre as antigas concepções vigentes e aquela introduzida por Freud, ela reside precisamente no fato de que, para este, a interpretação de um sonho provém das associações do próprio sonhador e não das provenientes do intérprete. Com Freud, a ideia de um simbolismo universal do sonho, com seus motivos típicos, cede lugar à concepção da particularidade simbólica em jogo para cada sujeito, com seus motivos individuais.

A particularidade do deslocamento é a de que ele refaz o conteúdo latente, alterando o lugar da ênfase, que neste era atribuída a determinados elementos significantes primordiais, e deslocando-a para outros elementos sem maior importância. Os elementos de elevado valor psíquico são desse modo deslocados para elementos de baixo valor psíquico, burlando assim a atenção que, de outro modo, seria voltada para os primeiros. Tal processo se assemelha à figura de retórica denominada sinédoque, na qual o todo é representado pela parte, como o barco pela vela.

Deslocamento:
Elementos de alto ⟶ Elementos de baixo
valor psíquico          valor psíquico

O deslocamento adquire muitas vezes um aspecto surpreendente que é a substituição pelo oposto. No deslocamento, tudo se passa, diz Freud, "como se houvesse um deslocamento da ênfase psíquica no trajeto da associação. A carga psíquica passa das representações que estavam no início fortemente investidas para outra cuja tensão é fraca". Trata-se de um processo que, além de ocorrer no trabalho do sonho, é comum no cotidiano, como no caso da ternura excessiva da mulher solteira pelos animais ou da paixão do homem solteiro por suas coleções. Freud compara esse mecanismo ao da utilização das trilhas "escarpadas e incômodas" quando as estradas principais da montanha acham-se bloqueadas pela inundação.

A relação entre o deslocamento e a censura é evidenciada por Freud sob duas formas diversas: seja incidindo sobre o vínculo (seta 1) entre dois pensamentos, de modo que estes aparecem sucessivamente na consciência sem que seu encadeamento profundo seja percebido, mas apenas uma ligação superficial e desimportante; seja incidindo sobre os próprios pensamentos (seta 2), que surgem sob uma forma modificada e mantendo igualmente uma relação entre eles. Do mesmo modo que os dois pensamentos originais mantinham uma relação entre si, estes também mantêm uma relação, apenas que descaracterizada de seu conteúdo original e tendo por isso mesmo uma aparência muitas vezes absurda.

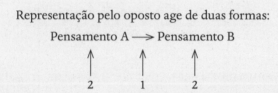

Já a condensação implica a reunião num mesmo e único elemento de uma pluralidade de elementos de alto valor psíquico, tendo como efeito igualmente a distorção e o disfarce de sua evidenciação: são assim criados personagens compostos e palavras-valise. Tal processo se assemelha à metonímia propriamente dita, na medida em que vários elementos se deslocam para a produção de um novo elemento, este de baixo valor psíquico, sempre no sentido de servir à ação da censura psíquica. Como vimos, Jakobson ligou ambos os processos à metonímia, na medida em que ambos são mecanismos que operam pela contiguidade.

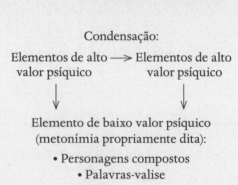

Lacan redimensiona essas noções a partir de sua teoria do significante, para demonstrar que "o trabalho do sonho segue as leis do significante". A condensação é entendida como um processo metafórico no qual se trata da substituição de vários significantes por outro significante num processo de superposição: "A *Verdichtung*, condensação, é a estrutura de superposição dos significantes em que ganha campo a metáfora, e cujo nome, por condensar em si mesmo a *Dichtung*, indica a conaturalidade desse mecanismo com a poesia, a ponto de envolver a função propriamente tradicional desta".[75]

O deslocamento é visto como um processo puramente metonímico, no qual não há substituição de um significante por outro, mas sim um remetimento a outro significante: "A *Verschiebung* ou deslocamento... é o transporte da significação que a metonímia demonstra e que, desde seu aparecimento em Freud, é apresentado como o meio mais adequado do inconsciente para despistar a censura".[76]

Na conferência de 1957 intitulada "A instância da letra no inconsciente", Lacan apresenta três fórmulas, a partir do algoritmo original S/s, para desenvolver a incidência do significante sobre o significado. A primeira é uma fórmula geral que mostra a função significante partindo da barra de resistência à significação: $f(S)\ 1/s$. As outras duas são a maneira formal de introduzir dois polos distintos da linguagem, numa referência à significação. A metonímia manifesta a resistência da significação presentificada pela permanência da barra entre S e s: $f(S...S')S = S(-)s$. A metáfora manifesta a emergência da significação presentificada pelo franqueamento da barra entre S e s: $f(S'/S)S = S(+)s$.

Na metonímia, a conexão dos significantes entre si elide o significado e remete ao objeto do desejo sempre faltoso na cadeia, daí Lacan falar dos "trilhos eternamente estendidos para o *desejo de outra coisa*".[77] Lacan critica a concepção didática da metonímia, aquela que a define como a parte tomada pelo todo e dá como exemplo "trinta velas", para designar "trinta barcos". Lacan mostra que a ligação do barco com a vela "não está em outro lugar senão no significante, e que é na *palavra em palavra* dessa conexão que se apoia a metonímia", e não na "coisa tomada como real", uma vez que um navio possuir uma única vela é o caso menos comum.[78]

Na metáfora, trata-se da função de substituição de um significante por outro significante através da qual precisamente o sujeito é representado. É interessante observar que quatro anos antes, em "Função e campo", Lacan já havia destacado a importância da metáfora para a compreensão do sintoma, mas aí ele fizera uma aproximação da metáfora com o deslocamento e falara do "campo próprio da metáfora, que não é senão sinônima do deslocamento simbólico empregado no sintoma".[79] Assim como criticou a concepção tradicional da metonímia, nesse mesmo artigo, Lacan distingue igualmente a metáfora da analogia, observando que o simbolismo analítico "vai estritamente contra o pensamento analógico".[80]

LACAN:
Condensação (*Verdichtung*) ⟶ Substituição ⟶ Metáfora
Deslocamento (*Verschiebung*) ⟶ Remetimento ⟶ Metonímia

Se tomarmos o exemplo princeps de esquecimento de nome próprio, o de Signorelli,[81] exposto por Freud no capítulo inaugural de *A psicopatologia da vida cotidiana*, veremos que os nomes Botticelli e Boltraffio são duas palavras-valise, são dois termos substitutos que condensam elementos de alto valor psíquico — *Bo* e *elli* para Botticelli; *Bo* e *trafoi* para Boltraffio —, de forma tal que revelam a ação da censura produzida por meio do deslocamento. Assim, Botticelli e Boltraffio, sendo ao mesmo tempo fruto da condensação e do deslocamento, revelam de modo nítido por que Jakobson considerou a condensação como a metonímia propriamente dita. Eles revelam igualmente a ação do deslocamento sobre o pensamento inconsciente recalcado, tendo como efeito o surgimento de uma aparência absurda.

## A metáfora paterna

Mais além dessa retomada pontual, embora extensa, que Lacan faz da teoria de Jakobson, a metáfora possui um estatuto extremamente abrangente em sua teoria. Ela é, de fato, o elemento que preside a própria função da linguagem e é nela que reside a sua mais primordial característica. No seminário *Os escritos técnicos de Freud*, Lacan pondera que todo uso da linguagem é metafórico, isto é, a linguagem é, em si mesma, da ordem da substituição de uma falta originária, ela é em si mesma uma imensa metáfora, o que é uma das maneiras de se entender a afirmação de Lacan de que "não existe metalinguagem". A precedência da ordem simbólica faz com que a linguagem seja o que constitui a realidade para cada sujeito, pois antes dela só há a indiferenciação do real e, nessa direção, Lacan postula que a metáfora se situa no ponto preciso em que o sentido se produz a partir do não senso.

Contudo, Lacan ressalta no seminário *As psicoses* que a linguagem infantil é basicamente metonímica e é sobre este fundamento que a metáfora pode intervir; a articulação metonímica é a coordenação significante básica, sobre a qual podem vir a se produzir as transferências de significado metafóricas. Nessa linguagem infantil, tem-se a expressão direta de uma significação, de um desejo, trata-se nela da "forma mais esquemática, mais fundamental, da metonímia".[82] Como no exemplo de Anna Freud, adormecida, falando em seu sonho: "morangos grandões, framboesas, flãs, mingaus", algo que parece ser da ordem do significado em estado puro.

Já foi salientado que, em Aristóteles, a singularidade do sujeito é apontada como um traço essencial na produção de uma metáfora. A entrada do sujeito na ordem da linguagem — ordem simbólica — re-produz uma perda de ser original, da qual o produto é o advento do sujeito da enunciação, evasivo a todo e qualquer enunciado e produtor mesmo da metáfora. Porque a linguagem se deposita precisamente no lugar de uma falta-a-ser, ela será desde sempre metáfora do sujeito.

O exemplo do neto de Freud brincando com o carretel, inúmeras vezes retomado por Lacan, é o exemplo princeps da simbolização originária enquanto uma função metaforizante, ou seja, de substituição. A linguagem surge, aí, como a possibilidade para o bebê de introduzir um significante ao término de um processo cujo núcleo era precisamente a substituição:

a ausência da mãe é inicialmente, substituída pelo carretel, para depois este vir a ser substituído pelos fonemas *o* e *a*; que designavam embrionariamente para o bebê sua ausência, *Fort*, e em seguida sua presença, *Da*. Assim, a vivência real do bebê, vivência dolorosa de separação da mãe, sofrida passivamente, passa a ser, pela entrada em cena da linguagem, vivenciada de modo ativo. A linguagem é, dessa maneira, enquanto substituição do real inefável, uma possibilidade de atividade para o sujeito e, o que era vivência passiva imediata, passa a ser vivido ativamente com a mediação da linguagem. Dito de outro modo, a subjetivação das vivências depende do processo de simbolização que a linguagem permite e que está no próprio cerne da experiência psicanalítica.

Além disso, o uso do brinquedo pelo bebê revela seu valor transicional entre a vivência real e a linguagem absolutamente metafórica, esta situada num registro radicalmente distinto da vivência real. Heráclito já havia formulado que "as ideias dos homens são jogos de criança".[83] O brinquedo é como que intersticial entre real e simbólico; ele é por um lado objeto, mas um objeto carregado de simbolismo, e, mais do que isso, pode ser um objeto da ação do bebê e da atividade que vem deslocar sua posição passiva anterior na direção de uma futura ação subjetiva no simbólico. É disso que a noção de objeto transicional, introduzida por Donald Winnicott, retira todo seu valor, pois ela designa um objeto que se destina a "proteger a criança da angústia da separação no processo de diferenciação entre o eu e o não eu";[84] o objeto transicional só consegue cumprir essa função por representar para a criança um esboço de domínio sobre os objetos.

Vivência passiva do bebê         Brinquedo                    Vivência ativa do bebê
(posição de objeto)    ⟶    (objeto transicional)   ⟶    (posição de sujeito)
   Real                                                        Simbólico

Para Lacan, o surgimento da linguagem é indissociável do advento do sujeito do inconsciente e é através dele que se dá o recalcamento originário. Esse processo é o que Lacan chama de metáfora paterna. A metáfora paterna representa o protótipo de toda e qualquer metáfora e, logo, da *condição essencialmente metafórica da linguagem*. Nas psicoses, a falência da entrada em jogo do processo de metaforização, aberto pelo advento da metáfora paterna, é atestada pela frequência com que nelas se observam os distúrbios de linguagem. Analisando as *Memórias de um neuropata*, de Daniel-Paul Schreber, Lacan observou que surpreende que, ainda que as frases tenham sentido, não se encontre ali nada que se pareça com uma metáfora. Ao contrário, a poesia, no que ela revela o poder da linguagem em sua forma mais excelsa, começa na metáfora e se encerra ali onde a metáfora também se encerra.[85]

## "Não há Outro do Outro"

Para finalizarmos esta seção, cabe dizer uma palavra sobre a afirmação lacaniana de que "não há metalinguagem", ou, dito de outra forma, "não há Outro do Outro". O Outro é o lugar do significante, é o registro do simbólico, que Lacan denomina de Outro na medida mesma em que o campo dos significantes é faltoso, é incompleto e nele há sempre a possibilidade de introduzir, por meio de um ato criativo, um novo significante. Não é outra coisa o que faz o poeta e é o que confere a ele sua suma importância, pois não é outra sua aspiração.

A bateria dos significantes tem uma estrutura "descompletada", ela é homóloga à série de números inteiros: ambas são uma série infinita, seu termo derradeiro não existe, pois há sempre a possibilidade de nelas se incluir mais-um significante ou mais-um número. O que Lacan chamou de S($\bar{A}$) é precisamente aquele significante, S, que indica a incompletude do Outro ($\bar{A}$), que é por isso mesmo perpassado pela barra tal como o sujeito, $\bar{S}$. Tal denominação, S($\bar{A}$), pode ser equiparada ao número transfinito introduzido por Cantor para nomear o último número da série de números inteiros que, evidentemente, não há.

Logo, o lugar do significante é nomeado por Lacan de Outro porque ele jamais é o mesmo, ele é sempre diverso de si mesmo, ele nunca apresenta uma identidade definitiva: ele é pura alteridade. Assim, atestar que "não há Outro do Outro" implica formular a radical incompletude do Outro: para além desse regime faltoso, furado da linguagem, nada vem em suplência. O Outro não poderia possuir uma alteridade para além de sua própria, ele já é a alteridade, ele já é Outro continuamente: nada vem lhe garantir qualquer limite definido.

Dito de outro modo, o aforismo lacaniano "não há metalinguagem" vem corroborar que "não há Outro do Outro": jamais se sai do regime da linguagem, está-se sempre mergulhado no "campo da linguagem" e não existe qualquer outra linguagem que venha dar conta desse "campo". Lacan salienta que, quando fala de linguagem, está se referindo ao fato de que "só há um tipo de linguagem: a língua concreta — inglês ou francês, por exemplo — falada pelas pessoas".[86] A relação apaixonada de Lacan com os matemas da psicanálise se inscreve justamente nesse ponto, pois os matemas, sendo fórmulas mínimas passíveis de agregarem nelas mesmas a maior gama possível de achados da experiência psicanalítica, representam, no campo da linguagem, sua fronteira, sua margem, isto é, a possibilidade de o simbólico tocar no real; assim, eles oferecem igualmente um mínimo de condições para a transmissibilidade da teoria psicanalítica.

## Real-simbólico-imaginário

A tripartição estrutural real-simbólico-imaginário (R.S.I.) — estabelecida por Lacan desde a conferência pronunciada em julho de 1953 na fundação da Sociedade Francesa de Psicanálise e intitulada "O simbólico, o imaginário e o real" — foi objeto de contínua investigação até o fim de seu seminário. Essa tripartição, embora não compareça nomeadamente na obra de Freud, dela retira todo o seu alcance, de tal modo que, como afirmou Moustapha Safouan num artigo de imprensa publicado quando da morte de Lacan, em 1981, sem ela dificilmente se poderia entender a essência das teses freudianas sobre o psiquismo. Pode-se dizer que os três registros psíquicos dessa tripartição concernem três grandes segmentos da descoberta freudiana, como se as mais diferentes regiões da vasta obra de Freud pudessem confluir, todas elas, para cada um desses registros nomeados por Lacan. O próprio Lacan afirma, no seminário *Os escritos técnicos de Freud*, que R.S.I. são "categorias elementares sem as quais não podemos distinguir nada na nossa experiência".[87]

Mais de vinte anos depois dessa conferência inaugural, em 1974-5, o seminário de Lacan foi denominado *R.S.I.* e nele empenhou-se em fazer um balanço sobre as contribuições introduzidas ao longo de todos esses anos de seminário em torno dessa tripartição: "Freud não tinha do imaginário, do simbólico e do real a noção que eu tenho... mas, mesmo assim, tinha uma suspeita deles... Aliás, a verdade é que pude extrair meus três [registros] de seu discurso, com tempo e paciência. Comecei pelo imaginário, depois tive que mastigar a história do simbólico com essa referência linguística... e acabei por lhes perceber esse famoso real, sob a própria forma do nó".[88]

Nesse momento, tratava-se igualmente, para Lacan, de reunir os três registros (ou, como ele mesmo afirma, as três instâncias) sob a nova ótica adquirida por meio do nó borromeano. Cumpre sublinhar ainda que a ordem de apresentação dos três registros foi alterada desde essa conferência de 1953, *S.I.R.*, até o seminário de 1974-5, *R.S.I.* Trataremos dessa alteração mais adiante.

Naquela conferência, na qual parece ter surgido pela primeira vez a célebre fórmula lacaniana do "retorno aos textos freudianos",[89] Lacan introduz igualmente pela primeira vez sua tópica R.S.I. Desnecessário sublinhar a relevância desse fato: o retorno a Freud promovido por Lacan acha-se intimamente associado à nomeação dessas três instâncias psíquicas. Com efeito, intitulando-se "O simbólico, o imaginário e o real", sua conferência aspirava ao objetivo político de fazer da SFP o lugar de uma nova ortodoxia freudiana para enfrentar a corrente adaptacionista da psicanálise norte-americana,[90] pois, nesse momento, a obra de Freud caíra num acentuado esquecimento em prol das leituras revisionistas promovidas pelos autores pós-freudianos.

Lacan considera essa conferência um verdadeiro "prefácio ou introdução a certa orientação de estudo da psicanálise"[91] e a encerra dizendo precisamente que ali apenas fez uma introdução ao relatório de Roma sobre o tema da linguagem na psicanálise. Segundo Elisabeth Roudinesco, essa conferência constitui, juntamente com o "Discurso de Roma", um verdadeiro bloco que representa o "primeiro passo para a elaboração de uma teoria do tratamento, sua direção, sua temporalidade e suas pontuações".[92] Assim, não é por acaso que aquela questão crucial colocada em julho na conferência, a respeito do que significa a passagem do inconsciente para o consciente, só será respondida por Lacan em setembro, em Roma, como se uma exposição continuasse de fato a outra; e sua resposta a essa questão será dada em termos que destacam a ênfase por ele atribuída a partir daí à palavra e à linguagem na experiência psicanalítica: não se passa do inconsciente ao consciente, mas da linguagem à palavra.

Na conferência de 1953, R.S.I. são apresentados como três registros muito distintos e essenciais da realidade humana. O real é apresentado desde já como "aquela parte dos sujeitos que nos escapa na análise", como aquilo que "constitui os limites de nossa experiência". Já o simbólico tem a ver com o saber em jogo na própria experiência psicanalítica, ele é responsável pelas "transformações tão profundas para o sujeito". A partir da constatação de que a análise retira sua eficácia do fato de que "se desenvolve integralmente em palavras", Lacan questiona o que é a palavra, o que é o símbolo. Para ele, é precisamente na falta de se colocarem tal questão que os psicanalistas acabam por conceber a análise como algo irracional. Quanto ao imaginário, surge para descrever apenas os ciclos instintuais dos animais, nos quais pode-se ver ocorrer um certo número de deslocamentos, que significam um esboço de comportamento simbólico. Por exemplo, num ciclo de combate surge, deslocado, um comportamento de ostentação e um dos combatentes começa a alisar as plumas.

Muitos anos depois, no seminário R.S.I., Lacan irá mostrar que os três registros real-simbólico-imaginário não podem ser isolados, uma vez que se apresentam unidos de modo indissolúvel na topologia do nó borromeano ou cadeia borromeana, tipo de nodulação em que os elos, pelo menos três,[93] estão amarrados uns aos outros de forma tal que, se cortarmos apenas um deles, todos os outros se desligam simultaneamente. Lacan afirmou que o nó borromeano lhe caiu "como um anel no dedo" na medida em que, através dele, pôde demonstrar algo que seria impossível expressar com palavras: a propriedade (ou a qualidade) borromeana demonstra o fato de que tudo começa no três, de que é preciso pelo menos três para que a estrutura se dê. Tal ideia se acha expressa em dois adágios latinos citados, surpreendentemente, nos extremos de seu ensino: *Tres faciunt collegium*, citado no texto *O tempo lógico*, em 1945, e *Tres faciunt ecclesiam*; mencionado nas "Jornadas sobre cartéis" da Escola Freudiana de Paris, em 1975. O nó borromeano produziu em Lacan um fascínio em tudo semelhante àquele produzido em Freud pela imagem da cabeça de Jano. Tal comparação não é desprovida de motivos e voltaremos a ela adiante, ao tratarmos dos pares antitéticos.

Pode-se observar, ao longo do ensino de Lacan, um deslocamento da ênfase que é posta em cada um dos registros, caminhando de início do imaginário para o simbólico e, finalmente, desembocando no real. Assim, em "O estádio do espelho", é o registro do imaginário que é elaborado como tal, ao passo que em "Função e campo" e "Instância da letra" trata-se da tematização aprofundada do simbólico. Já o real, pode-se ver o interesse crescente que nele é posto por Lacan a partir da introdução do objeto *a* no seminário *O desejo e sua interpretação*. O que não impede que já se tenha, desde "O estádio do espelho", elementos embrionários que servirão para a elaboração do simbólico e do real.

A tripartição R.S.I. engendra-se para Lacan a partir da questão central da psicanálise, a diferença sexual, uma vez que a prática psicanalítica evidencia que "a realidade do inconsciente é sexual".[94] Lacan depreende dos textos freudianos sobre a sexualidade o fato de que o imaginário do sujeito falante, opostamente ao do animal — pleno, sem brechas —, apresenta uma falta originária, uma hiância real que virá precisamente a ser preenchida pelo simbólico.[95] Nesse sentido, Lacan falou dessa falha no imaginário do sujeito humano como sendo uma "hiância congênita que o ser real do homem apresenta em suas relações naturais".[96]

Logo, o simbólico é aquele registro, heterogêneo ao imaginário, que vem ocupar no sujeito o lugar da falta real primordial de seu imaginário. Acha-se, assim, indicado o valor estruturante dos três registros para Lacan, bem como a sincronia de seu advento no sujeito falante. Como consequência, Lacan observará a impossibilidade de se falar, a partir da perspectiva psicanalítica, de *ser* humano, noção que implica uma ontologia que encontra aqui o seu limite mais radical.

Recorrendo à palavra-valise *parlêtre* (fala-ser), neologismo que associa num único termo o ser e a fala, Lacan especifica que o humano se especifica pela fala, fato através do qual se acha precarizado o estatuto do ser, cuja ressonância no discurso filosófico apresenta em seu horizonte a ideia de uma unidade originária. Para Lacan, ao contrário, o que a psicanálise evidencia é que o ôntico para o falante é precisamente uma falta originária, daí ele introduzir outro neologismo *hontologie*, que associa a vergonha (*honte*) à ontologia: se o ôntico para o humano está relacionado com a vergonha, é porque o sexual está em seu cerne.

Em "O estádio do espelho", ao introduzir sua tematização inaugural do imaginário, Lacan demonstra que este se caracteriza, no sujeito falante, por estar súbdito à função simbólica. O estádio do espelho representa o momento inaugural de constituição da matriz imaginária do eu, que, sendo a sede das posteriores identificações imaginárias alienantes, tem o poder de uma verdadeira estátua pregnante.

Assim, estabelecendo inicialmente a distinção fundamental entre o eu e o sujeito, Lacan distingue a um só tempo o imaginário do simbólico, e indica a situação excêntrica do sujeito em relação ao eu. Para ele, a descoberta freudiana do inconsciente reside na apreensão primeira de que o sujeito não é o indivíduo, termo que, proveniente do latim *individuu*, significa o indiviso, aquele que não é dividido.

Ao contrário, tal como uma cabeça de Jano, o sujeito se especifica por sua divisão constituinte, sendo determinado pelo simbólico justamente enquanto barrado, dividido pelos significantes que o constituem — daí Lacan escrever $ para designar o sujeito.[97] Lacunar, evanescente, o lugar do sujeito é o lugar do corte, da escansão, da ruptura, ao passo que o eu representa precisamente a configuração de uma unidade, uma completude constituída imaginariamente.

Tal unidade do eu é, para Lacan, uma miragem, um logro. No seminário *O eu na teoria de Freud e na técnica da psicanálise*, ao comentar o diálogo de *Menon*, Lacan destaca "a clivagem entre o plano do imaginário ou do intuitivo... e a função simbólica que não lhe é absolutamente homogênea, e cuja introdução na realidade constitui um forçamento".[98] No mesmo seminário, numa das muitas vezes em que retoma a máxima freudiana *Wo Es war, soll Ich werden* — na qual os pós-freudianos pretenderam ler a necessidade de o eu deslocar o isso —, Lacan afirma que o *Es*, o isso de Freud, é precisamente o sujeito e que "ali onde isso estava, lá tem de estar o eu".

Quanto ao real, ele remete à falta originária da estrutura, à hiância constituinte do inconsciente. Lacan tematiza o real de dois modos distintos:

- O real é o impossível de ser simbolizado
- O real é o que retorna sempre ao mesmo lugar

Como já vimos ao tratar da lógica do significante, o objeto *a* é o que dá ao real seu verdadeiro estatuto: o objeto *a* é o objeto faltoso por excelência e, por conseguinte, na medida em que o desejo mantém uma relação estrita com a falta, o objeto *a* é o objeto causa do desejo.

Note-se, nesse ponto, que o real não indica aquilo que comumente se chama de realidade, pois, como observa Solange Faladé, a realidade, diferentemente do real que já estava ali, "é essa montagem do simbólico e do imaginário".[99] Ao contrário, o real é precisamente aquilo que escapa a esta realidade, o que não se inscreve de nenhum modo pelo simbólico; ele remete ao traumático, ao inassimilável, ao impossível. Já a realidade — que podemos entender como sendo a própria realidade psíquica —, é configurada a partir da fantasia inconsciente fundamental, modo pelo qual cada sujeito faz face ao real da inexistência da relação sexual.

Dito de outro modo, situada na base da realidade psíquica, a fantasia é constituída pelo simbólico, pelos significantes do Outro, e mediatiza o encontro do sujeito com o que é inabordável enquanto tal — o real. Todo futuro relacionamento do sujeito com seu semelhante e com o mundo externo será sempre mediatizado por essa tela da fantasia, por um lado protetora do real traumático, e, por outro, produtora de uma fixação objetal perversa. Lacan fala da *père-version* para designar essa entrada do sujeito no simbólico a partir de alguma versão paterna constituinte de sua fantasia inconsciente. Se a fantasia protege do real, ela igualmente será a responsável pela produção de sintomas que passarão a ter o valor de real para o sujeito. Desnecessário insistir aqui na importância que teve para a própria constituição da psicanálise a passagem efetivada por Freud de sua teoria da sedução para a da fantasia, pois tal passagem foi, de fato, sincrônica ao destacamento dos conceitos de recalque e de inconsciente.

Se, como já se pôde observar, o ensino de Lacan caminha no sentido do cerceamento cada vez mais rigoroso da categoria do real, é preciso sublinhar que aquilo que ele considera como o próprio núcleo do inconsciente desloca-se, progressivamente, do simbólico para o real. Assim, se em "Situação da psicanálise e formação do psicanalista em 1956" Lacan admite que "essa exterioridade do simbólico em relação ao homem é a noção mesma do inconsciente",[100] no seminário *R.S.I.*, ele dirá: "... o inconsciente ex-siste, quer dizer, ele condiciona o real, o real deste ser que designo como o falante".[101]

Sem pretendermos ser exaustivos quanto a esse ponto verdadeiramente fundamental, mas apenas no intuito de ressaltar o deslocamento que foi acima indicado, citemos duas outras passagens onde Lacan se refere ao mesmo problema. Em "C'est à la lecture de Freud...", ele observa: "O inconsciente permanece o coração do ser para alguns, e outros acreditarão seguir-me ao fazer dele o outro da realidade. A única maneira de sair disto é colocar que ele é o real, o que não quer dizer nenhuma realidade. O real na medida em que ele é impossível de dizer, isto é, na medida em que o real é o impossível, muito simplesmente".[102] E ainda na abertura do seminário *A topologia e o tempo* (1978), vê-se Lacan situar o inconsciente numa região intersticial entre o simbólico e o real, articulado tanto por um quanto por outro: "O real é o inconsciente... O inconsciente é o simbólico".[103] Nessa mesma perspectiva, Lacan poderá afirmar que a clínica psicanalítica "é o real na medida em que ele é impossível de suportar".[104]

Tal articulação interna e indissociável entre o simbólico e o real merece ser distinguida do seguinte modo: o núcleo do inconsciente é real, é uma falta originária constituída pelo objeto perdido do desejo e é em torno dessa falta que o inconsciente se estrutura, no simbólico, como uma linguagem. Lacan esclarece esse ponto ao chamar a atenção para o fato de que "estrutura" é sinônimo de "simbólico", de "linguagem", daí haver uma certa redundância em sua assertiva de que "o inconsciente é estruturado como uma linguagem": "para ser mais preciso, há aqui uma redundância, pois para mim 'estruturado' e 'como uma linguagem' significam exatamente a mesma coisa. Estruturado significa minha fala, meu léxico etc. etc., que é o mesmo que linguagem".[105]

Quando Lacan enuncia que o inconsciente é estruturado como uma linguagem, trata-se do inconsciente na medida em que este nos é revelado na experiência clínica através das formações do inconsciente — sintomas, sonhos, lapsos etc. —, mas o núcleo do inconsciente é real enquanto radicalmente inabordável pelo simbólico. Assim, as formações do inconsciente são estruturadas pelo simbólico e se depositam sobre o furo real constituído pelo *troumatisme* (palavra-valise que associa o furo, *trou*, ao trauma) estrutural. Que a própria definição do real enquanto o impossível de ser simbolizado faça referência, nela mesma, ao registro da linguagem, do simbólico, já revela que é apenas através do simbólico que o sujeito tem acesso ao real.

A bela afirmação do filósofo e escritor Georges Bataille de que "o animal está no mundo como a água na água", ou seja, num estado de completa homogeneização, é precisamente aquilo que não se pode atribuir ao ser humano: entre este e o mundo, há um abismo profundo chamado linguagem.

### De *S.I.R.* a *R.S.I.*: duas vertentes indissociáveis do simbólico

A alteração na ordem das letras da tríade dos registros ocorrida entre a primeira conferência em que Lacan pronunciou-se sobre ela em 1953, "O simbólico, o imaginário e o real", e o seminário de 1974-5, *R.S.I.*, por si só já diz alguma coisa dos avanços produzidos por Lacan a esse respeito.

Em 1953, a primazia dos três registros pertencia efetivamente ao simbólico, enquanto aquele registro que especifica o alcance e os limites da experiência psicanalítica. Todo o trabalho de elaboração teórica de Lacan nesse período esteve aderido à ideia de destacar os elementos que constituem a estrutura do significante e sua lógica particular.

Em 1974-5, a ênfase recaiu nitidamente sobre o real enquanto o registro que rege e ordena a estrutura: a partir do real, personifica-se o simbólico; a partir do simbólico, personifica-se o imaginário. Mas a partir do imaginário também se presentifica o real: repare-se, quanto a isso, que de 1953 a 1974-5 a ordem das letras se alterou, mas não sua posição na sequência da continuidade dos registros. Contudo, a alteração da ordem das letras trouxe certamente uma maior precisão à concepção lacaniana da estrutura.

É fundamental perceber que, acentuando a regência do real na estrutura, Lacan acabou por precisar ainda melhor o lugar do simbólico, situando-o efetivamente entre o real e o imaginário. Devido a sua própria estruturação, o lugar do sujeito falante é produzido pelo simbólico, que permite mediatizar a relação com o real, por um lado, e com o imaginário, por outro. Tal posição entre real e imaginário é aquela que permite melhor evidenciar as duas vertentes do simbólico, ambas absolutamente entrelaçadas e impossíveis de serem dissociadas. Além disso, ela permite que se destaque o lugar do sujeito: representado no campo do simbólico entre os significantes, seu olhar pode estar voltado, como a cabeça de Jano, para dois lados absolutamente opostos — o real por um lado, e o imaginário, por outro:

$$S$$
$$R \longleftarrow S \longrightarrow I$$

• A vertente significante do simbólico é aquela que associa o simbólico ao real, ela representa a face de Jano voltada para o real.

• A vertente sígnica do simbólico é aquela que associa o simbólico ao imaginário, ela representa a face de Jano voltada para o imaginário.

Essas duas vertentes distintas do simbólico remetem precisamente aos dois estados do significante de que falamos anteriormente: a mensagem remete ao caráter propriamente significante do significante, seu poder de evocação, ao passo que o código remete a seu caráter sígnico e seu poder de comunicação.

O simbólico é essencialmente bífido, bipartido e sua figuração mais lídima é a cabeça do deus romano bifrontino Jano, possuidora de duas faces opostas, cada uma delas representando um lado de um par de opostos. O mês de janeiro, chamado de *Januarius mensis* (mês de Jano) pelos romanos, deve seu nome a essa divindade dos pórticos: nele, olha-se tanto para trás, para o ano que se foi, como para a frente, para o ano que se anuncia.[106] Representação imagética frequente igualmente na Grécia antiga, da dualidade sintetizada na unidade e da unidade dividida, Jano é, sem dúvida, o melhor representante do sujeito do inconsciente que, representado entre os significantes, é, no fundo, avesso a toda e qualquer possibilidade de representação, e, nesse sentido, se identifica com o objeto "negativo" causa do desejo: o sujeito é esse entre.

Freud já escrevera para Fliess: "Operamos no reino do entre". Mas como é possível ser-entre? Ambos os termos se excluem, de fato. Ser-entre significa ser... mas não inteiramente! Ou, na expressão criada por Lacan, ser não-todo, o que é paradoxal, pois ser não-todo remete, no fundo, a não--ser! Ser-entre, assim, é ser e não-ser! Hamlet, figura literária que funciona para Lacan como um verdadeiro paradigma do neurótico obsessivo, aspirava à unidade e seu drama implicava, logo, uma tentativa de abolição da subjetividade: ser ou não-ser. Hamlet odeia Jano, este constitui seu grande horror. Querendo decidir entre ser *ou* não-ser, ele pretende decidir entre a vida ou a morte, e tem seu desejo paralisado. Hamlet recusa precisamente a estrutura, pois a vida implica necessariamente a morte — ser e não-ser.

O simbólico é o registro que permite ao sujeito ocupar pontualmente seu lugar de intervalo, pois o simbólico apresenta uma estrutura que abre esse intervalo ou, melhor dizendo, é aberta por ele. Do lugar intervalar do simbólico, o sujeito pode olhar para dois lados opostos. Esses dois lados se excluem mutuamente e são, por definição, antagônicos: eles são representados, na estrutura da diferença sexual, tal como elaborada por Lacan nas fórmulas quânticas da sexuação,[107] pelo falo e pelo furo. Note-se que, para Lacan, essas fórmulas "são as únicas definições possíveis da parte dita homem ou bem mulher para o que quer que se encontre na posição de habitar a linguagem".[108] Masculino e feminino são concebidos aqui, por Lacan, como planos absolutamente distintos da anatomia corporal, ainda que esta tenha sua incidência sobre eles.

Assim, do campo do simbólico, o sujeito pode olhar para o falo ou olhar para o furo. As posições masculina e feminina do sujeito dependem precisamente da tendência, mais ou menos acentuada, com que ele olhe para um ou outro lado. Nesse sentido, o masculino está mais relacionado com a neurose e o feminino com a psicose, embora delas se distingam. Melhor seria dizer que há uma tendência estrutural acentuada à neurose no masculino e uma tendência estrutural acentuada à psicose no feminino. Mas os termos não se equivalem e as posições sexuadas são tendências que se acentuam e se exacerbam nas diferentes estruturas. Somente a exclusão do falo, ou seja, o contínuo olhar para o furo, pode ser considerada como da mesma ordem que a psicose; e a exclusão do furo, ou seja, o contínuo olhar para o falo, homóloga à estrutura da neurose.

A análise opera no simbólico, seja caminhando do imaginário para o real, seja, ao contrário, caminhando do real para o imaginário. A análise faliciza onde o furo se exacerba e perfura onde o falo exorbita. Nesse sentido, a direção do tratamento deve levar em conta a tendência masculina ou feminina predominante do sujeito. Há, de fato, uma frequência mais acentuada da posição masculina pelos sujeitos e isso se explica pelo horror ao feminino, destacado por Freud ao fim das análises, que de algum modo se instaura como efeito da própria estrutura. O feminino é o resto eliminável da estrutura instaurada pelo falo e, sendo assim, faz contraponto a ela. De algum modo, a análise tende a produzir a representificação do furo da estrutura, isto é, do real, pois a perda da referência ao furo é altamente comprometedora subjetivamente. Por isso, diz Manoel de Barros: "O que não sei fazer desmancho em frases./ Eu fiz o nada aparecer./ (Represente que o homem é um poço escuro./ Aqui de cima não se vê nada./ Mas quando se chega ao fundo do poço já se pode ver o nada.)/ Perder o nada é um empobrecimento".[109]

Caminhando do imaginário para o real, a análise leva o sujeito do lugar de não ver nada àquele de ver nada. O gesto de Édipo, ao furar os próprios olhos — e é importante observar que é contra o sentido da visão que sua ira se volta de modo privilegiado e instantâneo, e contra nenhum outro —, após vir a saber (ou, melhor dizendo, vir a não mais poder querer não saber) de seu ato parricida e de sua relação incestuosa, é o daquele que passa do não ver nada a ver nada.

Ver nada significa abrir a possibilidade para ouvir. Se observarmos com atenção a cabeça de Jano, veremos que, curiosamente, os únicos órgãos dos sentidos que de fato pertencem às duas faces opostas são os ouvidos: assim como a visão é unívoca, o olfato é igualmente unívoco, e também o é o paladar. Mas a escuta é essencialmente ambígua, ela pertence aos dois campos opostos e não se reduz nem a um nem a outro, pertencendo a um e a outro. A escuta psicanalítica é a invenção freudiana que requisita seu lugar no próprio cerne dessa ambiguidade irredutível do simbólico — ambiguidade fundadora do sujeito humano.

## 3. Freud e os pares antitéticos

O significante e seus pares antitéticos

Uma peça de bronze de apenas 9,4 centímetros de altura permaneceu na mesa de trabalho de Freud durante os últimos anos de sua vida. Tratava-se de um balsamário etrusco do século III a.C., composto de uma cabeça com duas faces, uma masculina e outra feminina, de um sátiro e de uma mênade, seguidores de Dioniso, deus do vinho.[1] Como observa com agudeza Paul Roazen, Freud tinha "uma percepção impressionante da maneira como os opostos se combinam".[2] De fato, em sua espetacular coleção de antiguidades, ele possuía muitas cabeças com duas faces e sempre mostrou-se fascinado por essa forma de representação da unidade clivada pela dualidade. Assim, já em 1899, ele possuía uma cabeça de Jano feita de pedra: o deus romano Jano representa igualmente a dualidade em suas mais diversas formas — o belo e o feio, o novo e o velho, e, mais essencialmente, o masculino e o feminino.

Tais figuras míticas, frequentes igualmente em outras culturas,[3] têm o poder de representar em imagens aquilo que Freud demonstrou ao longo de toda a sua descoberta da psicanálise: a ideia do conflito psíquico e da divisão, fundadora do sujeito, entre consciente e inconsciente. Desse modo, ao manter a cabeça etrusca em sua mesa de trabalho, Freud como que fazia questão de manter seu olhar voltado continuamente para essa divisão inarredável do sujeito revelada pela experiência psicanalítica.

Além da clivagem fundamental entre inconsciente e consciente, tal divisão subjetiva pode ser observada na obra de Freud em inúmeros setores, que podem ser reunidos de modo sistemático por meio da noção freudiana tão abrangente de pares antitéticos (*Gegensatzpaar*). Embora esta noção não tenha sido muito destacada pelos estudiosos da psicanálise, Laplanche e Pontalis dedicaram a ela um pequeno verbete em seu *Vocabulário da psicanálise* e a situaram como uma expressão utilizada com frequência por Freud (assim como os termos "oposição", *Gegensätzlichkeit*, e "polaridade", *Polarität*) para designar suas grandes oposições básicas tanto no âmbito da metapsicologia (pulsões de vida e pulsão de morte), quanto no da psicopatologia (sadismo, masoquismo, voyeurismo-exibicionismo).

Esses autores mostram que a noção de pares antitéticos se reveste de grande importância teórica tanto nas neuroses quanto nas perversões e, sobretudo, se inscreve na ideia freudiana de um dualismo fundamental que permita traduzir o conflito psíquico. Laplanche-Pontalis chamam a atenção para o fato de que a noção de par antitético é passível de ser encontrada nos mais diversos níveis da teorização freudiana e não apenas no nível descritivo: seja nas posições libidinais sucessivas do indivíduo (ativo-passivo, fálico-castrado, masculino-feminino), na noção de ambivalência, no par prazer-desprazer e nos dois dualismos pulsionais (amor e fome, vida e morte). Acrescente-se a esta lista categorias tão fundamentais como as da representação pelo oposto, do estranho, da denegação, da bissexualidade e se poderá perceber que se trata de uma noção que perpassa de fato os mais diferentes segmentos da obra freudiana.

É surpreendente que, num verbete precisamente sobre os pares antitéticos, esses autores não façam qualquer menção ao artigo de Freud sobre "A significação antitética das palavras primitivas", no qual ele aborda os pares antitéticos sob o prisma principal da linguagem. Não só porque esse artigo permite que se compreenda uma série de desenvolvimentos freudianos essenciais, como também porque ele permite estabelecer uma fecunda aproximação dos desenvolvimentos freudianos com a teoria do significante em Lacan. Mas, como veremos, esse artigo de Freud foi alvo de uma controvérsia tão brutal com o linguista francês Émile Benveniste, que o desqualificou completamente, que ele permaneceu como um texto que deveria ser desprezado pela comunidade científica.

Convém retificar a colocação de Laplanche e Pontalis sobre o dualismo freudiano com as observações de Luiz Alfredo Garcia-Roza: "o que encontramos em Freud são *dualidades* que não implicam necessariamente um dualismo propriamente dito, ou pelo menos que não têm por base um dualismo de tipo filosófico". Esse autor observa que nas dualidades freudianas não está em jogo a distinção ontológica da existência de duas substâncias postuladas pelo dualismo de Descartes, a *res cogitans* e a *res extensa*, mas sim "categorias que se opõem dialeticamente, e cujos termos implicados nessa oposição não existem fora da relação de oposição".[4] Assim, como destaca Garcia-Roza, na dualidade, os elementos que a formam só existem na e pela relação estabelecida, e não enquanto entidades que preexistem externamente às relações que estabelecem, como no dualismo cartesiano.

A estrutura do significante na teorização lacaniana encontrou uma demonstração bastante consistente na noção de halo significante ou revirão,[5] introduzida por M.D. Magno, com a demonstração topológica da particular indissociabilidade entre o simbólico e o real para o sujeito falante. O halo significante é a associação de dois tópicos fundamentais da concepção lacaniana do sujeito do inconsciente numa única estrutura:

- A lógica do significante
- A topologia da banda de Moebius

Se no seminário *Os quatro conceitos fundamentais da psicanálise* Lacan ilustra a estrutura do sujeito por intermédio da banda de Moebius, superfície topológica, não euclidiana, cujo direito continua seu avesso, igualmente em *Mais, ainda* ele prosseguirá insistindo em que o sujeito deve ser estruturado em termos topológicos.[6]

A banda de Moebius, embora tenha entrado na história com o nome de A.F. Moebius, na verdade foi concebida inicialmente por Gauss, que teria comunicado sua ideia não só a Moebius como a J.B. Listing. Com efeito, Listing foi o primeiro a publicar seu desenho, e ainda aquele que, introduzido por Gauss na disciplina que Leibniz chamara de *analysis situs*, forjou o termo topologia para nomeá-la.[7]

Se para Lacan um significante é o que representa o sujeito para outro significante, isso se dá na medida em que um significante não apresenta, isoladamente, poder de representação do sujeito e requer continuamente a remissão a outro significante. Para Lacan, o significante é, de saída, binário, par, parelha, e o sujeito emerge enquanto intervalar, lugar de escansão entre dois significantes.

Além disso, o esquema do halo significante associa tal definição lacaniana do significante às observações feitas por Freud sobretudo em "A significação antitética das palavras primitivas", mas também em "O estranho", para conceber o significante como um halo composto de dois alelos. O significante é, ao mesmo tempo, um-dois, um-bífido: postulando na superfície unária da banda de Moebius um ponto bífido — ponto de revirão — pode-se isolar no halo significante dois segmentos distintos, seus dois alelos. Insituável na superfície da banda, por definição inapreensível, o ponto bífido é necessariamente suponível, podendo ser a rigor referenciado a qualquer de seus pontos, pois é ele que define logicamente a própria estrutura da banda, está sendo apenas a sua consequência.

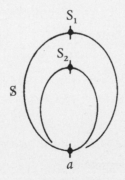

Com essas contribuições, veremos que a teoria lacaniana do significante acha-se bastante bem delineada não só nos artigos e passagens em que Freud trata da questão das palavras antitéticas, como também em outros momentos de sua obra.

## "A significação antitética das palavras primitivas": um verdadeiro triunfo de Freud

Em seu pequeno artigo sobre "A significação antitética das palavras primitivas" (1910), Freud observa, à guisa de conclusão, que "nós, psiquiatras, não podemos escapar à suspeita de que melhor entenderíamos e traduziríamos a língua dos sonhos se soubéssemos mais sobre o desenvolvimento da linguagem".[8] Com esse comentário, Freud resume num único enunciado toda a perspectiva que Lacan viria a introduzir posteriormente na teoria psicanalítica ao dar ênfase à pesquisa da estrutura da linguagem. Pois, valendo-se da linguística estrutural inaugurada por Saussure, como vimos, Lacan isolou no texto freudiano uma verdadeira lógica do significante. À parte alguns comentários esparsos, o texto de Freud é, a rigor, uma minuciosa sinopse do artigo de Karl Abel, daí o título nas primeiras edições vir entre aspas e acompanhado do seguinte subtítulo: "Crítica a um panfleto de Karl Abel (1884) sob o mesmo título".

Nesse artigo, trata-se para ele de mostrar a congruência existente entre o trabalho do sonho e a língua egípcia arcaica, a partir de um artigo dos *Ensaios filológicos* de Abel. Como nos sonhos os contrários são ignorados, Freud ressalta que "eles mostram uma preferência particular para combinar os contrários numa unidade ou para representá-los como uma única e mesma coisa".[9] Freud acrescenta ainda que "os sonhos tomam, além disso, a liberdade de representar qualquer elemento por seu contrário de desejo; não há, assim, maneira de decidir, num primeiro relance, se determinado elemento que se apresenta por seu contrário está presente nos pensamentos do sonho como positivo ou negativo".

Logo, o que chama a atenção de Freud no trabalho de Abel é a revelação da existência, na língua egípcia, de palavras "com duas significações, uma das quais é o oposto exato da outra".[10] Com efeito, o que Abel observara é que nessa língua "havia um grande número de palavras que designavam, ao mesmo tempo, uma coisa e seu oposto. Por surpreendente que seja, estamos diante do fato e temos de reconhecê-lo". Abel comenta igualmente a existência, nessa língua, de outro grupo de palavras compostas "em que dois vocábulos de significações antitéticas se unem de modo a formar um composto que tem a significação de um apenas de seus dois componentes".[11]

Freud salienta que os conceitos devem sua existência a comparações, "gêmeo de seu contrário", segundo os termos do próprio Abel, que afirma: "De vez que o conceito de força não se podia formar exceto como um contrário de fraqueza, a palavra designando 'forte' continha uma lembrança simultânea de 'fraco', mas a relação e a diferença entre os dois, que criou a ambos igualmente...". Nesse ponto, ele destaca a relação entre a consciência e o discernimento dos contrários, traçando uma espécie de genealogia da estrutura da linguagem: "O homem não foi, de fato, capaz de adquirir seus conceitos mais antigos e mais simples a não ser como os contrários dos contrários, e só gradativamente aprendeu a separar os dois lados de uma antítese e a pensar em um deles sem a comparação consciente com os outros".

Ernest Jones recorda que quando Freud tomou conhecimento do panfleto de Abel, no ano de 1909, ficou particularmente satisfeito com a descoberta. Fato é que, numa carta a Ferenczi de 22 de outubro de 1909, Freud expressa seu contentamento em termos de um verdadeiro triunfo:

> Uma pequena descoberta dos últimos dias alegrou-me mais do que poderiam os doze artigos do dr. Aschaffenburg. Um filólogo, chamado Abel, publicou no ano de 1884 um escrito denominado "A significação antitética das palavras primitivas", que afirma nada mais nada menos que, em muitas línguas — no egípcio antigo, no sânscrito, no árabe, e mesmo no latim —, oposições são expressas com a mesma palavra. O senhor facilmente adivinhará que aspec-

tos de nossas observações sobre o inconsciente são dessa forma confirmados. Há muito tempo não me sentia tão triunfante.[12]

O que é essencial assinalar nesse entusiasmo de Freud pelo trabalho de Abel é o fato de ele indicar nessa estrutura das palavras primitivas uma espécie de paradigma que permite dar conta de uma série de fenômenos inconscientes. Assim, se no início Freud chama a atenção para a similaridade com os sonhos, ao fim acrescenta uma nota em que salienta: "E plausível supor, também, que a significação antitética original de palavras revele o mecanismo pré-formado que se explora, com finalidades várias, nos lapsos de linguagem de que resulta dizer-se o oposto (do que conscientemente se tencionava)".[13]

É surpreendente observar o interesse contínuo que esse pequeno artigo sobre as palavras antitéticas conservou para o próprio Freud, que a ele fez inúmeras referências ao longo de sua obra. Em diversos textos escritos depois de 1910, nos quais pretendeu dar uma visão panorâmica e abrangente da teoria psicanalítica, Freud sempre mencionou com grande ênfase o trabalho de Abel. Considerando-o como um verdadeiro *turning point* de sua obra, Freud acrescentou, sempre que pôde, notas de rodapé com referências a ele, inclusive nas reedições de seus livros escritos antes de 1910, ressaltando sua importância e mostrando a congruência com seus achados.[14] A partir desse momento, o interesse de Freud foi definitivamente imantado pelas questões relativas à linguagem.

Assim, num artigo escrito para a revista italiana *Scientia*, "O interesse científico da psicanálise" (1913), Freud distingue dois tipos de interesses científicos da psicanálise: um, propriamente psicológico, e outro, para as ciências não psicológicas — filologia, filosofia, biologia, evolução, história da civilização, estética, sociologia e educação. Chama a atenção que o primeiro interesse que ele enumera na seção dedicada às ciências não psicológicas é para a filologia, ou seja, precisamente para a problemática da linguagem tal como ela era estudada na época, do ponto de vista diacrônico. A "linguagem onírica", diz ele, "faz parte de um sistema altamente arcaico de expressão". Seu exemplo, como de costume, associa de modo íntimo a inexistência da negação no inconsciente à fusão dos contrários:

Os contrários podem se representar uns aos outros no conteúdo do sonho e serem representados pelo mesmo elemento. Ou, noutras palavras: na linguagem onírica, os conceitos são ainda ambivalentes e unem dentro de si significados contrários — como é o caso, de acordo com as hipóteses dos filólogos, das mais antigas raízes das línguas históricas.[15]

Na conferência introdutória sobre psicanálise intitulada "A elaboração onírica" (1916), Freud expõe, de forma condensada, os mesmos achados e exemplos que apresentara no artigo sobre "A significação antitética". Mostrando como "as semelhanças no material latente são substituídas por condensações no sonho manifesto" e como as inversões servem a deformação onírica, Freud qualifica tais aspectos da elaboração onírica de arcaicos e revela que eles são "característicos dos sistemas de expressão falada e escrita".[16]

No artigo denominado "Uma breve descrição da psicanálise" (1924), ao fornecer alguns exemplos das "analogias surpreendentes" que lhe permitiram estender o campo dos achados da psicanálise do indivíduo para o grupo, Freud se refere em primeiro lugar à "equivalência dos contrários nos sonhos" como sendo um "traço arcaico geral do pensamento humano": "[...] nas camadas profundas de uma atividade inconsciente do espírito, os contrários não se distinguem uns dos outros, mas se exprimem pelo mesmo elemento. Contudo, o linguista K. Abel tinha, desde 1884, lançado a afirmação segundo a qual as mais antigas das línguas conhecidas por nós não procederam de outra forma com os contrários".[17]

Freud dá os exemplos do egípcio antigo, que tinha inicialmente uma única palavra para designar o fraco e o forte, sendo "apenas mais tarde que as duas faces da antítese se viram dissociadas por ligeiras modificações". Também nas línguas modernas ele colhe exemplos de "nítidas sobrevivências deste sentido contraditório": *Boden*, em alemão, designa ao mesmo tempo a parte mais alta e a parte mais baixa da casa; *altus*, em latim, designa o alto e o profundo. Vê-se que num texto breve, constituído de cinco pequenas partes, o único autor citado por Freud foi Abel — e isto justamente na quinta parte, quando ele vai tratar das condições que lhe permitiram estender o alcance da psicanálise até a compreensão de fatos da vida coletiva.

Em 1919, Freud redigiu seu belo texto sobre "O estranho" e, nesse artigo que prenuncia a segunda tópica, curiosamente não fez qualquer referência à questão das palavras antitéticas, a qual, contudo, acha-se ilustrada de modo sobejo neste adjetivo alemão *heimlich*, que designa ao mesmo tempo aquilo que é familiar e conhecido como também seu oposto, *unheimlich*, aquilo que é estranho, lúgubre, sinistro, inquietante, macabro. Freud assinala que "*heimlich* é uma palavra cujo significado se desenvolve na direção da ambivalência, até que finalmente coincide com o seu oposto, *unheimlich*".[18]

Numa obra que averigua as ressonâncias semânticas da terminologia psicanalítica, Luiz Hanns repertoriou três sentidos do adjetivo *heimlich*: *a*) familiar, conhecido; *b*) secreto, oculto; *c*) inquietante, estranho. E indica que há um ponto de "torção" no sentido *b* que permite a transição do sentido *a* para o sentido *c*: "Os sentidos *a*, *b* e *c* formam uma sequência que começa com o mais 'conhecido' e chega ao mais 'estranho' justamente por uma contiguidade que pode percorrer gradações que se iniciam no familiar, passam pelo íntimo-secreto-furtivo e conduzem ao estranho".[19] Tal ponto de torção pode ser aproximado daquele ponto bífido, de passagem de um alelo para outro do halo significante, descrito por M.D. Magno na superfície da banda de Moebius para situar o significante como uma estrutura eminentemente antitética.

## A ironia e a representação pelo oposto

A ironia é uma figura de retórica que, ao empregar uma palavra com o sentido de seu antônimo, ilustra de modo excelente o caráter potencialmente antitético do significante. A ela pode-se aplicar, como nunca, a indagação de Lacan: "Na linguagem plena e viva, é o que há de mais surpreendente, mas também de mais problemático — como pode ser que a linguagem tenha seu ponto máximo de eficácia quando ela consegue dizer alguma coisa dizendo outra?".[20]

A ironia é uma figura utilizada muito comumente na linguagem cotidiana e seu valor para a psicanálise reside no fato de revelar, como nenhuma outra forma discursiva, a questão da enunciação e do sujeito em sua relação com a significação antitética das palavras. Indicando que o supremo do chiste reside na ironia, Charles Melman ressalta que a ironia retoma de forma quase textual o discurso, sem nele introduzir nem mesmo uma das pequenas modificações que ocorrem nos chistes (jogo literal, letra que salta, neologismo), para chegar a fazer ouvir justamente o contrário do que está sendo dito. Melman salienta que esta não é, de modo algum, uma qualidade restrita ao âmbito das línguas arcaicas e salienta que isto se dá cotidianamente quando se produz o "sentido oposto das palavras não primitivas, da linguagem ordinária. Pode-se pegar não importa qual palavra de nossa linguagem ordinária e fazer ouvir exatamente o contrário da significação que é dada a ela no dicionário".[21]

Assim, a ironia manifesta a possibilidade, inerente a todo significante, de produção da significação antitética, na medida em que esta revela a função *sujeito* em seu caráter radicalmente cindido. A ironia é exemplar para evidenciar o sujeito do inconsciente, na medida em que nela, não se produzindo nenhuma alteração no enunciado, mas apenas na enunciação, o sujeito fica como que reduzido ao seu verdadeiro lugar — entre os significantes. Expressões utilizadas comumente em nossa linguagem cotidiana ilustram a total relatividade da significação na dependência estrita da enunciação: quando se diz, por exemplo, "existem poetas e poetas...", vê-se que a duplicação do mesmo significante vem servir à potência de produção da significação oposta inerente a todo significante. O mesmo significante, pronunciado quase do mesmo modo, mostra que o bom e o mau poeta podem ser designados exatamente pelo mesmo termo...

Como já vimos, outras figuras de retórica, como a metáfora e a metonímia, apontam cada qual à sua maneira para essa mesma questão. De um modo geral, a maneira pela qual o sentido é atribuído às palavras depende extensamente da enunciação subjetiva, sendo dela que advirá este ou aquele emprego considerado metafórico (ou poético, se quisermos destacar o exemplo mais evidente desses empregos) de algum termo da língua. Por isso, quando metáfora e metonímia são definidas classicamente como figuras de estilo que modificam o sentido das palavras "ornamentam o discurso", cabe questionar se haveria a possibilidade de encontrarmos uma palavra que não sofresse, em grau maior ou menor, alguma forma de pressão de alteração de sentido na dependência da enunciação que o sujeito dela fizer. Ao contrário, o que se percebe é que não só toda palavra está sujeita à alteração de sentido produzida pela enunciação, como também que uma alteração de sentido que se oriente precisamente para o sexual é passível de ser produzida de forma quase invariável.

Manifestado em algumas passagens de sua obra e especialmente na conferência introdutória sobre "O simbolismo nos sonhos",[22] o interesse de Freud pelas teorias do filólogo Hans Sperber deriva precisamente dessa espantosa adesividade "natural" das palavras ao duplo sentido sexual, de sua aptidão para encaminhar-se na direção da significação de cunho sexual. Para Sperber, as necessidades sexuais teriam desempenhado um importante papel tanto na gênese quanto na própria formação da linguagem, pois o chamado de sedução teria sido a mais antiga manifestação linguística.[23] Os sons iniciais da linguagem teriam se destinado originalmente à comunicação e à atração do parceiro sexual. Sperber postulou a existência de um "período de raízes", a partir do qual a linguagem foi gradativamente sendo flexionada. A evolução posterior dessas raízes linguísticas de cunho sexual, inicialmente com o caráter de verbos, teria feito com que elas aderissem às atividades de trabalho, passando a designar tanto os atos sexuais como a atividade laborativa. Posteriormente, a significação ligada ao trabalho teria se fixado e aquela ligada ao sexual se perdera.

Outro curioso exemplo de antítese (irônica?) ligada ao próprio gênero das palavras pode ser encontrado na maneira como a linguagem popular e chula nomeia os órgãos sexuais masculinos, muitas vezes designados por termos de gênero feminino. Numa comunicação pessoal, Alain Didier-Weill nos relatou a história de um menino em análise que insistia indignado em perguntar sobre o porquê de o órgão masculino ser nomeado femininamente... Como já vimos, se a linguagem para a criança pequena possui inicialmente um valor metonímico, a possibilidade de nomeação de algo por um gênero antitético só pode advir pelo advento da metáfora.

Ainda que seja um elemento extremamente valioso para a compreensão de determinadas questões fundamentais da teoria e da clínica psicanalíticas, a ironia não tem constituído um objeto de investigação sistemática para a psicanálise, ao passo que no campo da linguística e da literatura ela tem recebido atenção crescente. Aliás, haverá outra figura de linguagem mais onipresente nos escritos de Lacan do que a ironia? Certamente, é a ela que podemos atribuir, em grande parte, a dificuldade de sua leitura, pois na fala a ironia é detectável pela enunciação, ao passo que na escrita ela impõe uma decifração.

Em Freud, a ironia surge de modo pontual no livro sobre *Os chistes e sua relação com o inconsciente*, associada a um problema relevante, o da representação pelo oposto. Assim, na décima seção da parte analítica sobre "A técnica dos chistes", Freud observa que a representação pelo oposto é um instrumento da técnica do chiste usado com frequência e que opera com grande poder, seja por meio da utilização de termos com duplo sentido, seja pela ênfase em detalhes desimportantes numa determinada comparação.

Ela surge muitas vezes associada à substituição de um sim por um não que, no entanto, tem um valor de um sim intensificado. Assim, ao dito de Hamlet de que "há mais coisas no céu e na terra do que sonha vossa filosofia", Lichtenberg objetou ironicamente: "Mas há também na filosofia muita coisa que não é encontrada no céu ou na terra".[24] Freud vai ressaltar que essa técnica não é em absoluto peculiar aos chistes e é igualmente o único elemento que caracteriza a ironia.

Freud retorna ao problema da ironia na parte teórica de seu livro sobre *Os chistes*, dessa vez para situá-la muito próxima ao chiste e como uma das subespécies do cômico: "Sua essência consiste em dizer o contrário do que se pretende comunicar a outra pessoa, mas poupando a esta uma réplica contraditória fazendo-lhe entender — pelo tom da voz, por algum gesto simultâneo, ou (onde a escrita está envolvida) por algumas pequenas indicações estilísticas — que se quer dizer o contrário do que se diz".[25] A utilização da ironia, ao evitar para seu autor a dificuldade inerente à utilização da expressão direta, produz prazer cômico no ouvinte.

Contudo, essas formulações freudianas sobre a significação antitética foram "implacavelmente"[26] criticadas pelo linguista Émile Benveniste, que não só pronunciou uma conferência sobre o assunto a convite de Lacan, como também teve seu artigo publicado em seguida na revista *La Psychanalyse*. Lacan ficou extremamente insatisfeito com o resultado, acreditando que Benveniste deixara "de fora algo de essencial por não seguir Freud".[27] Muito tempo depois, não poderia externar mais claramente sua decepção ao falar da "carência do linguista".[28]

### A controvérsia Freud-Benveniste

Ainda que tenha frisado que seu postulado do inconsciente estruturado como uma linguagem "não é do campo da linguística", mas sim da "linguisteria"[29] (neologismo que associa a linguística com a histeria inerente ao discurso do analisando), Lacan destacou inúmeras vezes a importância da ciência da linguística para a psicanálise.

Uma de suas conferências pronunciadas nos Estados Unidos com enorme clareza, já que estava diante de um público que o exigia, se abre com a seguinte afirmação: "A linguística é aquilo por meio do que a psicanálise poderia se prender à ciência".[30] Num escrito posterior, afirmou igualmente: "Uma chance, contudo, que se oferece para nós no que diz respeito ao inconsciente, é que a ciência da qual ele depende é certamente a linguística, primeiro fato de estrutura. Digamos de preferência que ele é estruturado porque é feito como uma linguagem, que ele se desdobra nos efeitos da linguagem".[31]

Entretanto, ainda que fosse esta a posição claramente definida do teórico da psicanálise que demonstrou que "basta abrir Freud em qualquer página para sermos surpreendidos pelo fato de que não se trata senão de linguagem naquilo que ele nos descobre do inconsciente",[32] a tendência dos psicanalistas depois de Lacan foi a de estabelecer uma linha divisória demasiado nítida entre os campos da psicanálise e da linguística. Estes passaram a estabelecer uma distinção extremamente radical e, mais do que isto, incompatibilizante, entre as formulações linguísticas e as psicanalíticas.

Tal posicionamento é compreensível, até certo ponto, pelo fato de a linguística não operar com o conceito de inconsciente, introduzido pela psicanálise. Mas ainda assim, será que não podemos descobrir nenhuma relação interna, nenhum ponto de interseção que sirva para esclarecer as descobertas de ambas as disciplinas e, portanto, para dar luz a um único e mesmo fato, o da ocorrência da função simbólica? Será que a heterogeneidade entre a linguagem estudada pela psicanálise e aquela da linguística é tão absoluta que impossibilita toda e qualquer articulação? Tal condição nos parece pouco provável.

De fato, conforme aponta Michel Arrivé, o estudo das relações entre psicanálise e linguística revela os "desconhecimentos recíprocos mais totais e até mesmo depreciativos".[33] A esse respeito, menciona André Green que, numa entrevista, pontificou que a tentativa de diálogo entre Lacan e a linguística teria sido marcada por um fracasso. Esta parece ser igualmente a posição da linguista e psicanalista Julia Kristeva, que afirma no seu artigo "Psicanálise e linguagem": "A linguagem estudada pela psicanálise não pode se confundir com esse objeto-sistema formal que é a linguagem para a linguística moderna". Para ela, a diferença entre ambas reside no fato de que "a linguagem para a psicanálise é um sistema significante por assim dizer secundário, baseado na língua e em relação evidente com as suas categorias, mas sobrepondo-lhe uma organização própria, uma lógica específica".[34]

É bastante relevante que, justo nesse ponto de sua argumentação e fechando a questão com excessiva facilidade, Kristeva cite o célebre artigo de Benveniste acima mencionado, "Observações sobre a função da linguagem na descoberta freudiana", publicado originalmente no primeiro número da revista dirigida por Lacan, *La Psychanalyse*, e a pedido dele.[35] Sobretudo porque esse artigo de Benveniste foi, durante muito tempo, considerado uma bússola para retificar severamente as teorias de Abel sobre "a significação antitética das palavras primitivas" utilizadas por Freud. O trecho de Benveniste citado por Kristeva afirma que o sistema significante do inconsciente, acessível no sistema significante da língua através do discurso do sujeito, "é supralinguístico, pelo fato de utilizar signos extremamente condensados que, na linguagem organizada, corresponderiam mais a grandes unidades do discurso que a unidades mínimas".[36]

São três os pontos que Kristeva considera essenciais na divergência entre a abordagem psicanalítica da linguagem e a abordagem linguística. Primeiro ponto: contrariamente ao procedimento da linguística moderna (Chomsky), ao introduzir em cena o inconsciente, a psicanálise impede que se considere o sujeito "como implícito, igual a si próprio, unidade fixa que coincide com o seu discurso".[37] Segundo ponto, decorrente do primeiro: a distinção entre enunciado e enunciação permite captar uma significação inconsciente que permanece oculta para a linguística. Terceiro ponto: a primazia do significante sobre o significado e a sintaxe daí decorrente.

Mas, ainda que a demolidora crítica de Benveniste tenha atravessado incólume décadas sem ser interrogada, estudos recentes mais apurados — dos linguistas! — revelaram-na tributária de uma poderosa resistência de seu autor à psicanálise e não do pretenso rigor conceitual atribuído a ela pelo peso da autoridade que ele desfruta em sua disciplina. Assim, o trabalho do linguista M. Arrivé trouxe à baila novamente o que bem podemos denominar controvérsia Freud-Benveniste, mas para situá-la em outros termos.

De fato, Arrivé empreende toda uma elaboração no sentido de resgatar, no próprio campo da linguística, a importância crucial da questão da "significação antitética" ressaltada por Freud a partir da perspectiva psicanalítica. Para Arrivé, essa questão remete, para além da polissemia e da homonímia, nas quais se observam os sentidos autenticamente opostos, ao "problema da ambiguidade em toda sua extensão", na medida em que "as línguas são totalmente permeadas pela ambiguidade".[38] E se o problema do sentido latente e da significação inconsciente pode ser considerado como externo ao campo da linguística, como para Kristeva, já o mesmo não poderia ser afirmado no que diz respeito ao problema geral da ambiguidade. É necessário lembrar que, sobre a ambiguidade inerente ao campo da linguagem, Freud já havia ressaltado que "não há por que nos surpreendermos com o papel desempenhado pelas palavras na formação dos sonhos. As palavras, por serem o ponto nodal de numerosas representações, podem ser consideradas como predestinadas à ambiguidade".[39]

Há duas formas de tratamento dos fatos de ambiguidade lexical: o tratamento homonímico e o polissêmico. No léxico, a homonímia corresponde às diversas entradas no dicionário para uma mesma forma, ao passo que a polissemia corresponde à enumeração de diversos sentidos sob uma mesma entrada no dicionário. Assim, Arrivé assinala com pertinência que há atualmente uma tendência ao prevalecimento do tratamento homonímico sobre o tratamento polissêmico, "como se fosse mais tranquilizante constatar a coincidência — acidental? aleatória? — de vários significantes correspondendo a significados diferentes do que apresentar a existência de uma pluralidade de significados absolutamente heterogêneos sob um significante único".[40]

Como os fenômenos de ambiguidade constituem uma parcela significativa da linguagem, há a ocorrência mais ou menos frequente da enantiossemia, ou seja, de significantes que apresentam dois conteúdos opostos e mutuamente excludentes. Outros termos foram utilizados para designá-los, como cabeça de Jano e Tano bifrontino, ou *ad'dâd* plural de *d'did*, usado pelos gramáticos árabes, palavra que ilustra o próprio fenômeno que ela designa, pois significa ao mesmo tempo semelhante e contrário.

Arrivé chama a atenção para o fato de que se costuma utilizar o termo "contrário" na literatura sobre o assunto, embora a contradição ou a contrariedade não se verifique *stricto sensu* em todos os exemplos enumerados. Em alguns casos, "a noção de contrariedade se dilui ao ponto de se confundir com a de diferença".[41] Este é, por exemplo, o caso do termo inglês *queen*, que designa tanto a rainha quanto a prostituta, mencionado por Jean-Claude Milner.[42] Embora "rainha" não seja o contrário de "prostituta", a qualidade de "intocabilidade" da primeira se opõe como diferença radical à condição de objeto sexual da segunda.[43] Nesses casos, revela-se que a enantiossemia é um caso particular da polissemia e o termo "antitético", utilizado por Abel e retomado por Freud, parece, assim, ser bastante apropriado.

Conforme revela um importante estudo do psicanalista Sami-Ali, na tradição gramatical árabe os *ad'dâd* são estudados desde o século IX de nossa era:

> Concretamente, os *ad'dâd* podem significar as duas direções opostas de uma ação transitiva (*bâ'a*: vender e comprar) ou intransitiva (*tala'a*: aparecer e desaparecer); ou a coincidência do sujeito e do objeto como consequência de uma ação na qual o agente constitui com o agido (*wâmeq*: amante e amado). Por outro lado, os *ad'dâd* podem significar o próprio objeto (*sarîm*: manhã e noite), uma qualidade do objeto (*aswad*: branco e negro), relações espaciais (*dûn*: alto e baixo, diante e detrás) ou finalmente relações temporais (*ba'd*: depois e antes).[44]

Tais elementos léxicos, que significam simultaneamente dois opostos, são encontrados em muitas línguas e chamaram a atenção dos linguistas há longo tempo. Estes, no entanto, se esforçam para diminuir a extensão do fenômeno ou mesmo para eliminá-lo. Para Greimas, "do ponto de vista linguístico, o problema dos *ad'dâd* não existe e o fenômeno em si não apresenta nenhuma originalidade".[45] Ele coloca que as oposições são manifestadas "ao nível da diferenciação dos contextos" e não ao nível das palavras, o que basta para "provocar o efeito de sentido oposto". Para Hagège, igualmente, "há não enantiossemia (copresença de dois sentidos contrários), mas recobrimento dos dois sentidos por um sentido global".[46]

O problema da significação antitética das palavras não se reduz, como vimos, às línguas antigas. Ao contrário, o uso da significação antitética parece condensar a maior força do processo de produção da significação. Ele surge no dia a dia por meio da utilização, tão corriqueira, na fala, da ironia e comparece em inúmeras palavras e expressões das línguas vivas: em português, por exemplo, fala-se em fazer miséria para expressar o triunfo; exclama-se que algo é bárbaro, quando se quer expressar admiração; é-se doente por alguma coisa pela qual estamos apaixonados; quando se diz que alguém destrói num instrumento ou num esporte, queremos designar sua exímia perícia; algum evento pode estourar quando produz um grande sucesso; alguém pode ser considerado besta quando é bruto ou quando sua postura é exageradamente refinada. Quando um seriado como o da Família Adams, por exemplo, inteiramente construído sobre antíteses, atinge um sucesso universal, vê-se que o riso é passível de ser obtido quando o efeito de sujeito, inerente ao poder antitético do significante, é produzido.

Observe-se igualmente que, na pintura, René Magritte foi um mestre da associação dos contrários: sua tela *O império da luz*, de 1954, causa um estranhamento no espectador e de início não entendemos bem por quê; depois percebemos que ele vem do simples fato de nela se fundirem, numa mesma cena, o céu azul de um dia ensolarado e a penumbra da casa diante do lago à noite. Talvez não seja sem motivo que tantos sujeitos se queixem de uma certa nostalgia ao entardecer: essa hora da Ave-Maria é a hora em que todos parecemos ser convocados como sujeitos de forma inarredável — a hora da divisão. Pois o sujeito está ali naquela transição invisível do dia para a noite, naquela passagem impalpável, em que as luzes já começam a se acender, mas o dia ainda não escureceu.

Aqui, mais uma vez, Freud estava certo em seu intenso fascínio pela cabeça de Jano: é nesse sentido que ele irá concluir sua pormenorizada análise dos chistes dizendo, a propósito de seu caráter dúplice, que eles podem ser descritos "como possuindo uma cabeça de Jano".[47] É nessa análise freudiana dos chistes que vamos nos deter em seguida.

Mas antes disso, podemos fazer um parêntese para aproximar a cabeça de Jano, cuja figura tanto fascínio exerceu sobre Freud, daquela outra figura do nó borromeano, sobre a qual Lacan se debruçou, igualmente fascinado, nos últimos anos de seminário. Ambas parecem expressar a mesma questão do sujeito do inconsciente partido entre os significantes e evasivo a toda e qualquer representação imaginária. Assim, na cabeça de Jano, podemos situar o imaginário em cada uma das faces nela representadas como um sentido determinado (seja qual for ele, masculino ou feminino, jovem ou velho etc.); enquanto o simbólico se situa na possibilidade de transição de uma face da cabeça para a outra, por isso no campo do simbólico inconsciente não temos a vigência da exclusiva (isso *ou* aquilo), mas a aditiva (isso *e* aquilo). Já o real, ele se situa no eixo central que está localizado na interseção entre as duas cabeças, eixo que não é visível nem palpável, mas que entretanto sustenta a própria estrutura e só surge quando se produz o corte entre as duas faces. O lugar do sujeito do inconsciente é o próprio lugar desse corte real entre as duas faces imaginárias, lugar no qual o simbólico — e apenas o simbólico — permite que o sujeito transite por sua estruturação enquanto efeito do significante.

## Chistes e os pares antitéticos

Os historiadores contam que Freud escreveu os *Três ensaios sobre a teoria da sexualidade* ao mesmo tempo que seu livro sobre *Os chistes e sua relação com o inconsciente*. Em duas mesas diferentes, elaborando ora um texto, ora outro, pode-se imaginar que Freud como que alternava o trabalho sobre o real da pulsão com o trabalho sobre o simbólico do chiste e, certamente, descansava do primeiro escrevendo o segundo.

Para Freud, o chiste deve ser distinguido do cômico e, nesse sentido, Charles Melman salienta que a diferença entre os dois é que o cômico diz respeito essencialmente à ordem do imaginário, pois, nele, o que faz rir é a queda da imagem ideal, da rigidez da imago, procedimento que é muito explorado no circo e nos primeiros comediantes do cinema.[48] Essa queda nos faz rir na medida mesma em que nos alivia da imagem ideal que cada um de nós carrega dentro de si como ideal a ser observado. Assim o sujeito que cai deve estar bem-vestido, elegante, pois jamais se ri de um pobre miserável que cai ou de um velhinho que se esborracha no chão.

Melman sublinha ainda que as quatro grandes tendências dos chistes destacadas por Freud — a obscenidade, a agressividade, o cinismo e o ceticismo — são, de fato, precisamente aquelas que estão proibidas e recalcadas em nossas relações sociais, que tendem por isso a retornar na produção dos chistes. No momento do chiste, o sujeito do inconsciente como que triunfa momentaneamente em relação ao recalcamento, que é suspenso pontualmente e sua suspensão pode ser partilhada pelos sujeitos socialmente. Assim, diversamente do sonho, que é algo privado, e do lapso e do ato falho, que são da ordem do sintoma, o chiste é a única maneira de expressão social do sujeito do inconsciente. O chiste seria, desse modo, "o único meio de se estabelecer com o semelhante uma relação de comunicação fundada sobre a ressonância do sujeito do inconsciente".[49]

Ao fazer um extenso levantamento do problema da ambiguidade na obra de Freud, o psicanalista José Bleger não se detém no livro sobre *Os chistes e sua relação com o inconsciente*, mas assinala que, sendo um texto particularmente rico para o estudo da utilização e da função da ambiguidade, trata-se de "um livro que exigiria um estudo especial".[50] Aqui, pretendemos, ao contrário, não descartar essa riquíssima obra de Freud — única, além do texto metapsicológico, a estampar o termo "inconsciente" em seu próprio título —, mas sim proceder a uma averiguação aprofundada de sua relação com a teoria do significante e os pares antitéticos. Lembre-se de que, para Lacan, essa obra, na qual "tudo é substância, tudo é pérola", continua a ser a "mais incontestável, porque a mais transparente, em que o efeito do inconsciente nos é demonstrado até os confins de sua fineza".[51]

Cabe aqui reafirmar uma precisão fundamental. Consideramos o caso da significação antitética (ou enantiossemia) de uma palavra como a apresentação mais evidente da estrutura do significante, mas não a única, uma vez que, como já vimos, a enantiossemia é apenas um caso particular da polissemia. O que importa ressaltar é a diferença enquanto intrínseca à própria estrutura do significante e a significação antitética é aquela que expõe essa diferença do modo mais fulgurante, daí sua grande repercussão ao longo da obra freudiana. A definição por Saussure da língua como pura diferença é, no fundo, a base da estrutura do significante, e a significação antitética representa o modo pelo qual Freud teve o acesso mais categórico a essa dimensão. Passemos, então, à análise dos chistes.

NÃO OBSTANTE FREUD TIVESSE, desde cedo, um interesse teórico pelos chistes, o qual pode ser evidenciado pela "coleção" — o termo é dele mesmo — de anedotas de judeu que fazia, sabe-se que importância desempenhou nesse interesse o comentário de W. Fliess ao ler o manuscrito que Freud lhe enviara no outono de 1899. Tratava-se de *A interpretação dos sonhos*, do qual Fliess se queixou de que os sonhos ali contidos estavam demasiado cheios de chistes.[52] Tendo o efeito de uma verdadeira interpretação para seu trabalho, esse comentário fez com que Freud passasse a buscar algo em comum entre os sonhos e os chistes.

Tomemos o capítulo sobre "A técnica dos chistes", no qual se pode depreender com especial transparência a estrutura do significante. Nele, Freud procede não somente a uma exaustiva análise da literatura sobre os chistes que lhe era contemporânea, como também estabelece uma sistematização rigorosa dessas diferentes técnicas de chistes. Ressaltemos que a riqueza dos comentários de Freud sobre os chistes é tamanha que nos exige o acompanhamento passo a passo de seus principais achados, de acordo com a diversidade de técnicas de chistes inventariada por ele no seguinte esquema geral:[53]

1. **Formação de substitutos:**
   - condensação com formação de palavra composta
   - condensação com modificação

2. **Múltiplo uso do mesmo material:**
   - como um todo e suas partes
   - em ordem diferente
   - com leve modificação
   - com sentido pleno e sentido esvaziado

3. **Duplo sentido:**
   - significado como um nome e como uma coisa
   - significados metafórico e literal
   - duplo sentido propriamente dito (jogo de palavras)
   - *double entendre*
   - duplo sentido com uma alusão

Já no exemplo que abre o livro, "*famillionär*", pertencente ao grupo da condensação com formação de palavra composta, Freud afirma de saída que "não pode haver dúvida de que é precisamente dessa estrutura verbal que dependem o caráter do chiste como chiste e o seu poder de causar riso".[54] Um comentário de rodapé nos alerta ainda, nessa passagem, que a homofonia desempenha aí um papel capital, pois "parece provável que o fato das duas palavras partilharem várias sílabas em comum ofereceu à técnica do chiste a ocasião de construir a palavra composta".[55]

Destacando uma das características para as quais diversos autores chamam a atenção, a brevidade do chiste, Freud nota que

> uma força compressora é levada a atuar sobre essas sentenças [R. tratou-me bastante *familiär*, isto é, tanto quanto é possível para um *Millionär*], e que, por alguma razão, a segunda é a menos resistente. Opera-se, pois, o seu desaparecimento, enquanto seu constituinte mais importante, a palavra *Millionär*, que tem êxito ao rebelar-se contra sua supressão, é, por assim dizer, reintegrada à primeira sentença e fundida com o elemento de tal sentença que lhe é mais semelhante: *familiär*. E a possibilidade casual que assim emerge, de salvar a parte essencial da segunda sentença, efetivamente favorece a dissolução dos outros constituintes menos importantes.[56]

Chamando a atenção para a importância da homofonia na gênese do chiste, Freud comenta mais adiante, quanto ao chiste "Cleopold" ("A opinião pública europeia foi responsável também por um chiste cruel ao trocar o nome de um potentado de Leopold para Cleopold, devido às relações que ele mantivera certa vez com uma senhora cujo primeiro nome era Cleo"), que "esse indiscutível produto de uma condensação mantém viva uma perturbadora alusão às custas de uma única letra".[57] Vê-se que o que importa aqui, para Freud, é precisamente, como ressalta Lacan, a homofonia enquanto facilitadora da emergência do inconsciente. Muitos outros exemplos são dados em seguida por Freud sempre nesse mesmo sentido.

Outro exemplo de chiste pertencente ao grupo da condensação com formação de palavra composta é peculiar por implicar a associação, na palavra composta, de dois antônimos:

Relatava eu a uma dama os grandes serviços prestados por um homem de ciência, que considerava injustamente negligenciado. "Mas como!", disse ela. "O homem merece um monumento." "Talvez ele o tenha um dia", repliquei, "mas *momentan* [no momento] tem muito pouco sucesso." *"Monument"* e *"momentan"* são antônimos, mas a senhora prosseguiu reunindo-os: "Bem, desejemos-lhe então um sucesso *monumentan*".[58]

Ao comentar, em seguida, o exemplo do *"roter Fadian"*, Freud irá observar que "exclusivamente quando esses dois fatos [um julgamento depreciativo do escritor em questão e uma evocação do famoso símile com que Goethe introduz os excertos 'Do diário de Ottilie' no *Wahlverwandtschaften*] são postos em conexão entre si, submetidos ao peculiar processo de condensação e fusão, o chiste emerge — e um chiste de primeira ordem".[59] Freud ainda ressalta que, nesse caso, no lugar da formação de alguma palavra composta deu-se a interpenetração dos dois componentes.

Passando ao grupo da condensação com modificação, Freud dá como exemplo o seguinte chiste: "Viajei com ele *tête-à-bête*", observando que "a técnica desse grupo de chistes pode ser descrita como 'condensação acompanhada de leve modificação', podendo-se insinuar que quanto mais leve for a modificação melhor será o chiste".[60] Quanto ao chiste acima, vê-se que a troca de apenas um fonema favorece a emergência do que foi suprimido: "Viajei com X. *tête-à-tête* e ele é uma besta".

Do mesmo grupo é aquele comentário feito sobre um personagem da vida pública: "Tem um grande futuro por detrás dele",[61] sobre o qual Freud observa tratar-se igualmente de uma pequena modificação por meio de um antônimo. Sublinhe-se, desde já, que a frequência do comparecimento de antônimos na técnica de chistes é indicativa do mesmo modo que as "palavras antitéticas primitivas", da estrutura dos pares antitéticos. Voltaremos a esse ponto fundamental.

Freud salienta, então, que se compararmos os dois grupos vistos até agora — condensação com modificação e condensação com formação de palavra composta — verificamos que a diferença entre eles não é essencial e que as transições ocorrem fluentemente. Freud propõe aí que se reúna ambos os grupos sob o conceito geral de formação de substitutos.

Quatro outros grupos se seguem, todos referentes ao múltiplo uso do mesmo material, sendo o primeiro o que faz este uso como um todo e suas partes. Freud comenta que neste caso tem-se a mesma técnica: em cada um o mesmo nome é usado duas vezes, uma vez como um todo e a outra vez segmentado em sílabas separadas, as quais têm, assim separadas, um outro sentido. Exemplo desse caso é o seguinte chiste: "Um jovem, parente do grande Jean-Jacques Rousseau, de quem ele trazia o nome, foi apresentado em um *salon* de Paris. Tinha, além do mais, os cabelos vermelhos. Comportou-se entretanto de maneira tão desajeitada que a anfitriã comentou criticamente para o cavalheiro que o apresentou: 'Você me fez conhecer um jovem que é *roux* [ruivo] e *sot* [tolo], mas não um Rousseau'".[62] Vê-se quão nitidamente é destacado por Freud, na estrutura dos chistes, aquilo que Lacan aponta como sendo a primazia do significante sobre o significado.

Outro grupo de chiste de múltiplo uso é o que utiliza o mesmo material em ordem diferente. Ainda quanto a esse grupo, Freud insiste em observar: "Quanto mais leve a alteração — maior a impressão de que algo diferente está sendo dito pelas mesmas palavras —, melhor será o chiste tecnicamente".[63] Desnecessário frisar a enorme insistência de Freud quanto à questão da homofonia na produção dos chistes. Com efeito, ela percorrerá seus comentários até o fim. Exemplo desse grupo é o seguinte: "O Sr. e a Sra. X. vivem em grande estilo. Alguns pensam que o esposo ganhou muito e se deitou um tanto; outros, porém, pensam que a esposa se deitou um tanto e ganhou muito".[64] Freud comenta que é meramente a inversão dos elementos na frase que distingue o que se diz do esposo daquilo que se insinua da esposa...

O grupo do múltiplo uso do mesmo material com leve modificação pode ser exemplificado com aquele chiste do cavalheiro, nascido judeu, que fizera um comentário malévolo sobre o caráter judeu e ouviu, então, de seu interlocutor: "Herr Hofrat, seu ant*essemitismo* me é bem conhecido; o que é novo para mim é seu antissemitismo".[65] Outro exemplo desse mesmo grupo é a conhecida proclamação *"Traduttore — Traditore!"*, sobre a qual

Freud comenta: "A similaridade das duas palavras, que quase remonta à identidade, representa da maneira mais impressionante a necessidade que força o tradutor a cometer crimes contra o original".[66]

Ainda do mesmo grupo de chistes é o exemplo que segue, "do qual se diz ter sido enunciado no decorrer de um exame de jurisprudência. O candidato devia traduzir uma passagem no Corpus Juris: *'Labeo ait'*... eu caio, diz ele! 'Você está reprovado, digo eu', replica o examinador e o exame chega ao fim".[67] Com efeito, esse chiste não pode ser traduzido e só é inteligível em alemão, "onde exatamente a mesma palavra *'fallen'* é usada para 'cair' e 'ser reprovado em um exame'. Labeo é de fato o nome de um famoso jurista romano e as palavras latinas deveriam ter sido traduzidas como 'Labeo diz': O candidato tornou 'Labeo' por 'labeor', palavra latina que significa 'eu caio'".[68] Freud ironiza, sobre tal exemplo, que quase as mesmas palavras que provaram a ignorância do candidato foram utilizadas pelo examinador para pronunciar sua punição.

O quarto e último caso de múltiplo uso é o do mesmo material com sentido pleno e sentido esvaziado. Assim, "um chiste de Lichtenberg isola cuidadosamente as circunstâncias em que as palavras esvaziadas são levadas a recuperar seu pleno sentido: 'Como é que você anda?', perguntou um cego a um coxo. 'Como você vê', respondeu o coxo ao cego".[69] Sobre esse tipo de chiste, as observações de Freud não poderiam ser mais preciosas para nós: "As palavras são um material plástico, que se presta a todo tipo de coisas. Há palavras que, usadas em certas conexões, perdem todo seu sentido original, mas o recuperam em outras conexões". Nesses chistes, portanto, "as palavras esvaziadas são levadas a recuperar seu sentido pleno".[70] A palavra com sentido pleno designa, assim, para Freud, o significante, ao passo que a palavra com sentido esvaziado designa o signo. Voltaremos a essa distinção lacaniana fundamental entre significante e signo ao tratarmos do simbolismo na interpretação dos sonhos.

Freud prossegue acrescentando que

> há também palavras que, dependendo de estarem plenas ou vazias, podem ser tomadas em sentido diferente e, de fato, em mais de um sentido. Pois pode haver

duas derivações de uma mesma raiz, uma das quais seja uma palavra de sentido pleno e a outra uma sílaba final ou sufixo esvaziado, sendo ambas pronunciadas da mesma maneira. A identidade fônica entre uma palavra plena e uma sílaba esvaziada pode ser também puro acaso. Em ambos os casos, a técnica do chiste se aproveita das condições prevalecentes no material linguístico.[71]

Dentro do mesmo grupo, Freud apresenta outro exemplo, que lhe fornece ocasião para tecer alguns comentários igualmente importantes. Trata-se do seguinte chiste, cuja técnica perde-se na tradução do alemão: "*Eifersucht* (ciúme) é uma *Leidenschaft* (paixão) que *mit Eifer sucht* (com avidez procura) o que *Leiden shaft* (causa dor)".[72] Freud sublinha que se trata

> inegavelmente de um chiste, mesmo que não particularmente efetivo. Aqui estão ausentes inúmeros fatores, que na análise de outros chistes podem enganar-nos até que os examinemos, cada um separadamente. Pouco importa o pensamento verbalmente expresso: a expressão que se dá do ciúme é, em todo caso, inteiramente insatisfatória. Não se encontra vestígio do "sentido no *nonsene*", do "significado escondido", ou de "desconcerto e esclarecimento". Nenhum esforço revelará um "contraste de ideias": pode-se encontrar com grande dificuldade um contraste entre as palavras e o que elas significam. Não há qualquer sinal de abreviação: pelo contrário, a verbafização afigura-se prolixa.[73]

O que Freud fez até aqui foi eliminar, uma a uma, todas aquelas características que, na análise dos outros chistes feita anteriormente, parecia constituir sua essência. Ele consegue, desse modo, depreender o elemento primordial que constitui o chiste, seu caráter eminentemente significante, e continua: "No entanto, temos ainda um chiste, e mesmo muito perfeito. Sua única característica é ao mesmo tempo aquela em cuja ausência desaparece o chiste: o fato de que as mesmas palavras prestam-se a usos múltiplos".[74] Acrescenta ainda que encontra-se estabelecido aqui um raro estado de coisas: ocorreu uma espécie de unificação, já que o ciúme (*Eifersucht*) é definido através de seu próprio nome. Essa unificação, que constitui uma técnica de chistes, é para Freud, juntamente com o uso múltiplo de uma mesma palavra, um dos dois fatores que "devem ser em si mesmos suficientes para conferir a uma expressão o caráter chistoso".[75]

Os outros cinco grupos de chistes são aqueles que implicam o duplo sentido, seja utilizando o mesmo termo para designar um nome e uma coisa, seja apresentando dois sentidos diversos, um metafórico, outro literal, técnica que constitui para Freud uma das mais férteis fontes de chistes. O caso do duplo sentido propriamente dito (jogo de palavras) é tido por Freud como o caso ideal de múltiplo uso: "Nenhuma violência é feita às palavras: não se as segmenta em sílabas separadas, não é preciso sujeitá-las a modificações, nem se tem que transferi-las da esfera a que pertencem (a dos nomes próprios, por exemplo) a alguma outra. Exatamente como figuram na sentença é possível, graças a certas circunstâncias favoráveis, fazê-las expressar dois significados diferentes".[76]

Ressalte-se que toda a demonstração de Freud caminha justamente na direção de demonstrar o caráter puramente significante dos chistes, que encontra seu grau máximo de excelência nesse caso do jogo de palavras. Freud multiplica aqui os exemplos: "Um dos primeiros atos de Napoleão III quando assumiu o poder foi apoderar-se da Casa de Orléans. Eis o excelente jogo de palavras corrente àquele tempo: *'C'est le premier vol de l'aigle'*",[77] onde *vol* pode significar o primeiro voo da águia, como também o seu primeiro roubo.

Outro exemplo de jogo de palavras: "Luís XV queria testar o espírito de um de seus cortesãos, cujo talento lhe tinham mencionado. Na primeira oportunidade, ordenou ao cavalheiro que fizesse um chiste do qual ele, o rei, devia ser o *'sujet'* (assunto, tema). O cortesão desferiu imediatamente a inteligente réplica: *'Le roi n'est pas sujet'*",[78] no qual utiliza o termo *sujet* no sentido de súdito. E ainda um último caso do mesmo tipo: "Um médico, afastando-se do leito de uma dama enferma, diz a seu marido: 'Não gosto da aparência dela'. 'Também não gosto, e já há muito tempo', apressou-se o marido em concordar".[79]

Os dois últimos grupos de chistes, na sistematização apresentada por Freud, são aqueles de duplo sentido por *"double entendre"* e de duplo sentido com uma alusão. O primeiro é o caso em que o duplo sentido depende muito especialmente do significado sexual. O segundo designa para Freud os casos em que a alusão não faz uma referência sexual em particular.

Vê-se que, de uma extremidade a outra da análise freudiana dos chistes, impera a questão da primazia do significante sobre o significado, daí Lacan atribuir tanta importância a essa obra de Freud. O curioso conselho dado por Lacan a um jovem psicanalista para que faça palavras cruzadas[80] daí retira seu alcance.

Ressalte-se ainda dois elementos importantes destacados por Freud na técnica dos chistes: a unificação e a representação pelo oposto. A unificação é descrita por Freud como claramente análoga à condensação e frequentemente tem a seu favor a conjunção "e". Já a representação pelo oposto "é um instrumento da técnica do chiste usado frequentemente e operando com grande poder",[81] e pode ser evidenciada no chiste de Heine: "Esta dama se assemelha em muitos aspectos à Vênus de Milo: ela é, também, extraordinariamente velha, não tem dentes e há manchas brancas na superfície amarelada de seu corpo".[82]

DETENHAMO-NOS NESSE MOMENTO da exposição freudiana, que encerra o capítulo sobre a técnica dos chistes, e extraiamos, dele, de forma exemplar, a estrutura do significante. Adiantemos, logo, que todos os casos de técnicas de chistes inventariadas por Freud podem ser reunidos sob a rubrica geral da "significação antitética", tal como no texto sobre as palavras primitivas.

Vimos anteriormente que Freud propõe que se reúna os dois grupos iniciais — condensação com formação de palavra composta e condensação com modificação — num único grupo maior chamado de formação de substitutos. Esse grande grupo é simplesmente aquele no qual emerge a criação de um significante a partir de dois sentidos diversos que são fornecidos pelo material do chiste. Dito de outro modo, trata-se da evidenciação do significante enquanto tal, através da reunião de dois sentidos numa única e mesma estrutura significante. Seu esquema geral poderia ser assim designado:

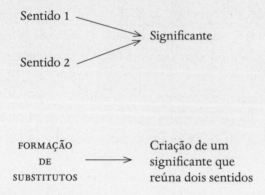

A segunda observação de Freud que permite isolar outro grande grupo de chistes segundo a lógica do significante é aquela que visa esclarecer que tanto o grupo do múltiplo uso quanto o do duplo sentido podem, com efeito, ser reunidos num único e grande grupo de chistes. Diz Freud a esse respeito:

> Os outros casos de uso múltiplo passíveis de ser reunidos sob o título de "duplo sentido" como um novo grupo, o terceiro, podem ser facilmente divididos em subclasses que, efetivamente, não podem ser separadas entre si por distinções mais essenciais do que as que possibilitam a derivação do terceiro grupo como um todo a partir do segundo.[83]

Freud está indicando aí que, a rigor, trata-se no segundo e no terceiro grupos de um único e mesmo grande grupo, o de múltiplo uso das mesmas palavras. Já esse grande grupo de chistes, também segundo a lógica do significante, é aquele que, contrariamente ao primeiro, apresenta a evidenciação dos dois sentidos de um mesmo significante. Aqui, ao invés de criar-se um significante a partir de dois sentidos, disseca-se um significante e se isola desse significante seus dois sentidos. Do mesmo modo, seu esquema geral poderia ser assim designado:

*Freud e os pares antitéticos*

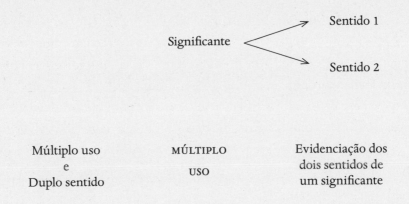

Observe-se que nos dois grandes grupos assim obtidos tem-se a mesma lógica em jogo, na qual é visada sobretudo a exposição da estrutura do significante; seja construindo-a, como no caso do grupo de formação de substitutos; seja desconstruindo-a, como no caso do grupo do múltiplo uso. Ambos os grupos apresentam, assim, uma espécie de avessamento um em relação ao outro: 1. destacamento de dois sentidos a partir de um significante; e 2. criação de um significante a partir de dois sentidos.

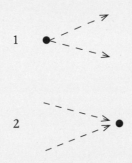

Não podemos deixar de mencionar o quanto essa estrutura parece ser perceptível ao poeta de um modo geral. Exemplar nisso é a obra de William Shakespeare, aliás chamado por Freud de "o grande psicólogo", na qual se observa a ocorrência frequente do que se poderia denominar de quiasma do sentido. De fato, a utilização contínua de pares opostos de significação parece ser um dos mais poderosos recursos poéticos da linguagem, sua capacidade de produzir comoção (co-moção: mover junto) consistindo em exibir a estrutura do significante.

Apenas para ilustrar a potência que parece residir nessa qualidade do texto shakespeariano, evoquemos a fala de Macbeth logo ao início de sua tragédia, fala que consegue prefigurar, a um só tempo, sua elevação ao lugar cobiçado de soberano e sua imediata falência e derrelição fatal. Trata-se precisamente da primeira fala do general Macbeth, naquele encontro com as três feiticeiras que lhe preveem o futuro e que, já na abertura da peça, disseram em coro: *"Fair is foul and foul is fair:/ hover through the fog and filthy air"* ("O belo é feio e o feio é belo:/ pairemos por entre a névoa e o ar impuro"). Esse encontro se dá no momento em que Macbeth entra em cena. Ali, ele ouvirá das três feiticeiras as palavras que selam seu destino. E qual não será essa fala senão a exibição da antítese que o destruirá, fala em que Macbeth se vale do mesmo par de significantes com que as feiticeiras inauguram a tragédia. Fala na qual a simplicidade se alia à verdade de modo singular e emerge de sua boca enquanto interpretação do que ele ainda nem mesmo sabe que sabe. Qual uma batida de tambor que anuncia o começo do fim, diz Macbeth ao entrar em cena: *"So foul and fair a day I have not seen"* ("Nunca vi dia tão feio e tão belo").

## A interpretação dos sonhos

Considerado pelo próprio Freud um livro de "leitura difícil", *A interpretação dos sonhos* (1900) é um trabalho cuja extensão requer grande fôlego para ser abordado. Nele, Freud introduz uma enorme massa de elementos novos, que lhe era exigida para formular sua primeira teoria do inconsciente num grau de abrangência que expunha a congruência existente entre uma função comum a todo sujeito — o sonho — e os mecanismos encontrados pela psicanálise na estrutura neurótica. Assim, Freud abre seu livro sobre os sonhos afirmando que, além de todo sonho surgir "como um produto psíquico provido de sentido", "o problema dos sonhos desemboca em questões mais amplas, cuja solução deve ser abordada com base em outro material",[84] ou seja, aquelas referentes à clínica psicanalítica das neuroses.

Freud estabelece de saída uma ruptura em relação a todas as outras abordagens feitas até então sobre os sonhos, porquanto considera que é por meio do conteúdo latente dos sonhos, do que denomina de "pensamentos do sonho", e não de seu conteúdo manifesto, que a solução do sonho é obtida. No capítulo sobre "O trabalho do sonho", Freud surpreende por expressar esses achados sobre os sonhos numa absoluta referência à problemática da linguagem: "[...] o conteúdo do sonho nos surge como uma transferência dos pensamentos do sonho para outro modo de expressão, cujos signos e leis de articulação devemos aprender a discernir por via de comparação entre o original e sua tradução".[85]

O que Freud vem elucidar nesse ponto é que o "aspecto pictórico", inerente ao sonho, esconde sua verdadeira estruturação de rébus, isto é, de quebra-cabeça feito de figuras, no qual as imagens têm um valor de significante.[86] Há, nos sonhos, uma ordenação simbólica particular, que faz com que os caracteres da escrita pictográfica do conteúdo do sonho tenham que ser individualmente transferidos para a linguagem dos pensamentos do sonho, cada elemento isolado devendo ser substituído por uma sílaba ou palavra que possa ser representada por aquele elemento de um modo ou de outro. É por meio dessa operação que "as palavras que assim se combinam já não carecem de sentido, senão que podem dar por resultado a mais bela e significativa sentença poética".[87] É nessa apresentação pictórica que reside o aparente caráter absurdo dos sonhos, sobre o qual Freud esclarece em outra passagem: "O sonho não quer dizer nada a ninguém; não é um veículo de comunicação; ao contrário, se empenha em permanecer incompreendido".[88]

É no tocante à questão da interpretação dos sonhos que Freud promove uma crítica acirrada à tentativa de se reduzir a exegese do sentido de um sonho a um trabalho de cunho hermenêutico, como o fez Wilhelm Stekel. Freud acredita que seja de importância crucial restringir ao máximo o valor dos símbolos — definidos como uma relação unívoca de sentido —

para a interpretação dos sonhos, modo através do qual ele introduz, *avant la lettre* mas de modo categórico, a função do significante no inconsciente.

Para Freud, a interpretação dos sonhos não pode ser reduzida às motivações típicas dos símbolos, mas sim à "motivação individual",[89] pois a singularidade do sujeito não pode ser expressa por nenhum simbolismo universal. Nessa mesma direção, cabe lembrar a colocação de Freud para seu paciente Smiley Blanton, que revela poeticamente o modo de operar a partir do não saber próprio ao psicanalista atento à singularidade subjetiva: "Quando um paciente me diz algo, não tento encontrar imediatamente as razões disso. Sei que, com o tempo, estas aparecerão. Creio que era Oliver Cromwell que dizia: 'Nunca vamos tão longe como quando não sabemos aonde vamos'".[90]

## Símbolo e significante nos sonhos

Entretanto, como veremos, a dimensão do simbolismo onírico, longe de colocar um obstáculo para a teoria lacaniana do significante, serve para elevá-la a sua máxima potência. Em sua introdução à *Interpretação dos sonhos*, James Strachey ressalta que esse livro, assim como os *Três ensaios sobre a teoria da sexualidade*, é daqueles que Freud manteve mais ou menos sistematicamente "atualizados" à medida que foram passando por edições sucessivas. Além disso, Strachey observa que o maior número de acréscimos sobre um assunto isolado diz respeito ao tema do simbolismo nos sonhos. Por outro lado, L.A. Garcia-Roza salienta que foi apenas em 1914, na quarta edição de sua obra, ou seja, "em plena vigência de seu confronto com Jung",[91] que Freud acrescentou a seção sobre o simbolismo nos sonhos.

Dentre os sucessivos acréscimos feitos sobre esse ponto em cada nova edição de sua obra, chama a atenção um longo trecho que ele inclui ainda em 1925, bastante tardiamente portanto, como abertura da seção sobre a "Representação por símbolos nos sonhos". Trata-se de uma severa crítica que dirige a Stekel — "autor que talvez tenha prejudicado a psicanálise tanto quanto a beneficiou" —,[92] a respeito de sua concepção do simbolismo nos sonhos. Esta crítica a Stekel surge como essencial, na medida em que ela permite circunscrever não só a especificidade da concepção freudiana da interpretação dos sonhos, em particular, como também, de forma mais geral, o próprio conceito de interpretação para Freud.

Pode-se depreender dessa crítica enfática a necessidade sentida por Freud de retificar determinadas posições que começavam a dar testemunho dos desvios teórico-práticos que já vigoravam entre os psicanalistas. É nessa medida que Lacan observou que, ao escrever *Além do princípio de prazer* em 1920, Freud estava dando curso a uma exigência que se impunha a ele no sentido de trazer os analistas de volta ao âmbito da radicalidade de sua descoberta do inconsciente, da qual estes se afastaram ao diluir e reduzir a concepção freudiana do sujeito do inconsciente àquilo que na tradição filosófica fora situado como o Eu humano.

Assim, é em termos bastante eloquentes que Freud se empenha em demonstrar a ilegitimidade dos desenvolvimentos de Stekel sobre a ocorrência do simbolismo nos sonhos. Esse autor, diz ele,

> trouxe grande número de traduções simbólicas insuspeitadas; a princípio, não encontraram crédito, mas depois em sua maioria foram corroboradas e tiveram que ser admitidas. Não diminui o mérito de Stekel a observação de que a reserva cética dos outros não era gratuita. Com efeito, muitos dos exemplos nos quais apoiou suas interpretações não eram convincentes e ele se serviu de um método duvidoso do ponto de vista científico. Stekel descobriu suas interpretações simbólicas por via da intuição, em virtude de uma faculdade que lhe é própria, de compreensão imediata dos símbolos.[93]

Vê-se que aquilo que Freud considera como método inadequado é não apenas a intuição, cuja supervalorização na prática implica inevitavelmente a introdução de um elemento que se furta à transmissibilidade, como também a "compreensão imediata", que, como vimos no comentário relatado por Blanton, ele considerava que impedia de ir muito longe. Freud pondera, não sem fina ironia, que "uma arte como essa não pode ser pressuposta em todos os indivíduos, seu modo de operar não admite ser submetido à crítica e, portanto, seus resultados não podem exigir credibilidade".

Se Freud se opõe ao uso da intuição na técnica da interpretação dos símbolos nos sonhos, ele adianta que há somente um único fator que permite que se conceda à interpretação algum crédito — as associações que o próprio sonhador produz a respeito do sonho. Se o uso da intuição do analista mergulha a interpretação no imponderável, a associação do analisando é o que, tão somente, permite que ela tenha fidedignidade. Vê-se, aqui, o quanto a teoria lacaniana do significante acha respaldo nessas indicações de Freud, porquanto elas permitem evidenciar, em oposição à generalização psicologizante, a singularidade subjetiva implicada em todas as formações do inconsciente, quer sejam sonhos, chistes, atos falhos ou sintomas.

Se nos ativermos à distinção introduzida por Lacan entre signo e significante, podemos precisar que ela vem elucidar, de fato, dois modos diversos de conceber a interpretação na psicanálise: a utilização do saber sobre os símbolos preconizada por Stekel refere-se à operação por meio do signo, como aquilo que representa alguma coisa para alguém que saiba lê-lo. O posicionamento do psicanalista no lugar de não saber — que implica uma referência ao saber inconsciente, isto é, a uma forma de saber muito particular, posto que associado à verdade subjetiva — refere--se à operação por meio do significante, como aquilo que representa um sujeito para outro significante. Já vimos anteriormente que a diferença fundamental entre o signo e o significante reside, para Lacan, no fato de que o signo exclui o sujeito, nele transformado em "alguém", isto é, num leitor informado, ao passo que o significante o inclui necessariamente enquanto sujeito dividido.

Todo um debate entre uma concepção psicológica geral e a teoria psicanalítica acha-se implicitamente embutido nessas passagens freudianas. E, ainda que não deixe de se questionar sobre o estatuto do símbolo e os "incontáveis problemas, em grande parte ainda não solucionados, ligados a seu conceito",[94] Freud não se furta a expressar sua exigência máxima de rigor quanto a isso: "... gostaria de advertir de maneira expressa que não se deve exagerar a importância dos símbolos para a interpretação dos sonhos, como se o trabalho de traduzi-los tivesse que se limitar à tradução de símbolos, abandonando a técnica que recorre às ocorrências do sonhador."[95]

Freud não afirma a necessidade de se eliminar a referência aos símbolos nos sonhos, mas, antes disso, de se relativizá-la na dependência do aspecto primordial que é representado pela regra fundamental da psicanálise, a regra da associação livre: "As duas técnicas de interpretação dos sonhos devem se complementar; porém, tanto na prática como na teoria, a precedência continua correspondendo ao procedimento que descrevemos primeiro, o que atribui a importância decisiva aos proferimentos do sonhador".

Com efeito, L.A. Garcia-Roza sublinha que Freud denomina os símbolos de "elementos mudos" do sonho, isto é, aqueles elementos sobre os quais o sujeito em análise é incapaz de fornecer quaisquer associações, pois trata-se de símbolos que, embora utilizados no sonho de um sujeito em particular, são pertencentes à cultura na qual ele se inscreve. Contudo, trata-se de elementos que, ainda que não sejam desencadeadores de associações para o sujeito que sonha, "articulam-se com os demais elementos não mudos e passíveis de múltiplas associações em função de sua sobredeterminação".[96]

Mas como Freud elucida a questão dos símbolos? Ele fornece aí uma nova indicação que nos permite esclarecer, sob uma ótica diferente, a lógica do significante, pois é ainda e sempre aos fatos da linguagem que ele vai relacionar a origem dos símbolos. Desse modo, afirma que, mesmo nos casos em que a relação entre um símbolo e o que ele representa parece obscura, é preciso depreender a aliança que ele preserva com os elementos da linguagem, por mais remota que seja. Assim, para Freud, são precisamente aqueles símbolos cuja escolha parece enigmática que permitem "lançar luz sobre o sentido último da referência simbólica; indicam que esta é de natureza genética. O que hoje está conectado por via do símbolo, em tempos primordiais provavelmente esteve unido por uma identidade conceitual e linguística".[97]

Num acréscimo de 1914, Freud reitera igualmente a necessidade de se relativizar a importância da ocorrência dos símbolos nos sonhos ao indicar que, em última instância, esta se encontra súdita a um contexto de significação todo particular, que decide sobre a utilização de determinado símbolo pelo sonhador: "Toda vez que para figurar um conteúdo se ofereçam a sua eleição vários símbolos, se decidirá pelo que mostre, além disso, vinculações temáticas com algum outro material de pensamento, e que portanto admita uma *motivação individual* junto com a vigente em sentido típico".[98]

Ainda em 1914, Freud esclarece que a dificuldade inerente à interpretação dos símbolos oníricos reside numa característica que seria isolada, por Lacan, como uma qualidade própria ao significante, ou seja, sua pluralidade de sentido. O que ele observa, então, é que os símbolos oníricos frequentemente

> são multívocos, de modo que, como na escrita chinesa, apenas o contexto possibilita a apreensão correta em cada caso. Com esta multivocidade dos símbolos se enlaça também a capacidade do sonho para admitir superinterpretações, para figurar num único conteúdo diferentes formações de pensamento e moções de desejo, frequentemente de natureza muito díspar.[99]

Assim, o que requer ser explicitado na abordagem que Freud faz dos símbolos oníricos é, na verdade, seu caráter altamente significante. Pois, partindo da dificuldade inerente à interpretação dos símbolos e admitindo mesmo que sua presença nos sonhos dificulta sua interpretação, Freud vai colocar tal dificuldade não na conta de uma enigmática indecifrabilidade que lhes seria própria, mas, sim, no caráter significante extremamente compósito que eles apresentam. O surpreendente é que Freud parte do problema colocado pelo símbolo — no que este seria passível de apresentar obstáculos à técnica da interpretação dos sonhos baseada na associação do sonhador e introduzir um elemento propriamente alienígena na análise do discurso de um sujeito —, para acabar por resgatar nele aquilo que há de mais essencial na estrutura mesma de todo sonho, isto é, seu caráter significante. É dessa dimensão significante que depende a forma de rébus que Freud depreende no sonho e é também ela que o torna, tanto quanto o símbolo, "uma confidência, mas uma confidência feita em termos impróprios".

Assim, ao tratar da consideração à representabilidade, em que fontes irá Freud buscar material para dar corpo significante ao símbolo, senão naquelas regiões onde o simbólico parece ter adquirido o poder da imortalidade? Pois, "em vista do papel que chistes verbais, citações, canções e provérbios desempenham na vida intelectual das pessoas cultas, pode-se esperar que disfarces dessa índole se empreguem com muita frequência para figurar os pensamentos oníricos".[100] Mas Freud não deixará de sublinhar, a esse respeito, que "muito poucos são os temas nos quais se pôs em relevo um simbolismo onírico universalmente válido, baseado em alusões e em substituições de palavras conhecidas por todos".

É na conferência introdutória que trata do "Simbolismo nos sonhos" (1916-7) que Freud fornece elementos bastante elucidativos sobre essa questão. Afirmando que "o simbolismo é, talvez, o capítulo mais assombroso da doutrina do sonho",[101] Freud nomeia a relação constante mantida entre um elemento onírico e sua tradução de "relação simbólica", e chama esse elemento onírico de "símbolo" do pensamento inconsciente. Por representarem relações constantes, os símbolos como que realizam o ideal da interpretação dos sonhos popular e da antiguidade, do qual nos "afastamos muito por nossa técnica".

Salientando uma vez mais que "a interpretação baseada no conhecimento dos símbolos não é uma técnica que possa substituir a técnica associativa", Freud pondera que a primeira pode apenas complementar a segunda e que somente se for enxertada dentro desta pode produzir resultados. A representação simbólica nos sonhos está limitada aos seguintes elementos: a casa, os pais, os filhos e irmãos, o nascimento, a morte, a nudez e, finalmente, o sexo. E a análise dos símbolos revela que eles foram construídos precisamente a partir dos diversos usos idiomáticos enraizados em determinada língua, em seus provérbios, contos e mitos, em suas expressões idiomáticas poéticas e coloquiais, assim como nos diversos hábitos de linguagem, nas canções populares e nas piadas.

Alguns exemplos de símbolos oníricos fornecidos por Freud permitem que se entenda sua abordagem: a madeira e o papel, assim como os objetos feitos desses materiais, como a mesa e o livro, são símbolos da mulher e do materno devido às raízes etimológicas da palavra "madeira", de *materia* e *mater* em latim: "O material em que algo consiste é, por assim dizer, sua parte materna. No uso simbólico de madeira como mulher ou mãe, sobrevive, portanto, essa antiga concepção".[102] Do mesmo modo que rei e rainha são símbolos oníricos de pai e mãe, as histórias infantis que começam com "era uma vez um rei e uma rainha" querem dizer que certa vez havia um pai e uma mãe... Como afirmou Lacan de modo impactante, se quisermos ouvir o que Freud apresentou em suas teses, "o inconsciente *é* aquilo que dizemos";[103] ele se manifesta nas palavras mesmas que são enunciadas, não estando situado nem aquém nem além delas, mas na potência significante que lhes é inerente.

## Os sonhos e os pares antitéticos

O capítulo de *A interpretação dos sonhos* dedicado a tratar dos "Meios de representação nos sonhos" é, por sua vez, de capital importância, na medida em que nele Freud apresenta, como em nenhuma outra parte, a função dos pares antitéticos na estrutura dos sonhos. Ao tratar dos pensamentos oníricos essenciais, Freud assevera que eles

> geralmente emergem como um complexo de ideias e lembranças da mais intrincada estrutura possível, com todos os atributos das cadeias de ideias que nos são familiares na vida de vigília. Não raro, são cadeias de ideias que partem de mais de um centro, embora tendo pontos de contato. *Cada cadeia de ideias é quase invariavelmente acompanhada por sua contrapartida contraditória, vinculada a ela por associação antitética.*[104]

A constatação do vigor das ideias antitéticas na estrutura dos sonhos se impõe para Freud e leva-o a assinalar que faltam aos sonhos os meios de representar as conexões lógicas entre os pensamentos: "'se', 'porque', 'como', 'embora', 'ou...ou', e todas as outras conjunções sem as quais não podemos compreender as frases ou os enunciados".[105] Em suma, o denominador comum que une tais elementos de articulação sintática é a exclusão da contradição: seja de modo causativo, adversativo ou alternativo, essas conexões se produzem num registro binário de produção de sentido (poderíamos dizer, a partir dos três registros: articulação de S e I, com exclusão de R), que elimina de seu seio a possibilidade de avessamento do sentido que se demonstra no sonho por intermédio da coexistência de ideias contraditórias.

Freud destaca essa aptidão do sonho para avessar o sentido de um significante ao postular que "a alternativa 'ou...ou' não pode ser expressa em sonhos, seja de que maneira for. Ambas as alternativas costumam ser inseridas no texto do sonho como se fossem igualmente válidas".[106] Freud explicita em seguida a sintaxe própria ao sonho, aquela que permite a ocorrência da contradição:

> Quando, no entanto, ao reproduzir um sonho, seu narrador se sente inclinado a utilizar "ou...ou" — por exemplo, "era ou um jardim ou uma sala de estar" —, o que estava presente nos pensamentos do sonho não era uma alternativa, e sim um "e", uma simples adição. ... Em tais casos, a norma de interpretação é: trate as duas aparentes alternativas como se fossem de igual validade e ligue-as por um "e".[107]

Freud sublinha a seguir, com bastante eloquência, e para além das formas gramaticais nas quais isso pode ser depreendido, a estruturação que está em jogo:

> A maneira como os sonhos tratam a categoria dos contrários e dos contraditórios é altamente digna de nota. Ela é simplesmente desconsiderada. O "não" não parece existir no que diz respeito aos sonhos. Eles mostram uma preferência particular por combinar os contrários numa só unidade ou por representá-los como uma só coisa. Os sonhos se sentem livres, além disso, para representar

qualquer elemento por seu oposto imaginário, de modo que não há maneira de decidir, à primeira vista, se qualquer elemento que admita um contrário está presente nos pensamentos do sonho como positivo ou negativo.[108]

Se seria precisamente com essa última frase que Freud iniciaria seu artigo de 1911 sobre "A significação antitética das palavras primitivas", no mesmo ano ele acrescentaria nesse ponto uma nota de rodapé na qual externava com alegria a apreensão de uma homologia estrutural entre as palavras primitivas e os sonhos:

> Fiquei atônito ao saber, por um folheto de autoria de C. Abel — e o fato foi confirmado por outros filólogos —, que as línguas mais antigas se comportam exatamente como os sonhos quanto a esse aspecto. A princípio, dispõem de uma única palavra para descrever os dois contrários nos pontos extremos de uma sequência de qualidades ou atividades (por exemplo, "forte-fraco", "velho-moço", "longe-perto", "unir-separar"); só formam termos distintos para os dois contrários por um processo secundário de efetuar pequenas modificações na palavra comum. Abel demonstra esse ponto particularmente com base no egípcio antigo, mas mostra que existem vestígios evidentes do mesmo curso de desenvolvimento também nas línguas semíticas e indo-germânicas.[109]

Que a ocorrência de tal fenômeno não é de modo algum exclusividade das línguas arcaicas, mas se manifesta, como já vimos, igualmente nas línguas vivas, o próprio Freud demonstrou-o em seu ensaio sobre o *Unheimlich*. Vimos, igualmente, que tal condição não reside nas palavras, antigas ou não, mas sim no sujeito que as profere e no objeto faltoso que sustenta essa operação, o que pode ser demonstrado pelo fato de que a ironia é capaz de produzir a significação antitética em toda e qualquer palavra.

Desse modo, Freud isola uma e apenas uma única relação lógica como sendo passível de ser depreendida do mecanismo da formação do sonho, "a relação de semelhança, consonância ou aproximação — a relação de 'tal como'. Essa relação, diversamente de qualquer outra, é passível de ser representada nos sonhos de múltiplas maneiras".[110] Freud fala, a esse propósito, de uma unificação — por meio da qual podem ser representadas a semelhança, a consonância e a posse de atributos comuns — que se manifesta por meio de uma identificação, quando se trata de pessoas, ou de uma composição, quando é o caso das coisas.

Freud volta a tratar desse mesmo problema da unificação empreendida pelo trabalho do sonho quando aborda a formação de estruturas compostas, as quais se acham "determinadas por um fator estranho a sua forma real — a saber, o elemento comum nos pensamentos do sonho".[111] Essas estruturas compostas são passíveis de serem construídas quer pela mera representação dos atributos de uma coisa, acompanhada pelo conhecimento de que também pertencem a uma outra coisa; quer pela combinação de traços de ambos os objetos numa nova imagem. Tal processo de unificação falha "quando os objetos a serem condensados numa só unidade são por demais incongruentes", e os sonhos são constituídos, para Freud, por "uma massa dessas estruturas compostas".[112] Freud fornece um simples e belo exemplo de sonho, no qual há a ocorrência de uma "cadeia de ideias que eram diametralmente opostas uma à outra, mas cujos elementos semelhantes, embora contrários, foram representados pelo mesmo elemento no sonho manifesto": nele, o mesmo ramo florido na mão da sonhadora significava simultaneamente a inocência sexual e seu contrário.[113]

É na derradeira conferência introdutória que dedica ao tema dos sonhos, curiosamente intitulada "Incertezas e críticas", que Freud nos apresenta de modo conciso todo um encadeamento de concepções cuja valia se impõe quando abordamos a estrutura dos pares antitéticos. Ali, Freud se debruça com mais detalhes sobre essa questão e como que estabelece uma equação globalizante entre a estrutura dos sonhos e a significação antitética das palavras primitivas: "A elaboração onírica executa uma versão dos pensamentos oníricos segundo um modo de expressão primitivo, semelhante à escrita pictográfica".[114]

Freud trata das críticas que poderiam ser-lhe feitas baseadas na escolha arbitrária do intérprete dos sonhos. Contudo, se a dificuldade de interpretar os sonhos é relacionada por Freud à ambiguidade e à indefinição que lhes são inerentes, pois nos sonhos os contrários se fundem, nem por isso o intérprete fica livre para escolher qualquer interpretação: "Aquilo que dá a impressão de causalidade [...] é desfeito pelo fato de, via de regra, a interconexão entre o sonho e a vida de quem sonha, ou a situação psíquica global em que ocorre o sonho, selecionar uma só entre as soluções possíveis apresentadas, dispensando as demais como imprestáveis".[115] Desse modo, o que poderia se situar como elemento responsável por uma suposta arbitrariedade da interpretação de um sonho — "em consequência do fato de que, na elaboração onírica, os contrários se fundem, sempre permanece indeterminado se certo elemento deve ser compreendido em sentido positivo ou negativo"[116] — é referenciado por Freud a uma analogia muito radical entre "a fusão dos contrários na elaboração onírica [e a] significação antitética das palavras primitivas nos idiomas mais antigos".[117]

Há nesse aspecto, para Freud, a necessidade de salientar a congruência entre a estrutura da linguagem operada nos sonhos e a estrutura das línguas mais arcaicas, estabelecendo um paralelismo entre elas. Assim, na língua egípcia antiga era o contexto do discurso que indicava "qual dos dois contrários [da significação antitética das palavras] o interlocutor tencionava comunicar". Nesta, ao nível da escrita o equívoco era evitado, apesar da ambiguidade dos sons e sinais, por intermédio de "um sinal pictográfico que não se destinava a ser falado". Exemplos proliferam em Freud quanto a isso: o de algumas escritas semíticas nas quais acham-se indicadas apenas as consoantes, cabendo ao leitor "inserir as vogais emitidas, segundo seus conhecimentos e o contexto"; também a escrita hieroglífica, na qual "o que mais perturba [...] é o fato de não haver separação entre as palavras", mesmo fator que surge na escrita cuneiforme persa, evidenciado por meio de "uma cunha oblíqua [que] serve para separar as palavras". Quanto ao idioma e à escrita chinesa, extremamente antigos, nos quais afirma que já esperava encontrar analogias com a imprecisão dos sonhos, Freud salienta que se tem, para cada som, em média, dez significados diferentes, tendo-se como métodos para evitar a ambiguidade tanto a combinação de "dois sons em uma palavra composta", como a utilização de "quatro diferentes 'tons' na pronúncia das sílabas".[118]

Tal evidenciação da ocorrência da ambiguidade nas línguas mais antigas é o que autoriza Freud a afirmar que "esses pontos de incerteza que as pessoas tentaram usar como objeções à solidez de nossas interpretações de sonhos são, ao contrário, características constantes de todos os sistemas primitivos de expressão".[119] Ele estabelece aqui um paralelismo entre a evolução diacrônica dos mais diversos sistemas de linguagem e sua ocorrência sincrônica no sujeito humano, como se neste fosse possível depreender a vigência simultânea das diversas etapas percorridas pela evolução das línguas.

Freud introduz então uma aproximação entre sonhos e chistes, mostrando que as conexões entre um elemento onírico latente e o seu substituto manifesto por vezes se assemelham a um chiste, muito embora o "'chiste onírico' involuntário ... se nos apresente como anedota sem graça; não nos faz rir, deixa-nos frios".[120] Assim, ele fornece o exemplo princeps que permite estabelecer uma homologia entre a estrutura dos chistes e a dos sonhos. Trata-se do sonho de Alexandre Magno, referido tanto por Plutarco como por Artemidoro de Daldis: "Quando o rei estava sitiando a obstinadamente defendida cidade de Tiro (322 a.C.), sonhou que via um sátiro dançando. Aristandro, o interpretador de sonhos, que se encontrava presente junto com o exército, interpretou o sonho dividindo a palavra 'Satyros' em σα τυρος [sa Turos] (tua é Tiro), e, portanto, prometeu que ele iria triunfar sobre a cidade. Por esta interpretação, Alexandre foi levado a continuar o cerco e finalmente capturou Tiro". Freud acrescenta que tal interpretação, cuja aparência é bastante artificial, revelou-se como correta e afirma, quanto a esse exemplo, que "nisso estamos palmilhando os caminhos da interpretação de sonhos da Antiguidade, que, ao lado de muita coisa imprestável, deixou-nos alguns bons exemplos de interpretação de sonhos que nós mesmos não poderíamos superar".[121]

Se Freud isola, nesse sonho trazido pela mais remota história, um exemplo através do qual a estrutura do sonho se revela compatível com aquela do chiste, para nós seu valor é o de expressar, com precisão, a estrutura dos pares antitéticos. Um único significante — *Satyros* — apresenta, tal como nos casos dos chistes produzidos por "duplo sentido" referenciados por Freud, seus dois sentidos: o sátiro dançando e *sa Turos*, sendo Tiro o objeto do desejo do conquistador Alexandre Magno. O sátiro dança comemorando a vitória da conquista e sua imagem no sonho apresenta um valor puramente significante, pois a imagem, no sonho, não possui valor de imagem e sim de palavra, isto é, de significante. Esse exemplo simples revela a estrutura do rébus (ou figuras enigmáticas) que foi apontado por Freud como a forma mais frequente de relação entre o conteúdo latente e o conteúdo manifesto de um sonho — a da representação plástica, uma vez que o sonho manifesto é constituído predominantemente de imagens visuais.

Cumpre notar que, aqui como no caso de muitos chistes, não se trata da significação antitética (enantiossemia) propriamente dita, mas sim da partição de um significante em dois sentidos. O paradigma das palavras antitéticas primitivas é tão somente o exemplo mais evidente dessa bipartição produzida pela diferença intrínseca ao significante, no que ele abre o sentido de um mesmo significante para abarcar dois polos absolutamente opostos.

Freud introduz a noção de trabalho do sonho como o processo, efetuado no inconsciente, de transformação dos pensamentos do sonho ou conteúdo latente, no qual reside seu sentido, no conteúdo manifesto. As leis sintáticas do trabalho do sonho serão isoladas por ele no trabalho de condensação e no trabalho de deslocamento. Tanto a condensação quanto o deslocamento são apresentados como "os dois fatores dominantes a cuja atividade podemos, em essência, atribuir a forma assumida pelos sonhos"[122] e ambos operam no sentido de permitir aos pensamentos do sonho "escapar da censura imposta pela resistência".[123] É nesse sentido que ambos operam, a partir da força exercida pelo recalcamento, o despojamento dos significantes de alto valor psíquico e, por meio da sobredeterminação, produzem significantes de baixo valor psíquico.

A condensação, que responde pela exiguidade do conteúdo manifesto do sonho em relação à vastidão dos pensamentos oníricos, não é, para Freud, causada por uma mera omissão, mas, antes disso, se caracteriza pela produção de "'pontos nodais' para os quais converge um grande número de pensamentos do sonho, porque têm vários sentidos ligados à interpretação do sonho".[124] Freud introduz aqui a noção fundamental de sobredeterminação, mecanismo que se encontra na gênese da produção da condensação e do deslocamento: "Os elementos do sonho são construídos a partir de toda a massa de pensamentos do sonho, e cada um desses elementos mostra ter sido multiplamente determinado em relação aos pensamentos do sonho".[125]

Característico do pensamento inconsciente, o trabalho de condensação é isolado por Freud não apenas nos sonhos, como também nos chistes, nos lapsos, nos esquecimentos etc., e pode ser visto, segundo ele, "com máxima clareza ao lidar com palavras e nomes. É verdade, em geral, que as palavras são frequentemente tratadas, nos sonhos, como se fossem coisas, e por essa razão tendem a se combinar exatamente do mesmo modo que as representações de coisas".[126] Freud observa aí a ocorrência de neologismos, de que dá exemplos abundantes: *Norekdal*, *Maistollmütz*, *Autodidasker*, *Erzefilisch*. E indica que tais deformações léxicas, tão frequentes na paranoia assim como na histeria e nas obsessões, encontram sua fonte comum nas brincadeiras linguísticas infantis, nas quais, tratando as palavras como objetos, as crianças inventam novas linguagens e formas sintáticas. É precisamente na ocorrência dessas formações léxicas carentes de sentido, que aparecem nos sonhos, que Freud indica a exemplificação princeps do trabalho do sonho em termos de condensação.

Além do surgimento desses verdadeiros neologismos, ele observa que também pode ocorrer nos sonhos alguma palavra que "não é em si mesma, sem sentido, mas que perdeu seu significado próprio e combina diversos outros significados com os quais está relacionada da mesmíssima forma que estaria uma palavra 'sem sentido'".[127] Valiosa, tal observação freudiana ressalta o aspecto puramente significante característico das formações do inconsciente, e exibe dois tipos diferentes de palavras nos sonhos, que se revelam compatíveis com aqueles dois modos princeps de produção de chistes que já pudemos depreender da leitura do livro dos chistes.

Recordemos que pudemos destacar, na detalhada sistematização que Freud fornece dos tipos de chistes, dois grandes grupos nos quais podem ser inseridos todos os diferentes tipos de chistes. O primeiro é aquele em que se tem a produção de um neologismo formal, ou seja, um novo significante a partir da condensação de dois sentidos distintos: é o famoso exemplo do *familionário*, termo que condensa a um só tempo *familiar* e *milionário*. Já no segundo, opera-se o mecanismo inverso, ou seja, a partir de um único significante determinado obtém-se a distinção de dois sentidos, como por exemplo no caso do *"Le roi n'est pas sujet"*.

Ora, nos sonhos, trata-se da mesma estrutura apontada por Freud em relação aos chistes. O primeiro mecanismo, que é a produção de um neologismo, está presente no exemplo do sonho de *Norekdal*, condensação de *Nora* e *Ekdal*, personagens de duas peças de Ibsen. O segundo, que é o mecanismo inverso, isto é, a produção de dois sentidos distintos a partir da divisão de um único significante, vemos no exemplo do sonho de um menino de dez anos em que o termo "categoria" significava "órgãos genitais femininos" e "categorizar" significava "urinar".

Ressalte-se o importante comentário que Freud fará bem mais à frente, após ter inventariado os quatro processos "anormais" aos quais os pensamentos oníricos são submetidos no decurso do trabalho do sonho — a condensação, as representações intermediárias, os chistes e a combinação das contradições:

> A principal característica desses processos é que toda a ênfase recai em tornar móvel e passível de descarga a energia de investimento; *o conteúdo e o significado intrínseco dos elementos psíquicos a que se ligam os investimentos são tratados como coisas de importância secundária*.[128]

Não se poderia encontrar melhor explanação do que essa para aquilo que Lacan chama de primazia do significante.

## 4. O objeto perdido do desejo

*Das Ding* e objeto *a*

Toda a elaboração freudiana da sexualidade parte de uma premissa que foi resgatada por Lacan: no cerne da sexualidade humana figura uma falta de objeto. Quando Freud desenvolve o conceito de pulsão, um dos quatro elementos que a compõem,[1] o objeto, é definido por ele como sendo variável, o que é uma maneira de dizer que todo e qualquer objeto pode ocupar o lugar de objeto da pulsão. No seminário *Os quatro conceitos fundamentais da psicanálise*, Lacan destaca essa passagem do texto freudiano sobre "As pulsões e suas vicissitudes": "Para o que é do objeto da pulsão, que bem se saiba que ele não tem, falando propriamente, nenhuma importância. Ele é totalmente indiferente".[2] Lacan deu um nome a essa falta — objeto *a* — e afirmou, ainda, que esse objeto *a* tinha sido a sua única invenção teórica. Para Lacan, o objeto *a* é "apenas a presença de um cavo, de um vazio, culpável, nos diz Freud, por não importa que objeto, e cuja instância só conhecemos na forma de objeto perdido, *a* minúsculo".[3]

O termo grego *agalma*, "que significa ornamento, tesouro, objeto de oferenda aos deuses ou, de modo mais abstrato, valor",[4] e que designa todo tipo de objeto precioso, representa o núcleo da conceituação lacaniana do objeto *a*. Como observa Christiane Lacôte, *agalma* vem de *agallein*, que significa ao mesmo tempo ornar e honrar e, no período clássico, designava aqueles objetos de trocas e transmissões míticas, como o tripé dos Sete Sábios, ou objetos mágicos, como o velocino de ouro. No seminário *A transferência*, Lacan irá comentar, a respeito do *Banquete* de Platão, que o que Alcibíades deseja em Sócrates é esse *agalma*, que Sócrates sabe que não tem e, por isso, designa-lhe Agatão como objeto de seu desejo. O *agalma* representa, assim, o caráter sumamente enigmático do objeto do desejo e sua relação com o real da falta.

O objeto *a* é um objeto faltoso, ou, nos dizeres de Freud, para quem o encontro do objeto é sempre um reencontro, é um objeto perdido que o sujeito busca reencontrar. Mas trata-se, com efeito, de um objeto que não existe enquanto tal, e, para frisar essa inexistência, Lacan durante algum tempo chegou a chamá-lo de objeto negativo. Mas, se o objeto *a* se define por ser um objeto que não existe, como é possível falar dele como objeto causa do desejo, senão na medida mesma em que o desejo mantém uma relação absolutamente estrita com a falta?

Vê-se que, a rigor, é preferível falar do objeto *a* como causa do desejo e não como objeto do desejo,[5] pois o objeto *a* funciona como um verdadeiro motor, como causa da própria estrutura do desejo. No seminário *R.S.I.*, Lacan situou o objeto *a* precisamente na região de interseção entre real, simbólico e imaginário do nó borromeano; desse modo, vemos não só que ele participa simultaneamente dos três registros que constituem a estrutura, como também que ele representa o lugar — a rigor, inapreensível — do próprio nó que a amarra borromeanamente.

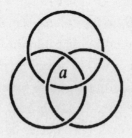

Assim, o objeto *a* tem várias aparências imaginárias — grafadas por Lacan como i(*a*), ou seja, imagens de *a* —, que podem ser construídas para cada sujeito por intermédio do simbólico, dos significantes do Outro referentes às inserções históricas singulares de cada um. Mas a dimensão que mais importa e que o configura propriamente enquanto objeto *a* é o seu estatuto real, que lhe confere sua ex-sistência — ex-sistência que designa o que está fora do registro do simbólico. E o nome dessa dimensão real do objeto *a*, Lacan empenhou-se em mostrar que foi chamado por Freud de *das Ding*, a Coisa. (A própria linguagem coloquial, ao utilizar nomes de animais, muitas vezes repulsivos, para designar os órgãos genitais masculinos (pinto, cobra) e femininos (barata, aranha), parece apontar que há uma dimensão inerente ao sexo de Coisa real, de *troumatisme*, que escapa ao simbólico.)

Assim, embora o objeto *a* participe simultaneamente dos três registros, seu pertencimento ao registro do real, *das Ding*, é o que se revela como prevalente na estrutura, pois *das Ding* implica a representificação, na estrutura, do real originário, sem nome e sem imagem. Lacan fala, nesse sentido, que *das Ding* é "essa Coisa, o que do real primordial padece do significante".[6]

Lacan dedicou várias aulas de seu seminário *A ética da psicanálise* a abordar *das Ding* no texto freudiano. Distinguindo inicialmente os termos alemães *das Ding* e *die Sache*, mostrou que os termos *Sache* (coisa) e *Wort* (palavra) formam um par — daí Freud falar de *Sachvorstellurg* (representação-coisa) e *Wortvorstellung* (representação-palavra) —, ressaltando que há uma relação entre coisa e palavra. Nesse sentido, *Sache* é "a coisa, produto da indústria ou da ação humana enquanto governada pela linguagem". Quanto a *das Ding*, trata-se de algo diverso, pois "o que há em *das Ding* é o verdadeiro segredo".[7]

Para abordar *das Ding*, Lacan retoma a seção do texto de Freud "Projeto para uma psicologia científica" (1895) sobre "O recordar e o julgar", para ressaltar nela o complexo do *Nebenmensch*, emanado para o *infans* a partir do ser humano que dele cuida, seu semelhante (ou seu próximo), que revela esse objeto inicial como sendo "simultaneamente o primeiro objeto-satisfação e o primeiro objeto hostil, assim como o único poder auxiliador".[8] É, desse modo, sobre o próximo que o ser humano aprende a discernir e o objeto inicial será, assim, dividido em duas partes distintas: uma que diz respeito aos complexos de percepção novos e incomparáveis, como os traços na esfera visual; e outra, que se refere aos complexos perceptivos passíveis de serem reconhecidos pelo sujeito por suas próprias vivências, como as percepções visuais dos movimentos das mãos ou o grito.

Freud dirá então que "o complexo do próximo (*Nebenmensch*) se separa em dois componentes, um dos quais se impõe por um aparelho constante, se mantém coeso como uma *coisa* (*Ding*) *do mundo*, ao passo que o outro é *compreendido* por um trabalho mnêmico",[9] referente a alguma informação do corpo próprio do sujeito. Lacan observa, a esse respeito, que *das Ding* é o elemento que vem a ser "isolado pelo sujeito em sua experiência do *Nebenmensch* como sendo, por sua natureza, estranho, *Fremde*".[10]

Lacan destaca que é em torno desse objeto, que ocupa para o sujeito o lugar do primeiro exterior, de uma impressão à qual nada no campo das percepções pode corresponder, que se orienta todo seu encaminhamento desejante. É esse objeto, *das Ding*, que representa o Outro absoluto para o sujeito, que se trata no fundo de reencontrar. Mas esse objeto é, por sua natureza, perdido como tal e jamais será reencontrado. Como aponta Moustapha Safouan, o modelo erógeno de Freud, o do beijo que o bebê queria receber de seus próprios lábios, mostra que "não é a separação em relação ao objeto que engendra a procura", mas que "se trata de uma divisão que está na raiz do investimento e da constituição do objeto e que faz com que encontrar esse objeto seja sempre reencontrá-lo... sem encontrá-lo". Ao contrário, este objeto é um "objeto *fundamentalmente* perdido, cuja perda é sinônimo de sua própria objetividade".[11]

Lacan assinala quanto a isso que esse objeto não foi realmente perdido pelo sujeito e, por isso, veremos que não se trata de situá-lo, como o fez Melanie Klein, enquanto a mãe, pois a mãe é o objeto que vem ocupar, de modo privilegiado na vida de cada sujeito, o lugar do objeto faltoso. Trata-se, outrossim, de que, por meio dos sucessivos reencontros, o objeto surge sempre como algo que foi perdido, como Outra coisa: "A Outra coisa é, essencialmente, a Coisa".[12] Desse modo, o caráter real, faltoso, da Coisa comparece sempre a cada vez que o sujeito reencontra o objeto.

Como vimos, o núcleo do inconsciente é constituído por essa falta originária de objeto e é em torno desse furo que, tal como num novelo de lã em que o fio circunda o furo, o inconsciente se estrutura como linguagem. Tem-se assim designados dois aspectos diversos do inconsciente: real, o furo; e simbólico, a linguagem; e ambos os aspectos estão intimamente articulados.

Lacan, em seu seminário *R.S.I.*, insistiu sobre o fato de que aquilo que Freud introduziu como sendo o recalque originário tem a estrutura mesma do furo, daí ele ter falado do trauma como *troumatisme*, neologismo criado por ele, que associa o trauma ao próprio furo, *trou*. Pois, como diz Lacan, ninguém sabe o que é um furo, ainda que a respeito dele falemos dos orifícios corporais pré-edipianos, ou ainda, de algo inteiramente não representável — a morte.[13] Nesse sentido, podemos nos interrogar, com Charles Melman, a respeito do objeto *a*, se ele "constitui um *urverdrängt* um recalcado originário",[14] então, podemos fazer a conjectura de que aquilo que constitui essencialmente o furo real do inconsciente, em torno do qual o inconsciente se estrutura como linguagem, como simbólico, é essa falta de objeto originária — o objeto da pulsão, objeto *a*.

## O impossível não é o proibido: *das Ding* não é o objeto materno

Com a ênfase posta sobre o objeto perdido do desejo enquanto Coisa, *das Ding*, e a nomeação do objeto causa do desejo como objeto *a*, uma importante distinção veio a ser introduzida por Lacan no que diz respeito à possibilidade de diferenciar o objeto faltoso da espécie humana e o objeto perdido da história de cada sujeito. O objeto perdido da história de cada sujeito, objeto *a*, pode ser reencontrado nos sucessivos substitutos que o sujeito organiza para si em seus deslocamentos simbólicos e investimentos libidinais imaginários. Mas nesses reencontros, por trás dos objetos privilegiados de seu desejo, o sujeito irá sempre se deparar de forma inarredável com a Coisa faltosa da espécie humana; o que significa que se trata sempre, nos reencontros com o objeto, da repetição de um encontro faltoso com o real, maneira pela qual Lacan define a função da *tiquê*, que vigora por trás do *autômaton* da cadeia simbólica.[15]

Assim, há uma diferença que necessita ser relevada entre estrutura e história, ou, dito de outro modo, entre a pré-história e a história. Nos termos freudianos, trata-se da distinção entre a filogênese e a ontogênese, distinção que Freud sempre manteve viva em sua obra e que parecia poder enriquecer, para ele, uma concepção científica do inconsciente.

Tal distinção, aplicada no contexto da relação de objeto, é aquela entre *das Ding* e o objeto materno. Lacan apenas insinua, no seminário *A ética da psicanálise*, que um grande erro dos psicanalistas teria sido o de estabelecer a confusão, em suas teorias sobre a relação de objeto, entre *das Ding*, o objeto radicalmente perdido, origem da falta ôntica da estrutura, e a mãe, objeto ao qual o sujeito deverá renunciar em sua história edípica particular. Ele fala aí do "mito kleiniano da mãe", e aponta que "a articulação kleiniana consiste nisto — ter colocado no lugar central de *das Ding* o corpo mítico da mãe".[16]

A confusão entre *das Ding* e o objeto materno não é desprovida de razões, uma vez que o objeto materno apresenta o poder de funcionar para o sujeito como se fosse o objeto perdido da estrutura, comparecendo como o primeiro objeto que vem ocupar o lugar deste. O próprio Freud sublinhou o quanto o objeto materno se apresenta como podendo ocupar o lugar do objeto perdido da estrutura, devido a seu elevado poder de satisfação, não só para o bebê como também para a própria mãe: "Somente as relações entre mãe e filho são capazes de dar à mãe uma plenitude de satisfação, pois, de todas as relações humanas, são as mais perfeitas e as mais desprovidas de ambivalência".[17]

No entanto, confundir *das Ding* com o objeto materno significa subtrocar o âmbito do impossível pelo do proibido, isto é, significa fazer aquilo que bem se deveria chamar de uma leitura normativizante da descoberta psicanalítica. Significa, outrossim, degradar o alcance da descoberta freudiana para um nível em que a psicologização imaginária obtém grandes vantagens, na medida em que se torna possível conceber a direção do tratamento como a normativização do sujeito a partir do Édipo.

Lacan, nesse sentido, chegou a comentar que o Édipo era um sintoma de Freud, isto é, uma forma de repertoriar o campo do impossível a partir da estrutura já instalada no campo edípico. A definição que Lacan fornece do mito, em *Televisão*, ajuda a entender que o mito edipiano seja a melhor forma de se ter acesso a essa dimensão do impossível: "O mito é a tentativa de dar forma épica ao que se opera da estrutura";[18] isto é, o mito só faz dar um contorno poderoso ao fato estrutural, de forma a torná-lo mais visível.

Lacan sublinha que "a orientação do sujeito humano em direção ao objeto" é fundada pela "tendência a reencontrar".[19] *Das Ding* é o objeto perdido desde sempre, ou seja, trata-se de uma perda relativa à história da espécie e não à história dos indivíduos da espécie. A tendência ao reencontro é produzida estruturalmente pela perda originária, pela falta ôntica que é constitutiva do sujeito humano como tal. Porque o objeto materno vem ocupar o lugar-tenente de *das Ding*, é ele que representará na história do sujeito o ponto de confluência dessa tendência ao reencontro. Mas o objeto materno não pode ser confundido com *das Ding*, sob pena de se estabelecer uma confusão que acabará desembocando numa concepção normativizante da subjetividade e, além disso, numa concepção de direção do tratamento cujo objetivo se torna o de retificar a relação originária do sujeito com esse objeto.

Mas Lacan veio mostrar igualmente que Freud conceituou a pulsão numa referência justo a esse impossível e não ao proibido: pois se, como afirma Freud, "há algo na natureza mesma da pulsão que está fadado à insatisfação",[20] a satisfação absoluta está desde sempre votada ao regime do impossível. A satisfação, ainda que permitida, ainda que sendo levantadas as proibições, será sempre parcial, será sempre não-toda, para utilizar uma expressão cara a Lacan e que percorre muito de sua obra. Lacan enfatizará a esse respeito "o nó estreito do desejo com a Lei"[21] e dirá que "todo aquele que avança na via do gozo sem freios, em nome de qualquer forma que seja de rejeição da moral, encontra obstáculos cuja vivacidade sob inúmeras formas nossa experiência nos mostra todos os dias, e que, talvez, não deixam de supor algo único na raiz".[22]

É precisamente sobre essa raiz de que fala Lacan que é necessário refletir. Ela diz respeito à necessidade de haver transgressão para que haja acesso ao gozo, pois a Lei se revela necessária ao gozo ao degradar o impossível em jogo no gozo para o campo do proibido.

Do mesmo modo, o que significa a própria definição freudiana da força da pulsão como força constante, senão que essa *Drang* em jogo na pulsão se revela surpreendentemente como algo inesgotável? Que sua força provém de algo que está para sempre negativizado e que insiste em tentar se positivizar a partir dessa negatividade? E que, portanto, a própria manutenção da constância dessa força está relacionada com a impossibilidade de atingimento do alvo, a satisfação completa?

Ora, o incesto comparece na história do sujeito enquanto proibido *porque* ele é estruturalmente da ordem do impossível: porque simplesmente não há tal objeto que seria o objeto do gozo absoluto. O tabu do incesto é o nome dado pela cultura ao impossível que está em jogo o tempo todo para a sexualidade humana; pode-se até mesmo supor que, por outro lado, ele vem amenizar o impacto traumático, produzido pelo fato de simplesmente não haver tal objeto, afirmando que há, sim, mas que é proibido.

Isso equivale a dizer, retomando a distinção entre recalque e repressão que abordamos no início desta obra, que o recalque é efeito da estrutura e não pode ser abolido por qualquer atitude que se pretenda desrepressiva. Como observa John Rajchman em sua excepcional abordagem da ética psicanalítica, "o recalque não é uma proibição que por acaso incida sobre as inclinações naturais que possamos conceber como imperativos hipotéticos".[23] Este é o grande engodo em que recaem algumas leituras psicanalíticas, que pretendem suspender a repressão como forma de liberação, supondo que o gozo não é limitado pelo impossível. Claro que Freud sustentou em sua época que a repressão sexual podia e devia ser amenizada, mas isso de modo algum impede que o recalque compareça necessariamente como algo estrutural: como vimos, a conjectura mais abrangente de Freud é de que o recalque originário é o efeito, na história individual, do recalque orgânico produzido na espécie.

Se há uma outra saída que não seja a do recalque, esta não consiste na desrepressão, mas unicamente na sublimação. A sublimação se revela, assim, como um conceito imprescindível para a teoria freudiana, pois é ela que dá à pulsão seu verdadeiro estatuto — o de a pulsão estar referida essencialmente ao impossível e não ao proibido. Nesse sentido, Lacan esclarece, no seminário *A ética da psicanálise*, que "a sublimação, que confere ao *Trieb* uma satisfação diferente de seu alvo — sempre definido como seu alvo natural —, é precisamente o que revela a natureza própria ao *Trieb* uma vez que ele não é puramente o instinto, mas que tem relação com *das Ding* como tal, com a Coisa dado que ela é distinta do objeto".[24]

## Amor, desejo e gozo

Com o advento da postura ereta na espécie humana, o sujeito humano assim fundado pela linguagem daí consequente passou a estar progressivamente dividido, e muitas vezes dilacerado, entre o desejo e aquilo que seria uma conquista posterior da espécie, o amor. A nova forma de coito ventro-ventral, com a troca de olhares e de carícias dela decorrente, acrescentou gradativamente à experiência sexual a possibilidade de expressão de poderosos componentes afetivos que, de outro modo, só seriam externalizados em contextos não sexuais, como as relações entre a mãe e seus bebês.[25]

Contudo, a associação do sexual ao afetivo não impediu que esses dois registros permanecessem essencialmente diferentes e mobilizassem aspectos psíquicos diversos. A melhor forma de se tentar compreender essa dicotomia, e mesmo esse antagonismo entre desejo sexual e amor, é, também aqui, utilizar a tripartição lacaniana de real-simbólico-imaginário.[26]

A lógica do encontro desejante e amoroso pode ser esquematizada de acordo com a seguinte ordenação:

• De saída, o sujeito se acha absolutamente desprovido de indicação de objeto sexual. Essa é a condição inicial, primordial da sexualidade humana, na medida em que o objeto que estabelecia univocamente o modo de trocas sexuais foi perdido em algum momento da evolução da espécie (já vimos o quanto a perda do olfato como esse elemento unívoco, perda consequente ao advento da postura ereta, parece ter tido papel preponderante nesse estádio da evolução da espécie). Essa condição é o que se pode denominar de real originário e é aquela que responde pelos avatares tão particulares que a sexualidade humana apresenta. Ela se define pela concepção lacaniana do real como aquilo que não cessa de não se escrever e é a partir dela que todas as etapas posteriores se desencadeiam. Esse é o nível do impossível, que define a essencialidade da estrutura do desejo: o objeto do desejo não existe, ou, dito de outro modo, o objeto como real não cessa de não se escrever.

• O encontro do parceiro se dará, para cada sujeito, pelas vias daquilo que constitui o regime simbólico da estrutura, através do discurso do Outro, e pela contingência (histórica, social, cultural etc.), fundamentalmente simbólica, na qual cada sujeito se inscreve. Esse regime altera o regime anterior e produz uma afirmação, que recusa a negação insistente do real originário: o objeto como simbólico é aquele que cessa de não se escrever, ele passa a comparecer. Apenas, tal comparecimento é precário e fugaz, ele se afirma, mas de um modo que ainda não é definitivo e pode ser alterado. O objeto no campo do simbólico introduz uma referência na relação que o sujeito mantém com o objeto, mas não basta, contudo, para estancar o acentuado deslocamento metonímico do objeto do desejo. A linguagem popular é exímia em retratar essa capacidade do desejo de investir em objetos variados, como nas expressões populares "Não tem tu, vai tu mesmo!" e "Depois das duas da madrugada, todos os gatos são pardos...".

• É nesse ponto que entra em jogo o regime imaginário da estrutura, isto é, aquele que pretende estabilizar a escolha objetal que, de outro modo, permaneceria impossível (regime real) ou incerta e lábil (regime simbólico). Esse regime imaginário também vem alterar o anterior, e produz uma afirmação que não só recusa a negação do real originário (tal qual o simbólico), como também recusa a fugacidade e a precariedade do objeto contingencialmente instaurado pelo regime simbólico: o objeto como imaginário é aquele que não cessa de se escrever, ele se alça à categoria do necessário.

O seguinte esquema geral pode ilustrar essa tripla inscrição (borromeana) do objeto do desejo:

O objeto perdido do desejo

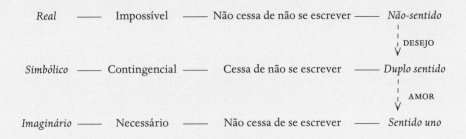

O amor visa produzir a passagem do que cessa de não se escrever para o que não cessa de se escrever. É nessa região de intercessão entre os regimes simbólico e imaginário que o amor se inscreve e, sendo assim, o amor é essencialmente produção de sentido. Por isso, o amor é não só produtor de um discurso fragmentado,[27] porque infinitizado, como também constitui um legítimo estilo literário, a correspondência amorosa: o amor exige reciprocidade, exige "correspondência", o que leva Lacan a afirmar que "amar é querer ser amado".

Mais essencialmente, o amor visa produzir sentido para fazer face à falta de sentido radical inerente ao regime do real originário, por isso Lacan afirma que "o amor nada tem a ver com a relação sexual".[28] Esse regime do real originário é de fato o regime do desejo enquanto tal, no que este se relaciona de modo primordial com *das Ding*, o objeto faltoso da estrutura. Nesse sentido, amor e desejo se opõem de modo bastante radical: o amor é uma tentativa de resposta exitosa do sujeito à falha inerente ao desejo, pois o amor não admite essa falha, ele quer preenchê-la a todo custo e "dar à relação sexual, a esse termo que manifestamente escapa, o seu significado".[29]

O aforismo lacaniano de que o amor "vem em suplência à relação sexual"[30] serve para designar que não é outra a configuração do amor senão a de constituir um a partir de dois, produzir o parceiro absoluto, necessário e imprescindível. O cara-metade, na linguagem popular, designa precisamente o objeto que completa, que complementa e estanca o movimento desejante: "*Nós dois somos um só*. Todo mundo sabe, com certeza, que jamais aconteceu, entre dois, que eles sejam só um, mas, enfim, nós dois somos um só. É daí que parte a ideia do amor".[31]

O exame pré-histórico da linguagem traz subsídios interessantes nesse sentido, pois a etimologia mais arcaica do termo "amor" em inglês, *love*, oriundo do termo da protolinguagem nostrática (reconstruída recentemente e falada há 14 mil anos), *luba*, que designava a "sede", já transmite essa ideia de uma necessidade imperiosa e vital inerente ao amor.[32] Vê-se que a dualidade freudiana de Eros e Anankê (amor e fome) encontra raízes de linguagem muito profundas.

Esse esquema geral pode ser ampliado com os seguintes novos elementos:

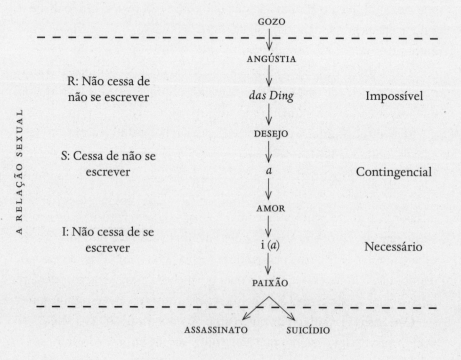

O gozo absoluto está totalmente fora da estrutura psíquica, ele não se inscreve de maneira alguma, pois a constituição do sujeito como sujeito da linguagem implica precisamente a perda desse gozo. O que se inscreve, na estrutura, no lugar do gozo absoluto, é a angústia, na qual a proximidade de *das Ding* é sentida pelo sujeito. Na angústia, o sujeito está vivenciando o registro do real; por isso, no seminário *A angústia*, Lacan afirma não só que a angústia é o afeto por excelência como também que o melhor remédio para a angústia é o desejo. Pois o desejo reintroduz, para o sujeito, a referência à falta originária da estrutura.

Mas o desejo, na medida em que está eminentemente articulado às cadeias significantes do registro do simbólico, implica uma referência instável, porque contingencial, ao objeto — no sentido, por exemplo, daquilo que diz o provérbio chinês: "Só se deseja aquilo que se vê". Dito de outro modo, nesse nível o objeto é encontrado, mas ele pode ser tanto esse, quanto aquele, ou mesmo aquele outro... O objeto, aqui, passou do nível anterior do impossível ao nível do contingencial, isto é, ao nível de algum possível de se escrever, mas não se constitui como um objeto exclusivo, pois muitos outros podem ocupar junto ao sujeito um lugar semelhante. Assim, as garantias de homeostase trazidas por esse nível simbólico são mínimas, e o sujeito precisará transformar aquilo que foi mero encontro contingencial com *um* parceiro no encontro com *o* parceiro que visa preencher a falta inerente ao desejo.

É nesse ponto que entra em cena o amor como aquilo que visa transformar aquela referência objetal, instável e contingencial em algo da ordem do necessário. Se o encontro entre os parceiros se dá sempre pelas vias da contingência, por outro lado o amor pretende proporcionar uma estabilidade na referência a um determinado objeto, eleito dentre todos os inúmeros objetos do desejo para ocupar o lugar de objeto exclusivo.

No seminário *Os escritos técnicos de Freud*, Lacan situa aquilo que denomina de as três paixões fundamentais em sua relação com os três registros — real, simbólico e imaginário. Embora ainda não tenha nesse momento concebido sua articulação borromeana indissolúvel, Lacan situará essas três paixões enquanto verdadeiras interseções parciais dessa articulação: o amor se situa na junção do simbólico e do imaginário; o ódio, na junção do imaginário e do real; e a ignorância, na junção do real e do simbólico.[33]

Decorre daí que, no amor, o real é elidido, pois o amor é uma produção de sentido que elide o não senso inerente ao real (o amor desconhece o tempo e a morte); ao passo que no ódio, trata-se da elisão do simbólico, pois nele as palavras perdem sua função de mediação salutar entre os sujeitos (como na agressão e na guerra, em que os pactos e tratados fracassam); e, na ignorância como paixão, tem-se a elisão do imaginário, ou seja, o desconhecimento é radical e a falta de sentido predomina.

| Amor | S-I//R | Completude | Um e outro |
| --- | --- | --- | --- |
| Ódio | I-R//S | Exclusão | Um ou outro |
| Ignorância | R-S//I | Desconhecimento | Nem um nem outro |

Embora todas as três sejam paixões que se manifestam na transferência, Lacan sublinha que seu principal pivô, a ignorância como paixão, não é comumente incluído no rol dos componentes primários da transferência: "O sujeito que vem para a análise se coloca, entretanto, como tal, na posição daquele que ignora. Nenhuma entrada possível na análise sem essa referência".[34] É dessa posição fundamental de ignorância que Lacan irá extrair sua concepção da transferência como calcada no sujeito suposto saber. A transferência pode ser, assim, concebida à imagem de um tripé — amor, ódio e ignorância — cujo eixo central é produzido pela posição de ignorância do analisando na relação com o psicanalista no lugar de sujeito suposto saber. Se o amor e o ódio representam, para Freud, as duas vertentes que designam a transferência positiva e negativa, a ignorância indica o lugar de terceiro próprio para ser ocupado pelo psicanalista. Na direção do tratamento, o psicanalista desloca gradativamente o analisando de seu lugar de ignorância como paixão do próprio desconhecimento, e, ocupando um lugar de douta ignorância (diferente do de paixão da ignorância ocupado pelo analisando), permite a análise da transferência em suas manifestações positiva e negativa.

A paixão amorosa, por sua vez, exacerba esse sentimento inerente ao amor, de que se trata de uma complementaridade entre dois sujeitos. Por isso, a paixão não correspondida tem muitas vezes, no seu horizonte, o crime passional — o assassinato —, que para Lacan é a única maneira de atingir, ilusoriamente, a relação sexual, com a eliminação radical da diferença do desejo do Outro, o qual sempre introduz, naturalmente, em toda relação, alguma forma de castração. Desse modo, o polo inicial do gozo absoluto, situado fora da estrutura psíquica, revela seu aspecto mortífero e sua relação indissociável com a pulsão de morte, pois a ilusão de seu atingimento e de sua perda se ilustra pelo assassinato passional e, é claro, também pelo suicídio — explicitando que o gozo absoluto está fora da Lei.

A teoria das pulsões pode ser, assim, mais bem compreendida se observarmos que enquanto as pulsões sexuais (pulsões de vida) têm como objeto o objeto *a* com suas roupagens imaginárias, i(*a*), a pulsão de morte tem como objeto *das Ding*. Ocorre que, por trás de todo e qualquer objeto para o qual se volta a pulsão sexual, o que é sempre visado é *das Ding*:

Pulsão sexual ( -----> Pulsão de morte) ——> Objeto i(*a*) ( -----> das *Ding*)

Freud já afirmava que a pulsão de morte opera em silêncio, seus processos não aparecem tão nitidamente quanto os das pulsões sexuais, mas é preciso perceber que é subjacente às pulsões sexuais que a pulsão de morte se movimenta para seu objetivo, *das Ding*. A pulsão de morte só aparece, de modo manifesto, na ocorrência do que foi denominado por Freud de desfusão pulsional, nos processos acentuadamente patológicos, como, por exemplo, nas toxicomanias graves, nos quais o sujeito se empenha na obtenção do impossível gozo absoluto a qualquer preço, sem a mediação dos processos sexuais.

Ainda sobre a oposição entre amor e desejo, pode-se observar que, na análise, a regra de abstinência, que impede as trocas sexuais entre analista e analisando, tem como corolário precisamente o fato de produzir o advento do amor de transferência, forma de se evidenciar clinicamente que o amor é aquilo que vem em suplência à inexistência da relação sexual.

*O princípio de prazer* (2)

*Os amantes* (1)

*A grande guerra* (4)

*O bilhete postal* (3)

Magritte e a acefalia
inerente ao desejo.

*A ideia* (5)

Um grupo de telas de René Magritte pode ilustrar, com a maestria e a precisão de que o grande artista é capaz, a questão do desejo. *Os amantes* (1), de 1928, apresenta dois rostos de homem e mulher cobertos por um pano, figurando com enorme simplicidade a acefalia inerente ao desejo como tal: os amantes não se veem e não podem ser vistos pelo parceiro, e é isto o que define sua própria condição de amantes. Rostos encapuzados mas estreitados um ao outro — ou, talvez, estreitados precisamente por causa da incógnita que não os desvela diante do outro. O objeto está velado para os amantes e essa dimensão lhes é inerente.

Em *O princípio de prazer* (2), de 1937, tela bastante explícita já no título de inspiração freudiana, vê-se um homem cuja cabeça é uma luz incandescente como a de um diminuto sol: o calor do desejo irradia uma luz tão poderosa que produz acefalia. O tema da acefalia ligada de modo intrínseco ao desejo surge, de forma igualmente poderosa, em três telas nas quais a maçã do desejo aparece associada, de algum modo, à cabeça humana. Essas telas desenvolvem a mesma concepção básica, ao mesmo tempo que parecem evoluir no sentido de depurá-la: em *O bilhete postal* (3), de 1960, pesa sobre a cabeça do homem (que está situado de costas para o observador da tela vendo a paisagem montanhosa), qual uma espada de Dâmocles, uma gigantesca maçã. A maçã — o desejo — dominou toda a paisagem e tudo ficou pequeno diante dela. Só ela importa. Já em *A grande guerra* (4), de 1964, o rosto surgirá completamente coberto pela maçã. E em *A ideia* (5), de 1966, a cabeça humana desaparece e cede lugar à própria maçã. Só o desejo restou.

## Sublimação: conceito imprescindível

O termo *Sublimierung* foi introduzido por Freud no vocabulário psicanalítico designando "um processo que explica as atividades humanas sem qualquer relação aparente com a sexualidade, mas que encontrariam o seu elemento propulsor na força da pulsão sexual".[35] Uma pulsão acha-se sublimada precisamente quando visa um novo alvo não sexual ou objetos socialmente valorizados. Assim, para Freud, as atividades sublimatórias são constituídas eminentemente pela atividade artística, pela investigação intelectual e pelas práticas esportivas.

Contudo, as indicações freudianas sobre a sublimação são pontuais e não chegam a constituir uma "teoria coerente",[36] o que não impede que o termo "sublimação" seja usado com grande frequência pelos psicanalistas, ainda que muitas vezes distorcendo alguns dos achados mais fundamentais de Freud e transformando-o no estandarte de uma teoria que tem por objetivo a normatização da sexualidade. A teoria freudiana, no entanto, não autoriza esse reducionismo psicologizante e o conceito de sublimação requer ser apreciado em sua sutil complexidade.

Uma enquete terminológica surge aqui, como na maioria das vezes, como algo bastante apropriado. O termo *sublimis* significa, no latim, segundo Ernout/Meillet, "aquilo que vai se elevando, que se mantém no ar"; deriva do adjetivo *limus* ou *limis*, "oblíquo, que olha de lado ou atravessado, que sobe em linha oblíqua ou em ladeira". Para J.P. Machado, igualmente, *sublimare* significa "elevar, exaltar, glorificar", ao passo que "sublime" designa aquilo que está "suspenso no ar, que está no ar; alto, elevado". *Sublimitate*, sublimidade, significa "altura, elevação, grandeza; elevação do estilo". Segundo A.B. de Holanda, sublimar significa "erguer à maior altura, elevar à maior perfeição".

Destaque-se, de saída, que todas as acepções do termo "sublimar" remetem a essa ideia de ascensão, de verticalidade (e de transcendência, portanto) em jogo na própria aquisição pela espécie humana da postura ereta; esta como que produziu, simultaneamente ao advento do recalque orgânico, algo que se poderia denominar uma sublimação originária, pois o próprio advento do funcionamento pulsional, na espécie humana, é correlato ao advento de uma plasticidade sexual que é inerente à sublimação:

O objeto perdido do desejo

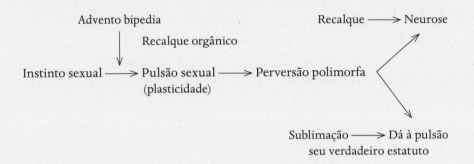

Faremos um ligeiro percurso através da sublimação em Freud, de modo a destacar os seguintes elementos centrais desse conceito:

• A sublimação é um desvio do sexual para o não sexual — elemento que, por si só, remete à própria concepção freudiana da sexualidade. Ela é também um desvio da perversão para o social.

• O termo "desvio" surge frequentemente em Freud para falar da sublimação, e isso em idêntica proporção ao uso do termo "afastar" para se referir ao recalque: "A essência do recalque consiste simplesmente em afastar determinada coisa da consciência, mantendo-a à distância".[37] O afastar está para o recalque assim como o desvio está para a sublimação: afastar-se de algo implica mantê-lo no próprio horizonte como referência, ao passo que desviar-se implica ir mais além.

• A sublimação tem seu protótipo na formação reativa do período de latência.

Em "O caso Dora" (1905), Freud afirma que não é possível empreender o tratamento de um caso de histeria sem mencionar assuntos sexuais: *"pour faire une omelette il faut casser des oeuf"* (para fazer um omelete é preciso quebrar os ovos), assim como já havia dito, também em francês (!), que *"j'appelle un chat un chat"* (chamo um gato de gato), para se referir à necessidade de nomear abertamente os órgãos e funções do corpo. Freud prossegue mostrando como o analista deve "pôr de lado seus próprios gostos" para poder abordar determinado fator da vida sexual do paciente. E ao tocar nas perversões, comenta:

A vida sexual de cada um de nós se estende ligeiramente — ora numa direção, ora noutra — além das estreitas linhas impostas como padrão de normalidade. As perversões não são bestiais nem degeneradas no sentido emocional da palavra. São desenvolvimentos de germes, todos eles contidos na disposição sexual indiferenciada da criança e que, suprimidos ou desviados para objetivos assexuais mais elevados — "sublimados" —, destinam-se a fornecer a energia para um grande número de nossas realizações culturais.[38]

Nessa brevíssima menção à sublimação, já se vê surgirem os principais elementos que continuarão sendo os principais aspectos de sua definição para Freud: o desvio para objetivos assexuais de elementos perversos da sexualidade.

No primeiro dos *Três ensaios sobre a teoria da sexualidade*, o termo "sublimação" aparece quando Freud aborda a relação entre o tocar e o olhar:

A visão é uma atividade que, em última instância, deriva do tato. As impressões visuais continuam a ser o caminho mais frequente ao longo do qual a excitação libidinal é despertada; com efeito, a seleção natural conta com a acessibilidade deste caminho (se é permissível tal forma teleológica de afirmação) quando ela encoraja o desenvolvimento da beleza no objeto sexual. O esconder progressivo do corpo, que acompanha a civilização, mantém desperta a curiosidade sexual. Esta curiosidade busca completar o objeto sexual revelando suas partes ocultas. Pode, contudo, ser desviado ("sublimado") na direção da arte, se seu interesse puder ser deslocado dos órgãos genitais para a forma do corpo como um todo.[39]

Nessa passagem, portanto, o termo "sublimar" aparece como um verdadeiro sinônimo de "desviar": desviar do sexual para o não sexual, desviar dos órgãos genitais para a forma estética do corpo.

No segundo dos *Três ensaios*, Freud abre dois subitens importantes. No primeiro, "As inibições sexuais", é feita uma alusão à questão do recalque orgânico, ainda que não explicitamente:

É durante o período de latência total ou apenas parcial que se constroem as forças psíquicas que irão mais tarde impedir o curso da pulsão sexual e, como barreiras, restringir seu fluxo — a repugnância, os sentimentos de vergonha e as exigências dos ideais estéticos e morais. Tem-se das crianças civilizadas uma impressão de que a construção dessas barreiras é um produto da educação, e sem dúvida a educação muito tem a ver com isso. Mas, na realidade, este desenvolvimento é organicamente determinado e fixado pela hereditariedade, e pode ocasionalmente ocorrer sem qualquer auxílio da educação. A educação não estará indo além de seu domínio apropriado se ela se limitar a seguir as linhas que já foram traçadas organicamente e a imprimi-las um pouco mais clara e mais profundamente.[40]

Isso significa que, para Freud, há uma espécie de recalque da pulsão sexual organicamente instalado, o que, como vimos, ele nomeia em outros momentos de recalque orgânico.

No segundo subitem, "A formação reativa e a sublimação", Freud formula que o processo mesmo da sublimação encontra seu início, precisamente, no período de latência sexual da infância. O processo civilizatório da educação é baseado nos impulsos sexuais infantis que, durante o período de latência, têm "sua energia sexual *desviada*, no todo ou em parte, de seu uso sexual e dirigida para outras finalidades". Freud acrescenta que "os historiadores da civilização parecem unânimes em admitir que poderosos componentes são adquiridos para toda espécie de realização cultural por este *desvio* das forças pulsionais sexuais dos objetivos sexuais e sua orientação para objetivos novos — processo que merece o nome de 'sublimação'".[41]

Freud descreve, então, esse processo de sublimação do seguinte modo: os impulsos sexuais, por derivarem de zonas sexuais perversas, despertam sentimentos desagradáveis que produzem forças psíquicas opostas. Trata-se de impulsos reativos que, "a fim de suprimir efetivamente este desprazer, constroem as barreiras mentais [da] repugnância, da vergonha e da moralidade".[42]

Os primórdios do processo de sublimação interessam a Freud pois permitem estabelecer diferentes associações, de outro modo impossíveis de serem observadas. Haveria, assim, uma íntima associação entre a sublimação e a chamada pulsão de saber ou de pesquisa, cuja atividade emerge entre três e cinco anos. Essa pulsão estaria associada por um lado à pulsão de domínio, da qual seria uma forma sublimada, e por outro, à escopofilia. Nesse sentido, lembre-se que o termo "teoria" se origina do grego *theoria*, que designa o ato de ver, de observar e de examinar.

A supressão pela formação reativa é uma subespécie de sublimação. Ela se inicia no período de latência e continua por toda a vida constituindo o que se chama de caráter:

> O que descrevemos como o "caráter" de uma pessoa é construído em grande parte com o material de excitações sexuais e se compõe de pulsões que foram fixadas desde a infância, de construções alcançadas por meio da sublimação e de outras construções, empregadas para eficazmente conter os impulsos perversos que foram reconhecidos como inutilizáveis.[43]

Freud retorna à sublimação no resumo final dos *Três ensaios*, para afirmar que existem três diferentes resultados que uma constituição sexual pode assumir a partir da perversão polimorfa da criança; as formações reativas são reativas porque se opõem diretamente à realização do desejo e podem ser evidenciadas, sobretudo, na neurose obsessiva, na qual assumem a forma de traços de caráter:

- Perversão
- Recalque ⟶ Sintomas ⟶ Neurose
- Sublimação ⟶ Formação reativa ⟶ Traços de caráter ⟶ Disposição artística

A sublimação é um conceito freudiano problemático porque Freud não chegou a uma elaboração conceitual conclusiva a seu respeito, ao contrário de outros conceitos, como inconsciente e recalque. Conforme se sabe, um dos sete artigos metapsicológicos que Freud tivera a intenção de escrever versaria sobre a sublimação, mas aparentemente ele não chegou a fazê-lo.

É nesse sentido que, ao abordar a sublimação no seminário *A ética da psicanálise*, Lacan falará do "problema da sublimação".

Cabe assim colocar a seguinte questão: como um conceito que não teve sua elaboração metapsicológica aprofundada pode ser considerado um conceito imprescindível? Nossa resposta é que a sublimação é um conceito imprescindível porque é uma espécie de decorrência lógica e necessária do conjunto da teoria psicanalítica das pulsões, e isto por razões que só a experiência clínica evidencia, a saber:

• A pulsão exige sempre sua satisfação, a todo e qualquer preço. Nesse sentido, Freud chega a afirmar que nenhum sujeito jamais renuncia a nada, mas apenas substitui uma coisa por outra: "Na verdade, não podemos renunciar a nada; apenas trocamos uma coisa por outra; o que parece ser uma renúncia é, na realidade, uma formação de substituto ou sub-rogado".[44]

• É absolutamente necessário, para a economia libidinal do sujeito, haver uma saída para a pulsão diferente daquela proporcionada pelo recalque. Através do recalque, há o escamoteamento do enlace entre desejo e castração (Lacan fala do "nó da Lei com o desejo"),[45] pois no recalque o sujeito lida com o impossível rebaixando-o ao nível do proibido.

• Através da sublimação, acha-se evidenciado o impossível em jogo na satisfação pulsional. Isto é o mesmo que dizer que a sublimação é a vicissitude da pulsão que dá a esta seu mais legítimo estatuto.

É digno de nota que, na maioria das vezes, a sublimação comparece no texto freudiano em paralelo ao recalque, o que não é de admirar, na medida em que recalque e sublimação constituem os dois polos extremos das vicissitudes da pulsão. Eles representam as duas formas mais importantes, e inteiramente diversas, de evitamento da realização da satisfação pulsional direta; sendo que, no caso do recalque, o sujeito permanece cativo do sexual, que continua constituindo a referência para ele e proliferando por meio das formações sintomáticas.

O recalque lida com a satisfação sexual no nível do proibido, ao passo que, no caso da sublimação, o sujeito abandona a referência à satisfação sexual direta e lida com ela em sua dimensão de impossível. Assim, o impossível da satisfação, em jogo na pulsão, encontra na sublimação sua possibilidade de manifestação plena, pois a sublimação revela a estrutura do desejo humano enquanto tal, ao revelar que, para além de todo e qualquer objeto sexual, se esconde o vazio da Coisa, do objeto como radicalmente perdido:

SUBLIMAÇÃO

Pulsão ⟶ Alvo sexual ⟶ Coisa
RECALQUE ⟵ Objeto
(aquilo por meio do que a pulsão visa atingir seu alvo, a satisfação)

Esse esquema permite mostrar com simplicidade que a sublimação implica um além do objeto sexual como tal, isto é, ela tem sua referência na Coisa e é nessa medida que Freud falava de dessexualização para tratar da sublimação. Lacan destaca, no seminário *A ética da psicanálise*, a observação de Freud segundo a qual os antigos, contrariamente a nós, valorizavam mais a tendência do que o objeto, ressaltando ainda que é numa relação "de miragem que a noção de objeto é introduzida. Mas esse objeto não é a mesma coisa que aquele visado no horizonte da tendência. Entre o objeto, tal como é estruturado pela relação narcísica, e *das Ding* há uma diferença, e é justamente na vertente dessa diferença que se situa, para nós, o problema da sublimação."[46] Portanto, cabe perguntar: incidindo precisamente sobre a vertente mais radical da pulsão, ou seja, sua vertente de pulsão de morte, a sublimação não restitui à pulsão seu verdadeiro estatuto de pulsão de morte? Nesse sentido, poderíamos dizer que, assim como o recalque é uma forma de dizer não à pulsão (lembre-se de que, para Freud, o não é a marca distintiva do recalque),[47] a sublimação é uma forma de dizer sim à pulsão em sua estrutura intimamente ligada ao impossível.

Catherine Millot salienta que uma das diferenças fundamentais entre a teoria kleiniana e a lacaniana, aquela que diz respeito ao estatuto do objeto, pode ser bem apreciada quando se estuda a sublimação. Para Melanie Klein, o vazio interior, que está na origem da vocação artística, resulta da angústia arcaica de ter roubado e destruído o conteúdo do corpo materno, isto é, o pênis do pai, as crianças, as fezes que este corpo supostamente continha: "A obra de arte corresponderia, assim, ao desejo de reparar o corpo materno danificado, de restituir-lhe seus objetos internos, de restaurá-lo em sua integridade".[48] Millot se refere a um artigo de M. Klein de 1929, "As situações de angústia da criança e seu reflexo na obra de arte e no *élan* criador", que Lacan comenta em seu seminário *A ética da psicanálise*.

Millot observa que Lacan atribui igualmente um lugar central ao vazio em sua teoria da sublimação, mas sua função é aqui bastante diferente. O vazio, para Lacan, procede do simbólico, ele é uma produção do significante, pois ao real nada falta, a não ser pela introdução do significante — é o significante que engendra a ausência, que cria a falta. Em Lacan, o estatuto do objeto do desejo é radicalmente diferenciado daquele que recebe na elaboração kleiniana. Se para M. Klein ele é o objeto pleno que será alvo do desejo de destruir ou de reparar da criança, para Lacan, o objeto é a causa do desejo, trata-se de um objeto escavado, de algum modo negativo, produto do esvaziamento perpetrado pelo significante.

Se para Klein a atividade sublimatória vem preencher, tapar o furo feito pelo significante, para Lacan a sublimação se situa do lado da criação, e não da reparação ou da restauração. Ressaltando que o modelo da criação é a atividade do Verbo, que engendra *ex-nihilo*, a partir do nada, Millot observa que há "uma identidade de estrutura entre o engendramento do significante e a produção da sublimação".[49] Desse modo, longe de ser o preenchimento, a visada da sublimação seria a reprodução da falta da qual ela procede.

Lacan, com efeito, permite que se precise o que significa a concepção freudiana da sublimação, como a passagem do alvo sexual da pulsão para um alvo não sexual, e a define como sendo a elevação do objeto à dignidade da Coisa. Por trás de todo e qualquer objeto sexual, esconde-se o vazio da Coisa; assim, o que importa é a indicação desse vazio, enquanto inerente à própria estrutura da sexualidade humana. Por outro lado, a santificação da sublimação em "uma estrutura existencial",[50] tal como propõe Alain Juranville, parece-nos tão inadequada, da perspectiva lacaniana, quanto a redução da teoria freudiana da sublimação a uma visada normativizante da sexualidade. Pois a sublimação tem a ver com um ato em vias de produção, daí poder ser causa da criação; ela não se refere ao estatuto do que está criado, em um estado definido e estático: ela possui uma dimensão de transformação e de advento do novo. Em uma perspectiva mais geral e que amplia a noção de sublimação, talvez se possa conjecturar, com A. Didier-Weill, que a fala já manifesta em si mesma a presença contínua do caráter sublimatório intrínseco ao desejo humano.[51]

Em 1917, Marcel Duchamp causou estupefação enviando para a exposição dos Independentes um objeto intitulado *Fonte* — tratava-se de um urinol masculino, virado de cabeça para baixo, com a assinatura de um pseudônimo, R. Mutt. Contudo, é preciso ver nesse ato de Duchamp, considerado por muitos o maior artista do século XX, algo que transcende a mera vocação dadaísta para o escândalo, pois, com ele, Duchamp parece ter definido com precisão o que representa a função criativa do artista: elevar o objeto cotidiano ao estatuto da Coisa, da obra de arte.

Lacan ilustrou essa "revelação da Coisa para além do objeto" com a singela coleção de caixas de fósforo, idênticas e vazias, de seu amigo Jacques Prévert, e sobre a qual afirmou: "... uma caixa de fósforos não é de modo algum simplesmente um objeto, mas pode, sob a forma, *Erscheinung*, em que estava proposta em sua multiplicidade verdadeiramente imponente, ser uma Coisa". Assim, a razão da coleção "incide menos na caixa de fósforos do que nessa Coisa que subsiste na caixa de fósforos".[52]

Duchamp teve seu objeto recusado pelo comitê de seleção, sob a alegação de plágio, e redarguiu que não se importava se o sr. Mutt o havia realizado com suas próprias mãos ou não, mas sim que ele o havia escolhido: "Ele pegou uma coisa comum da vida e situou-a de forma tal que sua significação habitual desapareceu sob o novo título e ponto de vista".[53] Como observou Pierre Cabanne "a escolha deliberada do artista muda a destinação primeira do objeto, atribuindo-lhe uma vocação expressiva imprevista".[54] Para Duchamp, a escolha desses *ready-mades* era baseada na indiferença visual, ao mesmo tempo que na ausência total de bom ou mau gosto, isto é, do hábito, já que, para ele, o gosto sempre representava um hábito.[55] Mais essencialmente, Duchamp revoltou-se contra a arte retiniana e pretendeu colocar a arte novamente a serviço da mente: sua postura antirretiniana não seria uma maneira de falar, no interior da pintura, do próprio vazio inerente à impossível representabilidade da Coisa?

Repetindo a mesma ideia várias vezes com outros objetos elevados à categoria de *ready-mades*, como a célebre *Roda de bicicleta*, Duchamp interpretou a fetichização de que o *objet d'art* é alvo no mundo moderno e mostrou que, a rigor, não só todo e qualquer objeto do cotidiano pode ocupar o lugar do objeto de arte, como também as obras-primas podem ser tomadas como objetos banais: a obra de arte aponta para o vazio da Coisa, mas ela não *é* a Coisa, que está fora do campo do representável.

Utilizando-se a tripartição lacaniana real-simbólico-imaginário, a psicanálise permite que se defina a obra de arte como uma construção simbólico-imaginária que visa apontar para o real, ou, dito de outro modo, uma construção que visa, de dentro do campo do representável, apontar para o irrepresentável. A esse título, a obra de Leonardo da Vinci apresenta um elemento altamente instigante para se pesquisar: são muitas as suas telas que apresentam um personagem apontando, com o dedo indicador, para algo externo à própria tela, como vemos a seguir.

*São João Batista* (1)

*Baco* (2)

*A última ceia* (3)

Da Vinci, o dedo indicador e a extimidade do objeto em relação ao sujeito.

O objeto perdido do desejo

A virgem e o menino Jesus com Sant'Ana e São João menino (4)

Vergine delle rocce (5)

Para tratar da necessidade de que a interpretação psicanalítica reencontre o "horizonte desabitado do ser", Lacan falou da "virtude alusiva da interpretação"[56] e chamou a atenção para a última tela de Leonardo da Vinci, *São João Batista* (1), pintada dois anos antes de ele morrer, na qual o personagem, com o indicador apontando para cima, está como que aludindo a algo que não sabemos o que é, mas que implica a verticalidade e a transcendência.

Contudo, é surpreendente ver que esse mesmo detalhe se repete em tantos outros trabalhos de Da Vinci, seja no *Baco* (2), que também se encontra no Louvre, seja no afresco de *A última ceia* (3), que se acha no refeitório do Convento de Santa Maria delle Grazie, em Milão. Pode-se descobrir, além disso, que o esboço do quadro *A virgem e o menino Jesus com Sant'Ana e São João menino* (4), analisado por Freud em seu estudo sobre "Leonardo da Vinci e uma lembrança de sua infância" (1910), apresentava igualmente uma das figuras com a mão apontando para cima. Essa mão que indica foi suprimida na versão definitiva a óleo. Do mesmo modo, das duas versões para a *Vergine delle rocce* (5), a primeira que está no Louvre e a outra em Londres, a única diferença é que, na segunda, feita sob encomenda a partir da primeira, a mão do anjo que aponta foi suprimida.

Tais "indicadores" apontando para Outro lugar introduzem no seio da configuração simbólico-imaginária da tela a exterioridade da obra, algo que necessariamente lhe escapa e que, no entanto, funda sua própria existência como obra de arte. Eles parecem nos dizer que o olhar não deve se encantar pela beleza do que é ali retratado, mas sim que o que importa está além daquilo que sua imagem pode apresentar. Esse além que a obra não pode representar, ela só pode — e deve — evocar: trata-se da absoluta extimidade[57] do objeto em relação ao sujeito.

*Anexo I*
*Sobre a evolução da espécie humana*

> O corpo, ele deveria deslumbrá-los mais.
> Jacques Lacan

Uma das mais impactantes imagens produzidas pela arte cinematográfica é a abertura do filme *2001: Uma odisseia no espaço*, de Stanley Kubrick, na qual é ficcionado o momento em que o primata ancestral do homem esboça a utilização, pela primeira vez, de um osso como instrumento de abate da caça e, depois, de domínio de seus semelhantes. Kubrick construiu, pelo viés da arte, a imagem de um momento mítico que fascina igualmente os cientistas. A partir da postulação por Charles Darwin da teoria da evolução, as pesquisas paleontropológicas vêm mostrando[1] como esse fascínio pode levar a um entendimento cada vez maior das origens humanas, ainda que essa disciplina exija um árduo trabalho de pesquisa de campo em regiões inóspitas e uma capacidade de estabelecer conjecturas, na maioria das vezes, a partir de pequenos fragmentos de ossos.

Stephen Jay Gould chama a atenção para o fato de que a famosa iconografia da "marcha do progresso" da evolução da espécie humana, passando pelas diversas etapas desde o primata até o homem, ainda que tenha sido aceita transculturalmente, não é em absoluto fidedigna às descobertas científicas: simplesmente não existe aquela linhagem tão bem estabelecida que esclareça cada um dos passos da evolução de nossa espécie. Tamanha universalidade da aceitação dessa iconografia errônea é atribuída por Gould ao fato de ela reforçar "uma cômoda concepção da inevitabilidade e superioridade humanas".[2] Ainda que errônea, a iconografia difundida da "marcha do progresso" tem uma virtude, a de ter divulgado a concepção darwiniana da origem das espécies e coarctado a visão criacionista da evolução, segundo a qual o homem seria criação divina. Pois, como afirma o próprio Gould fazendo referência ao que Freud denominou golpe narcísico infligido pela ciência ao homem, "a biologia nos fez trocar o status de imagem de Deus pelo de meros macacos pelados que adotaram a postura ereta".[3]

Em 1859, no livro *A origem das espécies*, Darwin prudentemente apenas indicou, numa única frase escrita na conclusão de sua obra revolucionária, algo cuja repercussão ele temia: "Muita luz será lançada sobre a origem do homem e sua história".[4] Somente em 1871, ao publicar *A descendência do homem*, Darwin desenvolveria aquela breve indicação e, de suas duas grandes contribuições feitas nessa obra à antropologia, somente uma estava correta, a que postulava que o berço da humanidade é a África.

O repúdio dos antropólogos em levar essa teoria de Darwin a sério e admitir que o *Homo sapiens* tivesse se originado no Continente Negro só foi suplantado a partir da década de 1930, quando Louis Leakey iniciou suas pesquisas de campo na África Oriental. Desde então, a enorme quantidade de fósseis ali encontrados demonstrou que a teoria de Darwin, embora bastante simples, era precisa: ele partira do pressuposto de que os progenitores primordiais do homem moderno deveriam ter vivido na mesma região que os gorilas e os chimpanzés, as duas espécies que se relacionam mais de perto com o homem moderno. Sua premissa era a de que "em cada grande região do mundo, os mamíferos vivos estão intimamente relacionados com as espécies que evoluíram desta mesma região".[5]

A outra contribuição, relativa à hipótese de evolução correlacionada, revelou-se infundada: Darwin acreditava que as mais importantes características humanas — bipedia, tecnologia e cérebro grande — teriam evoluído em conjunto. A hipótese de Darwin fazia supor que a espécie humana se diferenciara dos macacos numa época muito remota e de forma abrupta, o que colocava um grande abismo entre os homens e o resto da natureza. Assim, tendo situado os humanos desde o começo da evolução como diferentes dos simples macacos, Darwin abriu o flanco de sua teoria para a crença na "intervenção sobrenatural", e, logo, para um retorno às hipóteses criacionistas.[6]

Contudo, somente os avanços feitos a partir do final da década de 1960, com os trabalhos dos bioquímicos Wilson e Sarich, revelaram que a "primeira espécie de macaco bípede, o membro fundador da família humana, evoluíra em épocas relativamente recentes e não em um passado muito distante".[7] De uma evolução situada inicialmente em torno de 15 milhões de anos, passou-se a conceber que um evento evolutivo provocou, há mais ou menos 7 milhões de anos, a ramificação de um ancestral comum em três direções simultaneamente: homens modernos, chimpanzés e gorilas modernos.

O "pacote" darwiniano implicava que a primeira espécie humana teria algum grau de bipedia, tecnologia e cérebro aumentado de tamanho. Contudo, a análise dos artefatos de pedra mais antigos revela que sua idade não ultrapassa os 2,5 milhões de anos, ou seja, há um intervalo de quase 5 milhões de anos entre o advento da bipedia e o surgimento dos artefatos de pedra. O que não impede que muitos antropólogos acreditem, no entanto, que haja uma estreita relação entre o advento da tecnologia há 2,5 milhões de anos e o início da expansão do cérebro.

### Breve história da hominização

A constituição da árvore de família do ramo humano[8] coloca inúmeros problemas derivados, sobretudo, das grandes dificuldades encontradas no registro dos fósseis. Essas dificuldades se devem não somente àquilo que Darwin chamava de "a extrema imperfeição do registro geológico",[9] como também à fragmentação dos fósseis descobertos, muitas vezes reduzidos apenas a um pedaço de crânio, um osso da face ou alguns dentes. É muito raro que esqueletos quase completos sejam encontrados, como o famoso caso de Lucy, um exemplar de *Australopithecus afarensis* encontrado em Hadar, em 1974.[10]

Mantendo-se em mente que a data de aparecimento dos primeiros hominídeos tende a recuar no tempo com os sucessivos avanços da paleoantropologia, pode-se dizer que a pré-história humana e o acelerado processo de hominização se subdividem em quatro grandes "etapas-chave":[11]

• A primeira, há cerca de 7 milhões de anos, com a evolução de espécies semelhantes aos macacos com locomoção bípede;

• A segunda, entre 7 milhões e 2 milhões de anos, com a evolução de diversas espécies de macacos bípedes, cada uma adaptada a circunstâncias ecológicas diferentes, num processo denominado de irradiação adaptativa;

• A terceira, entre 3 milhões e 2 milhões de anos, consistiu no surgimento de uma espécie, dentre a grande proliferação de espécies humanas, cujo cérebro aumentou significativamente de tamanho. Reside nesta etapa a origem do gênero *Homo*, ramo da árvore humana que levou ao *Homo erectus* e ao *Homo sapiens*;

• A quarta etapa, por volta de 100 mil anos,[12] constituiu o advento do homem moderno, o *Homo sapiens sapiens*. Entre 100 mil e 50 mil anos atrás, cessaram as evoluções morfológicas.

O *Australopithecus afarensis* é o mais antigo fóssil conhecido e data de mais de 4 milhões de anos. Aparentemente, é dele que se originará o ramo propriamente humano — *Homo* —, e também um ramo de *Australopithecus A. africanas, A. robustus, A. boisei*. Este ramo de *Australopithecus* extinguiu-se num período entre 1 milhão e 500 mil anos atrás.

Richard Leakey observa que muitos paleoantropólogos utilizam o termo hominídeo para designar todas as espécies humanas ancestrais, reservando o termo humano exclusivamente para aqueles que possuem nosso grau de inteligência, senso moral e profundidade de inteligência introspectiva. Leakey discorda dessa atitude e, baseado no fato de que a evolução da locomoção ereta que distinguiu os hominídeos antigos de outros macacos de seu tempo foi fundamental para a história humana subsequente, propõe que "em seu nível mais básico, a designação 'humano' refere-se simplesmente aos macacos que caminhavam de modo ereto — macacos bípedes".[13] De fato, em *2001: Uma odisseia no espaço*, logo antes de descobrirem a ferramenta, os primatas despertam com a chegada

*Anexo I*

de um enigmático monolito, uma pedra negra e estreita, cuja característica principal é precisamente a verticalidade. Diante daquela pedra negra ereta, como que siderados pelo antípoda de um espelho e aspirando a uma transcendência, os primatas se colocaram igualmente de pé. É interessante observar que, dentre as muitas expressões idiomáticas que se referem aos pés, há aquelas que privilegiam a postura ereta: quando se quer dizer que uma combinação está mantida, que uma decisão está em vigor ou simplesmente que tudo está indo bem, diz-se que algo está "de pé".

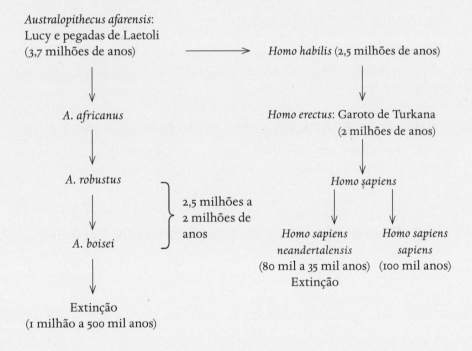

A primeira espécie humana evoluiu há cerca de 7 milhões de anos, tendo havido um total de pelo menos seis, e talvez o dobro disso, até o surgimento, há mais ou menos 2 milhões de anos, do *Homo erectus*. O advento do *Homo erectus* representou uma grande reviravolta na pré-história humana: o tamanho do cérebro aumentou, a face tornou-se mais achatada e o corpo assumiu uma constituição mais atlética. As espécies que antecederam o *Homo erectus*, ainda que bípedes, tinham muitas características simiescas: cérebro relativamente pequeno, maxilar prognata, peito em forma afunilada, pescoço pequeno, nenhuma cintura.

Com efeito, o *Homo erectus* foi a primeira espécie humana a utilizar o fogo, a caçar intensamente, a correr como os homens modernos, a fabricar instrumentos de pedra com um padrão definido e a estender seus domínios para além da África. Aliás, a extrema mobilidade do gênero *Homo* deve ser atribuída à bipedia. Além disso, há indícios de que o *Homo erectus* tivesse algum tipo de linguagem falada, e Leakey acredita que ele possuísse algum grau de autopercepção e de consciência.

## Bipedia e hominização

Segundo André Bourguignon, o advento da bipedia, liberando as patas dianteiras da função locomotora[14] (com o consequente surgimento das mãos) e o crânio do conjunto facial, não apenas marca a "primeira etapa da hominização",[15] como também, e mais essencialmente, representa o patamar da linha da evolução (o décimo) que justamente antecede aquele do surgimento da reflexão (o décimo primeiro), o mais complexo estrutural e funcionalmente. A bipedia é o patamar da matéria viva que antecede uma verdadeira mudança qualitativa para a matéria viva capaz de reflexão. Recapitulemos quais são esses onze patamares:[16]

A MATÉRIA INANIMADA:
1º: A auto-organização
2º: A autorreprodução

A MATÉRIA VIVA:
3º: A individuação
4º: A proteção da memória e da especificidade genéticas
5º: A reprodução sexuada

6º: A associação celular
7º: A vertebralização
8º: A homeotermia
9º: A proteção da descendência
10º: A bipedia

A MATÉRIA VIVA CAPAZ DE REFLEXÃO:
11º: A reflexão

Vê-se que a passagem do décimo patamar para o décimo primeiro é, de fato, uma passagem que funda um novo estado da matéria viva, ao introduzir a capacidade de reflexão enquanto "a última etapa da evolução da matéria". Trata-se de uma capacidade de reflexão dupla: do eu sobre si e do eu sobre o mundo. Tal capacidade de reflexão está intimamente associada à ocorrência da linguagem humana, considerada por especialistas de diferentes áreas como "a mais radical ruptura de continuidade entre as que marcaram a evolução da matéria viva".[17]

Meu interesse está voltado para examinar, mais atentamente, à luz das contribuições psicanalíticas sobre o inconsciente (ou seja, a sexualidade e a linguagem), a relação entre esses dois patamares da evolução: a bipedia e a reflexão, entendida aqui como o surgimento da linguagem humana. No filme de Kubrick, os primatas só despertam para o uso do instrumento depois da chegada do monolito negro, que surge para eles enquanto apontamento dessa dimensão da verticalidade: naquele momento, os primatas se erguem igualmente durante o júbilo da conquista do artefato e como que adentram, na pedra negra, qual numa porta rumo ao novo futuro.

Importantes variações climáticas, levando a grande aridez no leste da África no momento em que surgia o *Australopithecus*, produziram, pela força da seleção natural, uma série de mudanças nos seres vivos, entre as quais a bipedia — "a mudança mais espetacular" —[18] e, além dela, a neotenia, a prematuridade, a baixa taxa de reprodução e o aumento do volume endocraniano.[19]

Dentre todas as "liberações" que, segundo André Leroi-Gourhan, precederam o surgimento do homem — do corpo em relação ao líquido, da cabeça em relação ao solo, da mão em relação à locomoção, do cérebro em relação à máscara facial —, aquela que nos interessa particularmente diz respeito ao advento da bipedia, ou seja, à manutenção contínua da postura ereta na locomoção. De fato, recentemente, na tentativa de explicar as origens humanas, os antropólogos voltaram sua atenção para a origem da bipedia: seu advento é considerado por C.O. Lovejoy, anatomista e especialista em locomoção, como "uma das mudanças mais impressionantes que podemos ver na biologia evolutiva",[20] com enormes efeitos na estrutura óssea, na disposição muscular e na movimentação dos membros: a pélvis humana é achatada e em forma de caixa, ao passo que nos chimpanzés ela é alongada; os membros posteriores humanos são mais longos e os anteriores, mais curtos; os dedos das mãos e pés são retos; a região lombar é reduzida quando comparada com as dos gorilas e chimpanzés.

Nesse sentido, como a transformação surgida com a bipedia é não somente biológica como também adaptativa, Leakey acha justificado chamar de "humanas" todas as espécies de macacos bípedes. Não se trata, para Leakey, de supor que as primeiras espécies bípedes já possuíam algum grau de tecnologia ou o intelecto desenvolvido, mas sim que a adoção da bipedia, com seu enorme potencial evolutivo a partir da liberação dos membros superiores para fins manipulativos, esteve na base de todas as posteriores transformações.

DUAS HIPÓTESES MAIORES FORAM propostas até hoje no sentido de esclarecer a origem da bipedia. Considerando-a uma maneira ineficiente de locomoção, C.O. Lovejoy propôs que sua evolução reflete a ocorrência da necessidade de transportar coisas, supostamente na coleta de alimentos feita pelos machos para que suas fêmeas tivessem mais energia reprodutiva. Por outro lado, na medida em que os dentes caninos são pequenos nos humanos primitivos, Lovejoy sugeriu que eles eram monogâmicos. A relação entre caninos pequenos e monogamia é estabelecida pelo fato de que, na maioria das espécies de primatas, os machos são dotados de dentes caninos grandes para serem utilizados em disputas pelo maior número de fêmeas. Ocorre que outra característica importante dos machos que disputam as fêmeas, o dimorfismo, ou seja, a diferença de tamanho dos machos e fêmeas de uma mesma espécie,[21] embora só compareça nas espécies onde não há monogamia, é frequente nas espécies humanas primitivas. A hipótese de Lovejoy, portanto, tem vários pontos fracos. Além disso, a própria ideia de que a bipedia é uma forma ineficiente de locomoção exigiu uma profunda revisão, pois pesquisadores de Harvard haviam comparado a eficiência energética da bipedia nos humanos com a quadrupedia nos cavalos e cachorros, quando a comparação apropriada deve ser feita entre humanos e chimpanzés: o que esta comparação revela é que a bipedia nos humanos é mais eficiente do que a quadrupedia nos chimpanzés. A segunda teoria sobre a origem da bipedia foi proposta pelos antropólogos P. Rodman e H. McHenry, da Universidade da Califórnia, e relaciona-se à mutação das condições ambientais produzida com a diminuição das florestas e o aparecimento das savanas.

Se os processos que estiveram na origem da bipedia apresentam diversos graus de controvérsia, por outro lado todos os autores são unânimes em afirmar que seu aparecimento "é sem dúvida o mais importante acontecimento da hominização".[22] Deslocando-se sobre os dois pés já há 3,7 milhões de anos, como o revelam as impressionantes pegadas do *Australopithecus* descobertas por Mary Leakey na planície de Laetoli,[23] os primeiros hominídeos puderam não só sobreviver aos predadores da savana, como também perceber a caça à distância. É preciso ressaltar que a passagem para a postura ereta exclusiva deu-se de modo gradativo e conviveu muito tempo com a braquiação, isto é, o deslocamento entre as árvores balançando de galho em galho.

As consequências importantes produzidas pela bipedia foram inúmeras.[24] A primeira delas foi a liberação das mãos, que deixam de servir para a marcha e podem ser utilizadas para a caça e a fabricação de objetos. Contudo, decorreram mais ou menos 2 milhões de anos entre a aquisição da bipedia e a fabricação dos primeiros instrumentos líticos. O emparelhamento entre a mão e o cérebro teria sido responsável pelo crescimento do volume cerebral e pela assimetria funcional dos hemisférios cerebrais. Com o surgimento da linguagem, o emparelhamento passou a ser tríplice, entre cérebro, mão e boca.

Com o advento da caça, as tarefas entre homens e mulheres se repartiram entre a caça e a coleta de alimentos; tornando-se uma prática corrente, passou a ser uma atividade de grupo na savana. Há cerca de 500 mil anos, acampamentos temporários reuniam aqueles que caçavam, viviam e comiam em grupo, com o consequente desenvolvimento da vida psíquica e social. Tendo a sobrevivência passado a ser minimamente assegurada pela caça e pela coleta, restou muito tempo livre para a fabricação de instrumentos de pedra cada vez mais aperfeiçoados, além de utensílios, vestimentas e abrigos. O uso do fogo, a partir de sua produção intencional ou não, surge com o *Homo erectus*, introduzindo uma série de novas possibilidades para a sobrevivência. A bipedia, conforme assinala Bourguignon, não pode ser considerada a causa direta e imediata de aumento do volume eudocraniano, pois o precedeu de muito, mas sua influência indireta parece ser acentuada.

## Bipedia e sexualidade

As repercussões da bipedia sobre a sexualidade humana foram analisadas por Desmond Morris e por André Bourguignon. Este último afirma: "De fato, foi a bipedia que fez do homem o primeiro animal não somente sexuado, mas 'sexual', e da sexualidade um dos fundamentos da hominização".[25] A alteração produzida pela postura ereta sobre a sexualidade representou um poderoso fator de mudança nos homens, senão o mais poderoso, como veremos. Como já pudemos examinar anteriormente com profundidade, Freud insistiu continuamente, desde os *Três ensaios sobre uma teoria da sexualidade*, livro inaugural da perspectiva psicanalítica sobre a sexualidade, até o fim de sua obra, que a sexualidade humana não pode ser reduzida à reprodução, à qual no entanto ela está a serviço. Freud atribuiu tal característica ao modelo pulsional da sexualidade humana, bastante diverso do modelo instintual, que comparece nos animais.

É preciso notar que estudos mais atuais mostram que, já entre os primatas, e diferentemente dos outros mamíferos, a sexualidade começa a se dissociar de seu fim inicial, a reprodução, e que quanto mais próximas são as espécies do gênero *Homo*, mais a atividade sexual é rica e flexível, com uma receptividade sexual das fêmeas não inteiramente cíclica, isto é, não totalmente relacionada com a ovulação e a finalidade reprodutiva. Assim, observa-se nos primatas uma espécie de "transição entre a sexualidade dos outros mamíferos e a de *Homo sapiens sapiens*, no qual ela ocupa um lugar importante e radicalmente específico".[26]

Tal transição (mamíferos ⟶ primatas ⟶ homem) fica evidenciada na diminuição da importância do olfato nas trocas sexuais: se nos mamíferos o comportamento sexual do macho é desencadeado invariavelmente pelo estro da fêmea, isto é, pela exalação de um odor específico, nos primatas o estro não é constante e se acha inclusive ausente em algumas espécies, ao passo que está inteiramente ausente na espécie humana. Já nos primatas é observada uma "tendência à substituição dos estímulos olfativos pelos visuais",[27] substituição essa que se consolida no homem, para o qual o estímulo visual é absolutamente preponderante. Assim sendo, a atividade sexual dos primatas já prenuncia a dos humanos em alguns de seus traços mais essenciais.

Bourguignon chama a atenção para o fato de que, devido à bipedia, os órgãos sexuais masculinos e femininos adquirem uma posição diferente: a vulva, ficando entre as coxas, escapa tanto à percepção visual quanto à olfativa, ao passo que o pênis e a bolsa escrotal permanecem não só expostos como também vulneráveis. Ele vê nisso um elemento filogenético essencial para a compreensão da angústia de castração, cujo comparecimento no psiquismo Freud observou de forma universal:[28] trata-se, de fato, da angústia, nos meninos, decorrente da ameaça de ter o seu órgão mais valorizado, o pênis, cortado, sobretudo após a percepção de sua ausência nas meninas.

Outra grande alteração, senão a maior, no comportamento sexual proveniente da bipedia exclusiva foi a perda da importância dos odores derivados do estro da fêmea na atração exercida sobre o macho, devido à elevação da cabeça e seu consequente distanciamento em relação aos órgãos sexuais. Os estímulos olfativos foram assim substituídos pelos estímulos visuais, cuja característica é a de serem permanentes e não cíclicos como os primeiros, o que acarretou uma profunda modificação na estrutura da sexualidade humana, diferenciando-a radicalmente da atividade sexual animal. Esse ponto surgiu como central para nossa elaboração, porque nele observamos uma confluência de contribuições da paleoantropologia e da psicanálise. Fizemos dele um exame detalhado quando abordamos a concepção psicanalítica da sexualidade: a onipresença da primazia do falo imaginário na ordenação desses estímulos visuais referenciados à castração nos faz pensar que os estímulos visuais se acham especialmente vinculados às regiões salientes[29] do corpo: no homem, o pênis[30] e as nádegas, e, na mulher, além delas, os seios. Nesse sentido, Freud já chamara a atenção, nos *Três ensaios*, para o fato de que a visão funciona como um verdadeiro substituto do tato.[31]

A permanência dos estímulos sexuais visuais, como polo preponderante nas trocas sexuais dos indivíduos da espécie, fez com que a atividade sexual humana, tornando-se aperiódica e contínua, acabasse por ser a mais rica dentre os animais, pois o comportamento de reprodução "perdeu sua significação fisiológica exclusiva, para se tornar fonte de ternura, de prazer e de apego recíprocos".[32] Nesse sentido, Leakey e Lewin ressaltam a "fantástica sexualidade humana"[33] e Bourguignon, ponderando que "o ser humano é por certo o mais 'sexual' de todos os animais sexuados",[34] observa igualmente que pode decorrer daí o tamanho relativamente maior do pênis do homem em relação ao dos outros primatas, assim como os testículos menores e contendo menos reservas de esperma.

As consequências da bipedia sobre a sexualidade foram inúmeras, quando se pensa nos efeitos que o deslocamento da importância dos estímulos olfativos para os visuais parece ter produzido sobre a própria evolução da anatomia humana e da imagem corporal. A formulação de Freud, segundo a qual a evolução dos órgãos sexuais não acompanhou a beleza do resto do corpo humano,[35] permaneceria enigmática caso não a entendêssemos sob o prisma das pesquisas do zoólogo Desmond Morris. Considerando "o macaco pelado o mais sensual de todos os primatas vivos",[36] Morris assinala uma série de modificações corporais realizadas na espécie humana, cujo único sentido parece ser exatamente o da produção do estímulo sexual visual: a pele glabra, o superdesenvolvimento da musculatura facial para atender à complexidade da mímica facial, as mamas, os lábios, os lobos da orelha. Estes últimos, longe de serem, como já se supôs, vestígios de tempos em que tínhamos grandes orelhas, parecem ser elementos novos destinados exclusivamente à estimulação erótica, já que se ingurgitar de sangue e se tornam hipersensíveis na excitação sexual, durante a qual, aliás, a dilatação da pupila proporciona um brilho particular aos olhos.

Os lábios permanentemente virados para fora e com a mucosa exposta constituem do mesmo modo sinais de atração visual, sendo um fenômeno único entre os primatas. Segundo Morris, os lábios, por serem mais vermelhos que a pele vizinha mesmo fora dos períodos de excitação sexual, constituem "verdadeiros cartazes publicitários que chamam a atenção para a presença de uma estrutura tátil sexual".[37] Embora alguns anatomistas acreditem que os lábios mucosos humanos decorram do esforço de sugar exercido pelas crianças na amamentação, Morris pondera que o mesmo esforço se dá com os chimpanzés sem que contudo tal efeito se produza. A tese de que os lábios são sinais de atração visual se corrobora, para Morris, por meio dos lábios negroides, nos quais a perda de contraste de cores entre pele e mucosa veio a ser compensada não só pelo aumento do tamanho e da saliência dos lábios, como também pela maior demarcação das margens. Se acrescentarmos a essas observações o uso feminino do batom, vemos que por meio dele o hábito cultural apenas enfatiza um elemento de sedução sexual desenvolvido pela própria evolução.[38]

A formação de lábios tão desenvolvidos parece ter seguido, juntamente com a das mamas, um processo bastante curioso. De fato, as mamas bastante desenvolvidas das mulheres são igualmente outro exemplo do desenvolvimento de atrativo sexual visual, cuja evolução não só foi favorecida pela ausência de pelos como parece ter seguido o modelo da autoimitação ou mecanismo de réplica corporal. A autoimitação consiste na alteração de determinada região corporal com o fim de reproduzir um efeito de atração sexual visual. Ela pode ser encontrada de forma espetacular no mandril macho, cuja face imita a região genital: "O mandril macho tem um pênis vermelho vivo com manchas escrotais azuis de ambos os lados. Esse arranjo de cores repete-se na face, onde o nariz é inchado e vermelho-vivo e as bochechas nuas, intensamente azuis".[39] A autoimitação é encontrada igualmente na babuína gelada: a mancha vermelho-viva rodeada de papilas brancas que ela apresenta em torno dos órgãos genitais repete-se no peito e varia intensamente de coloração.

O advento da postura vertical fez com que a cópula passasse a ser realizada na espécie humana na posição face a face, tendo à frente do corpo passado a funcionar como o lado mais importante no desencadeamento da atração sexual, enquanto, em todos os outros primatas, a postura sexual típica é o macho colocado por detrás da fêmea. Morris observa que como anteriormente as nádegas carnudas e hemisféricas (que não se encontram em nenhum outro primata) da fêmea e os lábios vulvares vermelho-vivos constituíam um poderoso objeto de atração para o macho, a evolução produziu uma autoimitação frontal semelhante àquela observada na babuína gelada: "As mamas salientes, hemisféricas, são decerto réplicas das nádegas carnudas, e os lábios vermelhos, bem definidos, em volta da boca, são réplicas dos lábios vulvares".[40]

Como sublinha Morris, o nariz humano surge como outro órgão que se distingue de todos os apêndices dos primatas e cujo significado evolutivo é bastante enigmático: "É curioso notar que o nariz protuberante, carnudo, da nossa espécie, é outro fato único e misterioso que os anatomistas também não conseguem explicar. Um deles chamou-o "simples variante saliente, sem significado funcional".[41] É igualmente curioso observar que Morris indica, embora de forma imprecisa, a existência de uma relação entre a estrutura do nariz e a dos órgãos sexuais masculinos: "Depois de se saber que as paredes laterais do nariz contêm tecido erétil e esponjoso, o qual produz dilatação e aumento do nariz devido à congestão vascular no decurso da excitação sexual, começa-se a duvidar".[42] Essa conjectura curiosamente lembra as teorias sexuais de W. Fliess, que via uma relação entre o órgão nasal e os órgãos sexuais femininos.

De qualquer modo, a partir de todas essas elaborações oriundas do campo da antropologia física, vemos que é preciso dar ouvidos a advertência feita por Lacan no seminário *Mais, ainda* — cujo título em francês, *Encore*, também significa por homofonia *un corps*, um corpo —, ao dizer: "o corpo, ele deveria deslumbrá-los mais".[43]

Do ponto de vista do longo processo de hominização, o mais importante efeito da bipedia sobre a sexualidade foi, para Bourguignon, essa "substituição do coito dorso-ventral — *a tergo* ou *more ferarum* — pelo coito ventre a ventre ou face a face, que aliás pode ser observado também no orangotango".[44] A posição de decúbito, isto é, de repouso e abandono, exigida a partir daí pelo ato sexual, enriqueceu e complexificou imensamente as relações entre os indivíduos, tornando-se "uma ocasião de comunicação íntima entre dois seres que se encaram. Os olhares se falam, os lábios se unem, as mãos acariciam e se cerram, os braços estreitam os corpos".[45]

Houve, assim, a fusão na espécie humana de duas correntes diferentes de comportamento, que se encontram absolutamente dissociadas nos mamíferos e apenas discretamente associadas nos primatas: os comportamentos reprodutivos e os de ternura e apego. Nos mamíferos, os comportamentos de ternura e apego ocorrem exclusivamente entre a mãe e seus filhotes, enquanto nos primatas eles podem ocorrer, embora raramente, na relação sexual entre adultos. Bourguignon pondera que a bipedia, impondo uma troca sexual face a face, reproduziu o face a face entre mãe e filho observado entre os monos, e, assim, foi a responsável pela combinação desses dois comportamentos que de outro modo permaneceriam isolados. Pudemos ressaltar anteriormente, quando abordamos a dicotomia amor--desejo, como essa mesma questão perpassa o pensamento psicanalítico.[46]

A adoção da postura ereta está relacionada, assim, por especialistas de áreas tão diversas quanto a psicanálise e a paleoantropologia, ao próprio advento do sujeito humano. Não é por acaso que se pode observar, em muitas atividades de caráter lúdico, uma espécie de comemoração desse momento mítico de conquista da verticalidade: por ser a movimentação do corpo em torno do vazio infinito do espaço, a dança é o que talvez se possa chamar de arte da co-memoração (co-memorar significando lembrar junto) feminina da bipedia; ao passo que o futebol (em inglês, a palavra *football* associa pé e bola...), por reduzir drasticamente esse vazio infinito à área da baliza e no intuito do gol, movimentando o corpo em torno da bola, talvez possa ser considerado o esporte de co-memoração masculina da bipedia.

Essa arte e esse esporte se atêm à vertente sublimatória — isto é, criativa — inerente à adoção da verticalidade, contudo, se observarmos a marcha militar, com sua ritualidade automática e ostentação de domínio, veremos que seus movimentos repetitivos, automáticos, parecem assumir a vertente recalcante igualmente ligada à adoção da postura ereta. Naquilo que a arte e o esporte indicam a presença da libertação do corpo, a estética do poder vê apenas sua prisão.

Se atentarmos para a importância do fato de nossa postura vertical, aparentemente tão óbvio que não costumamos lhe atribuir nenhuma relevância, veremos que não há outro sentido a dar à gigantesca escultura de aço e resina de Jonathan Borofsky, *Homem andando* (1994-5), que se pode ver em Munique, senão o de ser uma manifestação vibrante e hiper-real dessa conquista da espécie — para que não nos esqueçamos da radical novidade que ela porta.

*Anexo II*
*Futebol, a guerra na vida cotidiana*[1]

> O amor e a guerra
> Sal da terra
> JOAN SALVAT-PAPASSEIT

Futebol — ainda mais fascinante que o próprio jogo, mais emocionante que a torcida por seu time ou país, é sua própria forma de manifestação universal: a cada semana, em todo o mundo, milhares de pessoas se reúnem em estádios verdadeiramente faraônicos construídos exclusivamente para esse fim, ou diante das telas de televisão, para torcer por seus times e, mais esporadicamente — porém também com maior intensidade —, por seu país.

O som produzido nos estádios, de uma qualidade inigualável por qualquer outro conglomerado humano, pode ser ouvido à distância. Em absoluto uníssono, urros, exclamações e xingamentos são surpreendentemente produzidos pelos torcedores de modo convulsivo, levando-nos a colocar questões que soam estranhas por parecerem óbvias: o que é, de fato, o futebol? O que ele põe em cena, e o que ele mobiliza? De onde vem a força desse esporte para reunir multidões, arrancar tantas emoções e despertar ferrenha discussão entre as pessoas? De onde vem essa violenta paixão?[2]

Se não nos contentarmos em notar a onipresença do futebol nas conversas calorosas dos bares, uma rápida olhadela na imprensa do dia a dia confirma a importância do tema na cultura. Grande parte do espaço reservado ao caderno de esportes dos jornais é voltada exclusivamente para o futebol. Na televisão, seja nos canais abertos ou por assinatura, o telejornal dedica um longo tempo aos jogos e treinamentos do dia. No domingo, os programas recapitulam todos os gols[3] da rodada dos diferentes campeonatos: estadual, nacional, internacional, além de copas, torneios e jogos excepcionais! Podemos dizer que, se na cultura o esporte ocupa um lugar privilegiado, no esporte esse lugar cabe ao futebol.

Para o psicanalista, o poder desse esporte que mobiliza as massas não tem nada de evidente. O psicanalista, aliás, em sua prática, está habituado a não tentar entender nada rapidamente, pois os fatos não possuem um sentido imediato passível de ser compreendido pela intuição ou pela observação sumária. Ele não compreende, e sim aguarda que o sentido se apresente a partir do desdobramento intrínseco aos próprios fenômenos que são analisados. Para ele, há um grande enigma inerente aos fatos e eventos, muitas vezes considerados banais pela maioria das pessoas e pouco ou nada questionados por elas. Assim como no campo da sociologia Roberto DaMatta fala do "mistério"[4] da atividade futebolística, para o psicanalista um fenômeno social do porte do futebol é enigmático e causa espanto.

Trataremos de tais questões aqui porque, do ponto de vista da psicanálise, elas dizem respeito à própria existência da cultura humana como um todo e suas formas de presença no mundo. Por um lado, se referem ao lugar do esporte na cultura e, mais essencialmente ainda, como veremos, ao respeito à lei simbólica que une os homens e permite que convivam sem se destruir continuamente. Elas dizem respeito também ao que as pessoas concebem, como amor e guerra, para dar ou retirar sentido a suas vidas. Ainda que todos esses elementos possam surgir intensamente hipertrofiados no Brasil, o futebol é um fenômeno mundial, e isso só faz aumentar o interesse pelo seu estudo, que serve para entender aspectos da cultura em geral. Nossa bússola é a argumentação de Freud de que "tudo o que estimula o crescimento da cultura trabalha simultaneamente contra a guerra".[5]

A grande surpresa reside em que, penetrando no universo do futebol, a psicanálise pode repertoriar as repercussões da verdadeira guerra interior da vida cotidiana de cada sujeito. Uma guerra que foi muito bem descrita por Freud através da figura clínica do conflito psíquico, e sintetizada por

Lacan com a letra $, que designa o sujeito dividido do inconsciente. Evidentemente, falar de guerra na vida cotidiana significa parafrasear o livro de Freud *A psicopatologia da vida cotidiana*, em que ele dissolve a barreira que separa o normal do patológico: como conceber o patológico na vida cotidiana, exceto questionando profundamente o próprio status do patológico?

## O conflito psíquico

Alguma recapitulação teórica se faz necessária, antes de abordarmos nosso tema. Como sublinhou Freud, a atividade muscular é uma fonte de excitação sexual, pois coloca em ação a pulsão de apoderamento, de cunho sádico, através da qual o sujeito domina o objeto sexual. Logo, o esporte põe em cena uma fantasia de domínio sobre o outro e dá vazão à pulsão de agressão e destruição do outro, inerente à pulsão de morte que move nosso sistema pulsional em sua base. Mas ele o faz de modo que não rompa os laços humanos simbólicos, os pactos e as leis, daí as regras do jogo. Submetendo a pulsão destrutiva à lei simbólica, o esporte erotiza a pulsão de morte, criando uma fantasia que é o próprio jogo enquanto tal.[6] Cada partida é uma fantasia na qual está *em jogo* a dramatização da guerra e do sexo.

Toda uma série de trabalhos de Freud, sobretudo aqueles do período inicial, tão frutífero em sua obra, é especialmente dedicada a mostrar uma linha de continuidade entre os diferentes tipos de formações do inconsciente, ou seja, entre os estados considerados absolutamente normais — sonhos, chistes, lapsos de linguagem, atos falhos etc. — e os sintomas patológicos. Posteriormente, muitos outros ensaios, por exemplo "Luto e melancolia", darão continuidade a essa demonstração da magnitude do alcance do inconsciente na vida cotidiana. Os *Três ensaios sobre a teoria da sexualidade*, com o conceito de pulsão e as noções de sexualidade infantil e perversão polimorfa, também construíram uma ponte entre as assim chamadas aberrações sexuais do século XIX e a sexualidade dita normal. Foi nessa mesma direção que Lacan chegou a afirmar que o inconsciente é a verdadeira patologia mental do homem.

O conflito entre o eu e o isso tem, para Freud, o valor de uma base universal para todas as formações do inconsciente, uma vez que todas derivam dessa guerra interior que se estabelece no sujeito em sua própria constituição. Sabemos que já no estádio do espelho o primeiro embrião do eu é esboçado, no momento mesmo em que a criança apreende sua unidade através de sua imagem especular, uma unidade imaginária que lhe proporciona intensa satisfação, pois vem substituir as sensações angustiantes do corpo despedaçado — corpo pulsional vivido de modo fragmentado. O eu se constitui, portanto, por meio de uma intensa oposição ao pulsional, oposição essa que será perpetuada no contínuo conflito psíquico entre o eu e o isso, ou seja, entre o imaginário e o real, como vimos em detalhe ao longo deste livro.

Lacan valorizou especialmente o livro freudiano sobre o *Witz*, o chiste, afirmando que nele "tudo é substância, tudo é pérola".[7] De fato, Freud situou o chiste como a formação do inconsciente na qual a relação entre o sujeito e o coletivo entra em cena de uma maneira muito particular, uma vez que o chiste significa a reintrodução momentânea, no coletivo, daquelas representações pulsionais que foram excluídas para que a coexistência social seja possível: as representações sexuais, agressivas, escatológicas etc. Em suma, tudo o que é necessariamente excluído do contexto social surge no jogo de palavras chistoso com a finalidade de desfazer, por um instante — o momento do riso —, a tensão interna dos grupos suscitada pela pressão constante[8] das pulsões expulsas. Freud as denomina tendências do chiste: a obscenidade, tendência a se desnudar, especialmente as mulheres; a agressividade, tendências hostis; o cinismo, como uma afirmação desmedida da primazia do eu; o ceticismo, isto é, a completa ausência de certeza. Essas quatro tendências são precisamente o que o Outro nos obriga a recalcar, aquilo que é proibido em nossas relações coletivas.[9] O chiste, portanto, é uma espécie de drible no recalque, que não é desfeito mas tem aberta uma portinhola que por um átimo de segundo dá acesso ao que foi recalcado e se fecha em seguida.

Com Lacan, pode-se compreender ainda mais o conflito que habita o sujeito a partir da tripartição estrutural que ele introduziu na psicanálise:

Anexo II

os três registros psíquicos do real, do simbólico e do imaginário. Essa tríade lacaniana é uma forma de distribuir o conjunto da obra de Freud em três segmentos heterogêneos consistentes que concernem três dimensões singulares de nosso aparelho psíquico:

• O simbólico, que não tem nada a ver com a simbólica junguiana, é o nome que Lacan deu à imensa parte da obra de Freud sobre o inconsciente, especialmente os primeiros grandes livros surgidos no breve espaço de cinco anos, entre 1900 e 1905: os três livros sobre os sonhos, a vida cotidiana e os chistes. Eles são considerados por Lacan como "canônicos em matéria de inconsciente",[10] porque expõem a estrutura de linguagem do inconsciente; mais essencialmente, demonstram que a estrutura *é* a linguagem e, portanto, que a linguagem é estruturante. Por isso Lacan assinalou, na conferência que proferiu em um simpósio sobre estruturalismo promovido pela Universidade Johns Hopkins, em Baltimore, em 1966, que afirmar que "o inconsciente é estruturado como uma linguagem" é tautológico, uma vez que "estrutura e 'como uma linguagem' significam exatamente a mesma coisa".[11] Lacan insistiu de todos os modos nesse ponto essencial, por exemplo quando, tratando do campo das psicoses como exemplar para abordar o inconsciente, falou da "força estruturante que trabalha no delírio".[12]

• O imaginário inclui todas as inúmeras contribuições de Freud sobre o tópico do narcisismo. Não deve ser confundido com a imaginação, pois ele se refere sobretudo à dimensão da imagem corporal e ao eu. O eu é a instância da qual provêm o recalque e a resistência, o que configura sua persistente oposição frontal ao pulsional.

• O real — que não é a realidade, sempre considerada por Freud como uma realidade psíquica em sua singular qualidade subjetiva — tem a ver com o pulsional, com sua dimensão sexual e com a repetição e a pulsão de morte, elaborados por Freud a partir de 1920. Portanto, o real tem a ver com o gozo e suas diferentes manifestações.

A tríade lacaniana permite compreender com simplicidade que a realidade é constituída por palavras e imagens, e portanto se trata de um tecido simbólico-imaginário, ao passo que o real é o que está situado para cada sujeito além de sua realidade psíquica. Ao nomear esses três segmentos da obra de Freud — sabemos bem, a partir da própria experiência da análise, que o ato de nomear modifica toda a relação do sujeito com aquilo que é nomeado —, a teoria lacaniana sobre R.S.I. nos oferece condições muito precisas para distinguir, em nosso funcionamento psíquico, essas três dimensões absolutamente heterogêneas que, no entanto, se articulam de maneira particular.

Quando Freud abordou o tema da guerra em "Reflexões para os tempos de guerra e morte", de 1915, e na correspondência de 1933 com Einstein, publicada sob o título "Por que a guerra?", ele indicou nos fenômenos relativos à guerra um fracasso do simbólico como um registro mediador entre o real e o imaginário. Fraude, traição, falta de moralidade, mentiras na política são todas elas manifestações da ruptura do poder mediador do simbólico.[13] A ruptura do simbólico está na base do desencadeamento da guerra, quando acordos e tratados — eminentemente simbólicos — não podem mais ser sustentados.

Isso nos oferece elementos para entender que, se a política é definida por Michel Foucault como a continuação da guerra por outros meios, esses meios que não operam na guerra são as estruturas simbólicas e, acima de tudo, a capacidade do simbólico de mediatizar a "guerra infinita" entre real e imaginário. Esse fracasso do simbólico é responsável, na guerra, pelo confronto direto entre o real e o imaginário, o que significa essencialmente o confronto entre o sentido fechado, uno, do imaginário e a ausência absoluta de sentido do real. O efeito dessa contenda é a impossibilidade de convívio, e a lógica da exclusão do outro ("ou um ou outro") se impõe.

O que relativiza essas duas posições extremas — real e imaginário são dois extremistas que cada sujeito carrega dentro de si — em relação ao sentido é precisamente o duplo sentido com o qual apenas o simbólico é capaz de operar. Quando o simbólico está em xeque, as posições extremistas do imaginário e do real são confrontadas em suas radicalidades.[14] O simbólico visa a mediação, o pacto, a conciliação e, nesse sentido, é salutar. Como Moustapha Safouan formulou, entre dois sujeitos há a palavra ou a morte, a salvação ou a lápide, e para conceber a violência como inerente à condição humana é necessário levar em conta o que ela comporta de destruição efetiva da palavra.[15]

Há na obra de Freud todo um segmento dedicado a elaborar essa característica do simbólico, sua aptidão para a ambiguidade. Sobretudo nos trabalhos sobre o inconsciente, Freud destaca a estrutura antitética das palavras e postula que em cada uma das formações do inconsciente pode-se encontrar uma cabeça de Janus, essa cabeça romana composta de duas faces de sentido oposto: uma bela, a outra feia; uma masculina, a outra feminina; uma jovem, a outra velha etc. Freud mantinha uma dessas figuras em sua escrivaninha e considerou a cabeça de Janus como uma magnífica representação do sujeito dividido pelo conflito psíquico.

No inconsciente, os opostos não se anulam, e assim o amor e o ódio coexistem. Freud adotou o sintagma "ambivalência afetiva", introduzido por Eugen Bleuler em seus estudos psiquiátricos sobre a psicose esquizofrênica, para designar essa característica primordial do inconsciente. Lacan, por sua vez, cunhou o neologismo "amódio" (*hainamoration*),[16] que associa amor e ódio em uma palavra-valise.

## A guerra sublimada

Em 1930, Freud publicou *O mal-estar na cultura*, um ensaio que se tornaria célebre, no qual avança algumas teses que a partir de então seriam fonte constante de referência para todos os pesquisadores que se utilizam das ferramentas psicanalíticas para estudar a civilização. Tal ensaio é o corolário de uma longa travessia efetuada por Freud, desde a criação da psicanálise, passando gradativamente do estudo dos sonhos e de outros fenômenos subjetivos da vida cotidiana normal (atos falhos, lapsos de linguagem, esquecimentos de nomes, chistes etc.) para o estudo do coletivo. Assim como Freud foi capaz de estender o escopo do inconsciente do patológico para o campo da vida cotidiana e da cultura, Lacan também insistiu no fato de que "a experiência psicanalítica não é outra coisa senão estabelecer que o inconsciente não deixa nenhuma de nossas ações fora de seu campo".[17]

Para a psicanálise, todas as criações culturais representam freios à busca de gozo. Seja religião, arte, ciência, filosofia ou esporte, em todas elas temos a dimensão de freio do gozo inerente às pulsões e especialmente à pulsão de morte — que, não fosse a tarefa da fantasia fundamental, dominaria o aparelho psíquico.[18] Como formulou Lacan no discurso de encerramento da jornada sobre as psicoses da criança, organizada na Escola Freudiana de Paris por Maud Mannoni em 1967: "Toda formação humana tem, por essência, e não por acaso, de refrear o gozo. A coisa nos aparece nua — e não mais através desses prismas ou pequenas lentes chamados religião, filosofia... ou até hedonismo, porque o princípio de prazer é o freio do gozo".[19]

A cultura, dito de outro modo, é a entronização da fantasia, e, por isso, ela assume faces tão diversas ao longo do tempo e dos lugares: fantasia de domínio científico da natureza e do mundo que nos cerca; fantasia de um deus que, dependendo da relação que seus fiéis mantêm com seus mandamentos, pune ou premia; fantasia de beleza absoluta e imortal da obra de arte, numa tentativa de deter a flecha do tempo que corrói o belo; fantasia de compreensão filosófica do mundo, atribuindo-lhe um sentido; fantasia de poder e domínio sobre o outro e sobre o mundo — e é aqui que o esporte se insere, sublimando as pulsões que estão em jogo nessas fantasias.

## Futebol e cultura

Na antropologia, Roberto DaMatta foi um dos primeiros estudiosos a fornecer ao futebol um lugar de destaque e concentrar nele as lentes de sua observação minuciosa, para nos fazer ver alguns aspectos essenciais ligados ao futebol no Brasil. Seu estudo, ainda que tenha o objetivo específico de ganhar "uma certa compreensão sociológica do futebol praticado no Brasil" e com isso ter elementos para "melhor interpretar a sociedade brasileira",[20] traz à baila algo que é da estrutura universal do futebol e do esporte em geral.

Estudando o futebol como um drama, isto é, um "modo privilegiado através do qual a sociedade se deixa perceber ou 'ler' por seus membros",[21]

DaMatta parte da concepção introduzida por Clifford Geertz de que "o rito (e o drama) seriam um determinado ângulo de onde uma dada população conta uma história de si mesma para si própria".[22] Ele descarta a formulação do futebol como "ópio do povo", segundo a qual "o futebol é visto como um modo de desviar a atenção do povo brasileiro de outros problemas mais básicos",[23] considerando-a como uma evidente projeção de nossa própria visão da sociedade e do lugar que nela concedemos às atividades esportivas: um lugar menosprezado em relação ao ocupado pelo trabalho, este intensamente valorizado porque permite transformar a natureza e o homem. Nesse sistema de pensamento, o esporte ocuparia o mesmo lugar reservado à religião e à arte: o de atividades inconsequentes ou marginais.

Ao contrário, a abordagem de DaMatta implica reconhecer que a sociedade se revela tanto pelo trabalho quanto através do esporte, da religião, de rituais ou política, e assim nos traz questões interessantes, dentre as quais uma que se aproxima das que nos colocamos com a psicanálise: "Que tipo, enfim, de roupagem é essa que a sociedade veste quando se manifesta totalizada por meio de sua dimensão esportiva?".[24] Como atividade da sociedade e não em oposição a ela, o esporte "é a própria sociedade exprimindo-se por meio de uma certa perspectiva, regras, relações, objetos, gestos, ideologias etc., permitindo, assim, abrir um espaço social determinado: o espaço do esporte e do 'jogo'".[25]

Sensível, tal como o psicanalista sabe sê-lo, aos usos da linguagem, o autor sublinha no Brasil que a palavra "futebol" surge amiúde acompanhada do termo "jogo", o que inclui na acepção desse esporte uma dimensão de sorte que é secundária nos países anglo-saxões, nos quais o que tem relevo é sobretudo a competição, a técnica e a força. DaMatta enfatiza que no Brasil o esporte é vivido como um jogo, isto é, além da tática, da força e da determinação psicológica e física, inclui as "forças incontroláveis da sorte e do destino".[26] Contudo, é preciso ressaltar que o campo semântico da palavra "jogar", em português, não se restringe ao aspecto da sorte e se estende de modo amplo a diferentes significações.[27]

Basicamente, há três acepções diversas para o termo: a brincadeira infantil, a competição esportiva e o jogo de azar. Tais acepções podem se misturar em cada caso em medidas variáveis, e aparecerem isoladas em alguns: por exemplo, no jogo de xadrez a sorte, evidentemente, tem pouca participação, o resultado da partida dependendo exclusivamente da astúcia lógica dos adversários; já o jogo do bicho, ao contrário, só implica a sorte; há os variados jogos infantis — cabra-cega, chicote queimado, bola de gude — cuja finalidade recreativa, espontânea nas crianças, é inteiramente gratuita e isenta de caráter competitivo. É curioso que até mesmo nos diversos avatares infantis do futebol, o termo "jogo" surge: jogo de botão, jogo de totó.

Sobre a prática dos esportes, já conhecemos alguma coisa do ponto de vista da psicanálise: eles oferecem, em geral, uma forma intensa de satisfação, pelo fato de colocarem em atividade o aparelho motor e oferecerem condições ótimas para descarregar a agressividade. Em outras palavras, a agressividade é inerente a todos os esportes, mas pode ser particularmente evidenciada no futebol se estudarmos sua linguagem, francamente bélica. O futebol está incluído na classificação de jogos estabelecida por Roger Caillois em jogos de competição, *âgon*,[28] termo grego que remete ao espírito de luta e combate entre as partes.

A partir da análise da linguagem do futebol, podemos nos aproximar bastante da noção lacaniana do "inconsciente estruturado como linguagem". Para Lacan, "é o equívoco, a pluralidade de sentido que favorece a passagem do inconsciente no discurso".[29] Essa afirmação precisa de Lacan sobre a teoria do significante pode ser ilustrada de forma simples na linguagem do futebol e em suas metáforas bélicas — que revelam a ambiguidade presente no jogo de futebol: a satisfação da pulsão agressiva e, ao mesmo tempo, sua sublimação.

O time de futebol é constituído por verdadeiros guerreiros que compõem um exército, cujo objetivo é alcançar a vitória no campo de batalha. Conforme salienta Luiz César Saraiva Feijó em seu estudo sobre a linguagem nos esportes de massa, "o campo metafórico relacionado à guerra é muito comum na linguagem especial do futebol".[30] Falamos, por exemplo, de batalha, luta, capitão da equipe, ataque, contra-ataque, defesa, barreira e tática. Para designar os chutes muito poderosos, falamos de petardos e tiros de canhão. Aliás, o chute é sempre designado como tiro — tiro cruzado, tiro de canto, tiro livre, tiro de meta etc.[31] O jogador que faz mais gols é o artilheiro da temporada; quando briga pela conquista de um título, dizemos que ele tem garra, como uma fera selvagem. Cada equipe tem seu poder de fogo, e às vezes isso é considerado um furacão. Chamar de amistosos os jogos fora de campeonatos indica que certamente as outras partidas não são de modo algum amistosas!

Os exemplos são inumeráveis. A linguagem do futebol evidencia com todas as letras que nesse esporte, inconscientemente, a guerra está presente, embora velada, já que traduzida nas exigências da cultura. Cada jogo é a representação alegórica de uma verdadeira batalha. Há alguns anos, a própria figura da morte fez sua entrada no campo do futebol, pela regra da morte súbita, o fim abrupto do jogo quando um dos dois adversários faz o primeiro gol em qualquer momento da prorrogação. Comentando a morte súbita em seu estudo, Feijó destaca que é

> uma expressão mórbida, retratando a inexorável impossibilidade de uma equipe continuar na disputa pelo título. Essa expressão está ligada ao campo semântico do aniquilamento total, efeito de uma superioridade flagrante de um adversário sobre o outro e, também, porque a partida de futebol é vista como uma verdadeira batalha (guerra), em que os vencidos, imaginariamente, tudo perdem, inclusive a vida.[32]

Nesse caso, o autor não hesita em destacar a presença de um sema, um componente semântico "especificador da violência embutida nesse esporte de massa", e menciona a "grande constelação vocabular nessa área de significação hiperbólico-metafórica: matou a bola no peito, matou a jogada, matou a pau, a bola morreu na área, nos últimos estertores do jogo".[33] A denominação "morte súbita" não durou muito tempo, sendo substituída por "gol de ouro", talvez porque sua presença tornasse excessivamente evidente o caráter bélico e destrutivo inerente à partida.

As palavras dos hinos e *gritos de guerra* das equipes são incrivelmente violentas. Com palavrões que fomentam a agressão física, essas cantorias mostram de uma maneira óbvia o que Freud chamou de persistência latente do homem primitivo no homem civilizado, e, ao mesmo tempo, revelam uma inegável "aptidão para a cultura".[34] Na segunda tópica freudiana, essa persistência será considerada como a mais primitiva e poderosa de todas, a pulsão de morte.

## A guerra em campo

O jogo do futebol constitui, de fato, a sublimação das forças — chamadas pela psicanálise de pulsões — de dominação e agressão inerentes ao ser humano, e as coloca em cena de forma civilizada, passível de ser admitida, para que possa haver a coexistência entre os sujeitos, assim como entre os povos.

Essa afirmação se confirma na manifestação oposta, infelizmente cada vez menos episódica, dos fenômenos de violência extrema entre os torcedores, dos quais os *hooligans* ingleses constituem o paradigma mais bárbaro.[35] No jogo conhecido como a tragédia do Estádio de Heysel, entre o Liverpool inglês e a italiana Juventus, ocorrido em Bruxelas em 1985, a luta deixou 38 mortos e centenas de feridos. Já neste século, na Copa do Mundo de 2006, na Alemanha, grupos de *hooligans* e torcedores alemães se enfrentaram com grande violência. Isso para citar apenas dois exemplos, mas temos o registro da violência desencadeada nos esportes desde 532, em Constantinopla, quando a chamada revolta de Nika opôs dois grupos de corridas de bigas, os Azuis e os Verdes, resultando em milhares de mortes e na destruição de metade da cidade.

A história recente também registrou outro fato surpreendente: uma guerra desencadeada em 1969 entre El Salvador e Honduras, após três jogos de futebol nos quais os dois países disputavam um lugar na Copa de 1970. Em quatro dias o conflito deixou novecentos mortos em El Salvador e 2100 em Honduras. A Organização dos Estados Americanos conseguiu negociar a cessação dos combates, mas a fronteira entre os dois países permaneceu fechada por mais de dez anos, até que um tratado final de paz foi assinado.

Os esportes são a sublimação de pulsões agressivas e destrutivas, mas sabemos que a sublimação não pode ser total, há sempre uma parcela de satisfação corporal das pulsões que terá de ser realizada diretamente, ou seja, sem o desvio salutar promovido pela sublimação. Lembremos que a pulsão é uma verdadeira ponte entre corpo e mente, sendo uma exigência de trabalho daquele sobre esta. A satisfação que a pulsão almeja é aquela que é proporcionada pelo corpo, mas as vicissitudes psíquicas da pulsão lidam com essa demanda de satisfação dando-lhe destinos diferentes.

É assim que se passa no campo de todas as pulsões, tanto sexuais como agressivas. Aliás, embora não tenhamos tratado disso aqui, nos esportes as pulsões sexuais estão igualmente presentes. Na linguagem do futebol, a sexualidade surge sublimada nas expressões que espoucam na fala dos torcedores e dos locutores esportivos: a bola é chamada de menina, as redes da baliza são o véu da noiva, chamar a bola de meu bem significa possuir domínio sobre ela. Expressões como "abrir as pernas" e gritos de "pra dentro deles"[36] podem ser ouvidos também sem que o sentido sexual fique tão explícito a ponto de chocar o ouvinte. Os locutores podem, contudo, por sua enunciação, substituir a mera "referencialidade pela conotação" e dar um cunho francamente sexual a certas expressões, como por exemplo quando anunciam "vai entrar, vai entrar, entrou!". Como sugere Feijó, a entonação dada à narração "excita a fantasia do ouvinte, induzindo-o ao êxtase produzido pelo orgasmo".[37]

No final de sua quinta e última lição proferida nos Estados Unidos, em 1909, Freud contou uma fábula com a qual pôde ilustrar a impossibilidade de sublimar toda a pulsão. Em um vilarejo alemão chamado Schilda, havia um cavalo de tração que a população submeteu a uma dieta cada vez mais econômica, e passados alguns dias comendo apenas um grão de ração de aveia, ele morreu. Freud conclui seu raciocínio dizendo que não se pode esperar o trabalho de um animal sem que ele seja alimentado.[38] Claro está que o mestre raciocina aqui especificamente com as pulsões sexuais, na medida em que ele ainda não havia construído seu segundo dualismo pulsional (pulsões de vida *versus* pulsão de morte), o que só ocorrerá em 1920, mas podemos estender os mesmos argumentos para as pulsões destrutivas. A impossibilidade de sublimar completamente as pulsões sexuais e agressivas é um verdadeiro axioma da psicanálise. Freud assinalou que o recalque das pulsões sexuais leva à produção de sintomas neuróticos, enquanto o recalque das pulsões agressivas leva à culpa.[39]

O futebol que conhecemos, surgido na Inglaterra no século XIX, tem origens muito antigas. O mais antigo é o jogo Tsu-Chu, que surgiu na China entre 3000 e 2500 a.C., na época da dinastia do imperador Huang-ti. Esse jogo, criado para fazer parte dos treinamentos militares, foi conduzido primeiro com os crânios dos inimigos e depois com bolas de couro (*tsu*: para jogar com o pé, *chu*: bola de couro recheada).[40]

Diante dessa transformação que o futebol sofreu após sua ascensão ao longo dos séculos — passando pelo *epyskiros*[41] na Grécia Antiga, o *harpastum* em Roma, o *soule* na Idade Média —, com a cabeça do adversário sendo substituída pela bola de couro,[42] Freud certamente teria exclamado: "Como a humanidade evoluiu!".[43] Em todo caso, foi Freud quem nos ensinou que "não há como eliminar totalmente os movimentos agressivos do homem; podemos tentar desviá-los a tal ponto que eles não precisem ter sua expressão na guerra".[44]

## A celebração da lei

O futebol, para Betty Milan, é a tradução de uma característica brasileira, a paixão do brincar, a qual faz com que a bola, para nossos jogadores, seja um brinquedo, "menos o objeto através do qual se realiza o gol do que a coisa nossa, dignificada pelo país inteiro, que bem pode ser dito o país da bola".[45] Segundo a autora, o menino brasileiro antes de jogar brinca com a bola, e nisso reside a particular capacidade do jogador brasileiro, o chamado craque: "Precisamente porque vivemos sob o imperativo do brincar, o Carnaval e o futebol são paixões nacionais".[46] Além disso, cabe notar que a atualidade produziu uma valorização tamanha dos grandes jogadores de futebol — a maioria oriundos de meios extremamente carentes —, que um certo ideal de "jogador de futebol" como realização pessoal e até mesmo familiar se criou junto à meninada brasileira.

Defendo uma hipótese que tenta igualmente cernir a importância que o brasileiro atribui ao jogo de futebol, baseada em que este é, no fundo, a celebração da vigência da lei humana. É o juiz que, entre os jogadores, conduz a partida e as possibilidades que esta apresenta; é ele quem, meio invisível (ele não é o objeto principal do olhar de ninguém), sem tocar na bola (ele a evita), dá a ela todo seu sentido (inicia e encerra o jogo, interrompe-o se achar necessário, valida ou não um gol) e emoldura o quadro no interior do qual todo o jogo se desenrolará. É tendo-o por referência — presença materializada da lei em campo, com sua austeridade, seu apito e cartões amarelos e vermelhos — que os homens se conduzem para conquistar a vitória. A vitória é buscada, mas deve ser obtida dentro da lei.

Não seria essa efusiva celebração da lei o que faz com que o futebol encontre no Brasil uma de suas expressões mais potentes? Num país onde a lei parece redundar eternamente em fracasso, em suas mais diferentes dimensões, os homens bons parecem denunciar esse fracasso em aplicar a lei ao encontrar no futebol o espaço para celebrá-la em toda sua plenitude e vigor. Isso pode ser uma fecunda indicação para nossos (poucos) políticos que almejam o bem-estar social verdadeiro: criar projetos que mobilizem, no sentido de ações sociais urgentes, parte da energia posta em ação com tanto entusiasmo quando se trata do jogo de futebol, tanto pelos jogadores quanto por times e torcidas. Porque eles, ao celebrarem a lei nos jogos, demonstram que sabem, ainda que inconscientemente, até onde se pode ir para se conseguir o que se deseja. Isso é a essência da Lei humana. E, por enquanto, algo que no Brasil é raro, a não ser nos domínios desse belo e exemplar esporte e na linguagem cotidiana, em que a palavra "legal" é usada tão abundantemente que revela a contínua invocação da lei que fazemos também inconscientemente.

O Poder Legislativo ao fazer as leis, os juízes ao aplicarem-na, os promotores ao fiscalizarem a sua aplicação e os advogados ao defenderem os sujeitos, todos deveriam igualmente seguir esse exemplo do povo brasileiro e aprender, com ele, a celebrar a lei cotidianamente.

# Notas

## Introdução [pp.13-21]

1. J. Lacan, "C'est à la lecture de Freud...", p.13. O grifo é meu.
2. A. Didier-Weill, "L'esprit de l'Inter-Associatif, p.1.
3. M.A.C. Jorge, "A psicanálise entre ciência e religião", p.44.
4. S. Freud, "Uma breve descrição da psicanálise", in *AE*, vol.XIX, p.217; *ESB*, vol.XIX, p.255.
5. S. Freud, *A psicopatologia da vida cotidiana*, in *AE*, vol.VI, p.236; *ESB*, vol.VI, p.291.
6. S. Freud, "Carta a Georg Groddeck de 5.6.1917", in *Correspondência de amor e outras cartas (1873-1939)*, p.370. Tradução modificada pela citada in P.-L. Assoun, *Metapsicologia freudiana*, p.174.
7. S. Freud, *A interpretação dos sonhos (parte II)*, in *AE*, vol.V, p.542; *ESB*, vol.V, p.585.
8. S. Freud, *Moisés e o monoteísmo*, in *AE*, vol.XXIII, p.128; *ESB*, vol.XXIII, pp.156-7.
9. "O inconsciente é a parte do discurso concreto, como transindividual, que falta à disposição do sujeito para restabelecer a continuidade de seu discurso consciente." Cf. J. Lacan, "Função e campo da fala e da linguagem em psicanálise", in *Escritos*, p.260.
10. J. Lacan, *O Seminário*, livro 7, *A ética da psicanálise*, p.61.
11. J. Lacan, *O Seminário*, livro 22, *R.S.I.*, lição de 8 abr. 1975.
12. S. Freud, "A questão da análise leiga", in *AE*, vol.XX, p.240; *ESB*, vol.XX, p.291.

## 1. Pulsão e falta: O real [pp.23-86]

1. S. Freud, *Conferências introdutórias sobre psicanálise*, in *AE*, vol.XVI, pp.260-1; *ESB*, vol.XVI, p.336.
2. S. Freud, "A história do movimento psicanalítico", in *AE*, vol.XIV, pp.63-4; *ESB*, vol. XIV, p.81.
3. J. Lacan, "A coisa freudiana ou Sentido do retorno a Freud em psicanálise", in *Escritos*, p.406.
4. J. Lacan, "Posição do inconsciente", in *Escritos*, p.846.
5. J. Lacan, "Séminaire de Caracas", in *Almanach de la dissolution*, p.85.
6. Ibid.
7. J. Lacan, "Conférences et entretiens dans des universités nord-américaines", p.27.

8. J. Lacan, *O Seminário*, livro 23, *O sinthoma*, p.125.
9. J. Lacan, *O Seminário*, livro 11, *Os quatro conceitos fundamentais da psicanálise*, p.55.
10. J. Lacan, "Posição do inconsciente", in *Escritos*, p.848.
11. S. Freud, "Projeto para uma psicologia científica", in *AE*, vol.I, p.341; *ESB*, vol.I, p.397.
12. S. Freud, "Meus pontos de vista sobre o papel desempenhado pela sexualidade na etiologia das neuroses", in *AE*, vol.VII, p.267; *ESB*, vol.VII, p.288. Cf. sobre esse momento fundamental da elaboração freudiana: M.A.C. Jorge, "Freud: Da sedução à fantasia", in *Sexo e discurso em Freud e Lacan*, pp.11-24.
13. S. Freud, "Atas da Sociedade Psicanalítica de Viena, 17 nov. 1909 (Discussão sobre o valor do trabalho pediátrico para a verificação das teorias psicanalíticas)", citado in: E. Jones, *A vida e a obra de Sigmund Freud*, vol.2, p.439.
14. S. Freud, "A história do movimento psicanalítico", in *AE*, vol.XIV, p.15; *ESB*, vol. XIV, p.26. O grifo é meu.
15. Ibid., in *AE*, vol.XIV, p.15; *ESB* vol.XIV, p.25.
16. Ibid., in *AE*, vol.XIV, pp.15-6; *ESB*, vol.XIV, p.26.
17. E. Roudinesco, *História da psicanálise na França*, vol.I, p.162.
18. S. Freud, "A história do movimento psicanalítico", in *AE*, vol.XIV, p.16; *ESB*, vol. XIV, p.27.
19. Termo que às vezes tem o sentido de supressão.
20. J. Lacan, *Televisão*, p.52.
21. S. Freud, "Recalque", in *AE*, vol.XIV, p.143; *ESB*, vol.XIV, p.171.
22. S. Freud, "Notas psicanalíticas sobre um relato autobiográfico de um caso de paranoia (*dementia paranoides*)", in *AE*, vol.XII, p.63; *ESB*, vol.XII, p.91.
23. S. Freud, "Recalque", in *AE*, vol.XIV, p.144; *ESB*, vol.XIV, p.173.
24. S. Freud, "Notas psicanalíticas sobre um relato autobiográfico de um caso de paranoia (*dementia paranoides*)", in *AE*, vol.XII, p.63; *ESB*, vol.XII, p.91.
25. A expressão é de C. Melman em *Novos estudos sobre a histeria*, p.48.
26. S. Freud, "Recalque", in *AE*, vol.XIV, p.141; *ESB*, vol.XIV, p.169.
27. Ibid., in *AE*, vol.XIV, p.142; *ESB*, vol.XIV, p.170.
28. S. Freud, "Inibições, sintomas e angústia", in *AE*, vol.XX, p.147; *ESB*, vol.XX, p.181.
29. S. Freud, "Recalque", in *AE*, vol.XIV, p.142; *ESB*, vol.XIV, p.170.
30. Vide igualmente o Anexo I, p.215.
31. P.L. Assoun, *Metapsicologia freudiana*, p.113.
32. Tais elementos são importantes para nossa abordagem dos pares antitéticos. Cf. capítulo 3.
33. S. Freud, *A interpretação dos sonhos*, in *AE*, vol.V, p.597; *ESB*, vol.V, p.550.
34. F. Wittels inferiu da análise dos sonhos de Freud, expostos em *A interpretação dos sonhos*, que Fliess veio ocupar o lugar deixado vago pelos vários amigos que Freud perdera. Cf. E. Kris, "Estudio preliminar" a *Los orígines del psicoanálisis*, p.597.

35. O. Mannoni, *Freud, uma biografia ilustrada*, pp.58-65.
36. Ibid., p.59.
37. D. Anzieu, *A autoanálise de Freud e a descoberta da psicanálise*.
38. E. Porge, *Freud/Fliess: Mito e quimera da autoanálise*.
39. S. André, "Wilhelm Fliess, 1858-1928: L'analyste de Freud?", p.156.
40. Ibid., p.158.
41. E. Porge, *Freud/Fliess: Mito e quimera da autoanálise*, p.33.
42. R. Byck (Org.), *Freud e a cocaína*.
43. W. Fliess, *Les relations entre le nez et les organes génitaux féminins*, p.11.
44. A noção abrangente de recalcamentos filogenéticos era cara a Freud e comparece, por exemplo, numa carta a Marie Bonaparte a respeito do incesto. Cf. E. Roudinesco e M. Plon, *Dicionário de psicanálise*, p.374.
45. F.J. Sulloway, *Freud: Biologiste de l'esprit*, pp.132-3.
46. Ibid., pp.136-8.
47. S. Freud, *A correspondência completa de Sigmund Freud para Wilhelm Fliess (1887--1904)*, p.213.
48. Ibid., p.293. (Os grifos são meus e revelam que já se tratava, desde então, de saber o que era de quem...)
49. Ibid., p.304.
50. Ibid., p.365.
51. Ibid., p.449.
52. Citado in ibid., p.4.
53. Ibid., p.468.
54. Ibid., p.466.
55. Cf. as passagens da correspondência que o mostram claramente: ibid., pp.435, 451, 464.
56. Ibid., p.293.
57. Ibid., p.449. O grifo é meu.
58. Ibid., p.451.
59. Ibid., p.465.
60. S. Freud, *A interpretação dos sonhos*, in *AE*, vol.IV, p.336; *ESB*, vol.IV, p.352.
61. Ibid., in *AE*, vol.V, p.595; *ESB*, vol.V, p.645.
62. S. Freud, "Fragmento da análise de um caso de histeria", in *AE*, vol.VII, p.99; *ESB*, vol.VII, p.110.
63. S. Freud, *Três ensaios sobre a teoria da sexualidade*, in *AE*, vol.VII, p.129; *ESB*, vol. VII, p.142.
64. Ibid., in *AE*, v.VII, p.131; *ESB*, v.VII, p.144. O grifo é meu: trata-se do *não saber* inerente ao sexo.
65. Ibid., in *AE*, v.VII, p.130; *ESB*, v.VII, p.144.
66. Ibid., in *AE*, v.VII, p.201; *ESB*, v.VII, p.226.

67. S. Freud, "Fantasias histéricas e sua relação com a bissexualidade", in *AE*, vol.ix, p.146; *ESB*, vol.ix, p.169.
68. S. Freud, "Leonardo da Vinci e uma lembrança da sua infância", in *AE*, vol.xi, p.126; *ESB*, vol.xi, p.123.
69. S. Freud, "O interesse científico da psicanálise", in *AE*, vol.xiii, p.185; *ESB*, vol. xiii, p.217.
70. S. Freud, *Conferências introdutórias sobre psicanálise (partes I e II)*, in *AE*, vol.xv, p.217; *ESB*, vol.xv, p.283.
71. S. Freud, "História de uma neurose infantil", in *AE*, vol.xvii, p.100; *ESB*; vol.xvii, p.138.
72. S. Freud, "Uma criança é espancada", in *AE*, vol.xvii, p.197; *ESB*, vol.xvii, p.249.
73. S. Freud, "Esboço de psicanálise", in *AE*, vol.xxiii, p.188; *ESB*, vol.xxiii, p.216.
74. S. Freud, "Análise terminável e interminável", in *AE*, vol.xxiii, p.245; *ESB*, vol. xxiii, p.277.
75. Ibid., in *AE*, vol.xxiii, pp.252-3; *ESB*, vol.xxiii, p.286.
76. J. Laplanche e J.B. Pontalis, *Vocabulário da psicanálise*, p.88.
77. S. Freud, *O mal-estar na cultura*, in *AE*, vol.xxi, p.103, n.5; *ESB*, vol.xxi, p.127, n.3.
78. Observe-se que o enigma inerente à sexualidade humana é igualmente apontado por outras disciplinas, além da psicanálise: a prestigiosa revista *The Sciences* publicou um artigo de genética sobre os cinco sexos que podem ser isolados. A própria autora afirma, contudo, que há uma gama infinita de sexos entre o masculino e o feminino — biologicamente falando! Cf. A. Fausto-Sterling, "The five sexes".
79. S. Freud, *A correspondência completa de Sigmund Freud para Wilhelm Fliess (1887--1904)*, p.224.
80. Ibid., p.280.
81. Ibid., p.281.
82. S. Freud, "Meus pontos de vista sobre o papel desempenhado pela sexualidade na etiologia das neuroses", in *AE*, vol.vii, p.269; *ESB*, vol.vii, p.290.
83. S. Freud, "Notas sobre um caso de neurose obsessiva", in *AE*, vol.x, p.192; *ESB*, vol.x, p.248.
84. Ibid., in *AE*, vol.x, p.193; *ESB*, vol.x, p.249.
85. S. Freud, "Sobre a tendência universal à depreciação na esfera do amor", in *AE*, vol.xi, p.182; *ESB*, vol.xi, pp.171-2.
86. Ibid., in *AE*, vol.xi, pp.182-3; *ESB*, vol.xi, p.172. Napoleão dissera que a geografia é o destino.
87. J. Lacan, *O Seminário*, livro 11, *Os quatro conceitos fundamentais da psicanálise*, capítulos xiii e xiv.
88. S. Freud, *O mal-estar na cultura*, in *AE*, vol.xxi, p.97, n.1; *ESB*, vol.xxi, p.119, n.1.
89. Ibid., in *AE*, vol.xxi, p.97; *ESB*, vol.xxi, p.120.
90. Ibid., in *AE*, vol.xxi, p.98; *ESB*, vol.xxi, p.120.

91. Ibid.
92. Ibid.
93. Ibid., in *AE*, vol.xxi, p.98; *ESB*, vol.xxi, pp.120-1.
94. Ibid., in *AE*, vol.xxi, p.104; *ESB*, vol.xxi, p.127. O grifo é meu.
95. J. Lacan, *Le savoir du psychanalyste*, lição de 4 nov. 1971.
96. P. Bercherie, por exemplo, lê na referência que Freud faz nomeadamente em 1905 ao recalque orgânico a primeira menção, *avant la lettre*, ao recalque originário. Cf. P. Bercherie, *Géographie du champ psychanalytique*, p.38.
97. E. Salducci, "Fase do espelho", in R. Chemama, *Dicionário de psicanálise*, p.58.
98. J. Lacan, *O Seminário*, livro 2, *O eu na teoria de Freud e na técnica da psicanálise*, p.14.
99. Para retomar a excelente expressão de E. Salducci, "Fase do espelho", p.59.
100. J. Lacan, *O Seminário*, livro 22, *R.S.I.*, lição de 11 mar. 1975.
101. J. Lacan, "O estádio do espelho como formador da função do eu", in *Escritos*, p.97.
102. J. Lacan, "Algumas reflexões sobre o eu", p.37. O grifo é meu.
103. J. Lacan, *O Seminário*, livro 22, *R.S.I.*, lição de 14 jan. 1975.
104. O instinto é unívoco e a pulsão é plurívoca.
105. S. Freud, "Além do princípio de prazer", in *AE*, vol.xviii, p.50; *ESB*, vol.xviii, p.71.
106. J. Lacan, *"Do 'Trieb'* de Freud e do desejo do psicanalista", in *Escritos*, p.865.
107. Note-se que K. Lorenz utiliza esse mesmo dualismo, em *Os fundamentos da etologia*, para abordar os fenômenos instintuais no campo da pesquisa etológica.
108. J. Laplanche insiste em valorizar esse primeiro dualismo pulsional com todos os equívocos dele decorrentes. Cf. J. Laplanche, *Novos fundamentos para psicanálise*, p.152.
109. S. Freud, "Por que a guerra?", in *AE*, vol.xxii, p.194; *ESB*, vol.xxii, p.254.
110. J. Lacan, "O engano do sujeito suposto saber", in *Outros escritos*, p.336.
111. "Nada impede a conjectura de que as próprias pulsões, pelo menos em parte, são decantações da ação de estímulos externos que no decorrer da filogênese ocasionaram modificações na substância viva". Cf. S. Freud, "As pulsões e suas vicissitudes", in *AE*, vol.xiv, p.116; *ESB*, vol.xiv, pp.140-1.
112. S. Freud, *Três ensaios sobre a teoria da sexualidade*, in *AE*, vol.vii, p.153; *ESB*, vol. vii, p.171.
113. S. Freud, "As pulsões e suas vicissitudes", in *AE*, vol.xiv, p.117; *ESB*, vol.xiv, p.142. O grifo é meu.
114. J. Lacan, *O Seminário*, livro 23, *O sinthoma*, p.18.
115. Ibid., p.117.
116. J. Lacan, *O Seminário*, livro 11, *Os quatro conceitos fundamentais da psicanálise*, p.171.
117. J. Lacan, *Conférences et entretiens dans des universités nord-américaines*, p.14.
118. Ibid., p.14.
119. J. Lacan, "Subversão do sujeito e dialética do desejo no inconsciente freudiano", in *Escritos*, p.831.

120. J. Lacan, *O Seminário*, livro 11, *Os quatro conceitos fundamentais da psicanálise*, p.167.
121. Ibid., p.171.
122. S. Freud, "Sobre a tendência universal à depreciação na esfera do amor", in *AE*, vol.xi, p.182; *ESB*, vol.xi, p.171.
123. S. Freud, *Além do princípio de prazer*, in *AE*, vol.xviii, p.42; *ESB*, vol.xviii, p.60. O poeta a que Freud se refere aqui é Goethe (*Fausto*, Parte i, cena 4).
124. A respeito do objeto *a* na teoria lacaniana consultar também: C. Millot, *Nobodaddy*, pp.55-64; e J.D. Nasio, *Cinco lições sobre a teoria de Jacques Lacan*, pp.85-118.
125. J. Lacan, "Subversão do sujeito e dialética do desejo no inconsciente freudiano", in *Escritos*, p.832.
126. J. Lacan, "Posição do inconsciente", in *Escritos*, pp.862-3.
127. J. Lacan, "Subversão do sujeito e dialética do desejo no inconsciente freudiano", in *Escritos*, p.832.
128. M.D. Magno, *Ordem e progresso*, p.54.
129. Nesta seção, retomaremos, em forma de questionamento dirigido ao aspecto da pulsão olfativa, uma série de pontos que já abordamos, donde algumas repetições necessárias.
130. P.-L. Assoun, *Metapsicologia freudiana*, p.113.
131. Não há nome, na linguagem coloquial, para designar a perda do sentido do olfato, mas apenas na linguagem técnica: *anosmia*, do greco-romano *sem+cheiro*, deficiência da capacidade de sentir cheiro ou gosto, uma vez que ambos os sentidos estão ligados.
132. Intervenção de M.-L. Lacas no debate sobre a desidentificação in M. Mannoni, *As identificações na clínica e na teoria psicanalítica*, pp.189-90.
133. J. Lacan, "Conférences et entretiens dans des universités nord-américaines", p.14.
134. Freud utilizou o termo *Riechtrieb* (pulsão olfativa) na conferência "Sobre a gênese do fetichismo", em 24 fev. 1909. Cf. A. de Mijolla, (Org.), *Revista Internacional da História da Psicanálise*, vol.2, p.382.
135. F. Baudry, "Objeto", in P. Kaufmann, (Org.), *Dicionário enciclopédico de psicanálise*, p.378.
136. J. Lacan, *O Seminário*, livro 22, *R.S.I.*, lição de 21 jan. 1975.
137. J. Lacan, "Posição do inconsciente", in *Escritos*, pp.862-3.
138. J. Lacan, *O Seminário*, livro 11, *Os quatro conceitos fundamentais da psicanálise*, p.167.
139. S. Freud, *Além do princípio de prazer*, in *AE*, vol.xviii, p.42; *ESB*, vol.xviii, p.60.
140. Lacan observou que, "afora a gustação, o olfativo é a única dimensão que permite reduzir a zero (*nil*) a distância". Cf. "A direção do tratamento e os princípios de seu poder", in *Escritos*, p.616.
141. D. Ackerman, *Uma história natural dos sentidos*, p.25.
142. É o que revela a análise de línguas de outras culturas, como a dos Serer ndut do Senegal, dos Kapsikis dos Camarões, e dos incas. Cf. C. Classen, D. Howes, A. Synnott, *Aroma*, pp.121-5.

143. W. Fliess, *Les relations entre le nez et les organes génitaux féminins*, p.17.
144. R. Leakey e R. Lewin, *O povo do lago*, p.200.
145. Ele se refere a isso numa carta posterior, de 22 dez. 1897, como sendo sua "teoria do mau cheiro interno".
146. É digno de nota que Freud considere aí a proibição como sinônimo de recalcamento: "a pulsão escópica, buscando alcançar seu objeto (originalmente os órgãos genitais) partindo de baixo, foi interrompida em seu caminho pela *proibição ou recalcamento*".
147. M. Bandeira, in *Estrela da vida inteira*.
148. *A correspondência de Arthur Rimbaud*, p.13.
149. J. Lacan, *O Seminário*, livro 2, *O eu na teoria de Freud e na técnica da psicanálise*, p.14.
150. R. Descharnes, *Dalí de Gala*, p.164.
151. J. Lacan, *Conférences et entretiens dans des universités nord-américaines*, p.21.
152. J. Lacan, *O Seminário*, livro 11, *Os quatro conceitos fundamentais da psicanálise*, p.56.
153. S. Freud, "O estranho", in *AE*, vol.XVII, p.238; *ESB*, vol.XVII, p.297.
154. S. Freud, *Além do princípio de prazer*, in *AE*, vol.XVIII, p.37; *ESB*, vol.XVIII, p.55.
155. Ibid., in *AE*, vol.XVIII, p.60; *ESB*, vol.XVIII, p.83.
156. J. Lacan, "Subversão do sujeito e dialética do desejo no inconsciente freudiano", in *Escritos*, p.817.
157. C. Millot, *Freud antipedagogo*, p.96.
158. Segundo esse autor, há um isomorfismo de estrutura ternária (R.S.I.) entre o sujeito falante e o Haver. Cf. M.A.C. Jorge, "Plerôme: Freud à nouveau".
159. S. Freud, "Análise terminável e análise interminável", in *AE*, vol.XXIII, p.247; *ESB*, vol.XXIII, p.279.
160. J. Lacan, "O seminário sobre 'A carta roubada'", in *Escritos*, p.50.
161. J. Lacan, *O Seminário*, livro 2, *O eu na teoria de Freud e na técnica da psicanálise*, p.119.

## 2. Inconsciente e linguagem: O simbólico [pp.87-137]

1. J. Lacan, "Função e campo da fala e da linguagem em psicanálise", in *Escritos*, p.276.
2. J. Lacan, "A instância da letra no inconsciente ou a razão desde Freud", in *Escritos*, p.526.
3. Cf. A. Didier-Weill, *Os três tempos da lei*, p.110: "a gênese do Verbo requer a geração de um ritmo de três tempos".
4. J. Lacan, "O engano do sujeito suposto saber", in *Outros escritos*, p.337.
5. S. Freud, *A psicopatologia da vida cotidiana*, in *AE*, vol.VI, p.13; *ESB*, vol.VI, p.23.
6. S. Freud, *Os chistes e sua relação com o inconsciente*, in *AE*, vol.VIII, p.157; *ESB*, vol.VIII, p.187.
7. J. Lacan, "C'est à la lecture de Freud...", p.10.

8. J. Lacan, *O Seminário*, livro 20, *Mais, ainda*, p.129.
9. J. Lacan, *O Seminário*, livro 23, *O sinthoma*, p.127.
10. J. Lacan, *Televisão*, p.31.
11. J.J. Moscovitz e P. Grancher, *Para que serve uma análise?*, p.12.
12. J. Lacan, *O Seminário*, livro 20, *Mais, ainda*, p.190.
13. Ibid., p.118.
14. J. Lacan, *Conférences et entretiens dans des universités nord-américaines*, p.16.
15. J. Lacan, *O Seminário*, livro 20, *Mais, ainda*, p.9. O mecanismo da renegação (*Verleugnung*) pôde ser igualmente aproximado, nessa mesma perspectiva, da assertiva formulada por O. Mannoni: "Eu sei, mas mesmo assim...".
16. J. Lacan, *O Seminário*, livro 17, *O avesso da psicanálise*, p.16.
17. J. Lacan, *R.S.I.*, lição de 15 abr. 1975.
18. J. Lacan, *Conférences et entretiens dans des universités nord-américaines*, p.50.
19. S. Freud, *Os chistes e sua relação com o inconsciente*, in *AE*, vol.XIII, p.153; *ESB*, vol. VIII, p.184. O grifo é meu.
20. S. Freud, *Conferências introdutórias sobre psicanálise*, in *AE*, vol.XV, p.92; *ESB*, vol. XV, p.126.
21. J. Lacan, "Função e campo da fala e da linguagem em psicanálise", in *Escritos*, p.270.
22. J. Lacan, "Intervenção sobre a transferência", in *Escritos*, p.216.
23. E. Cassirer, *Ensaio sobre o homem*, p.48.
24. M. Arrivé, *Linguagem e psicanálise, linguística e inconsciente*, p.115.
25. Ibid., p.108.
26. A. Radzinski, "Lacan/Saussure: Les contours théoriques d'une rencontre", p.119.
27. Ibid., p.120.
28. M. Arrivé, *Linguagem e psicanálise, linguística e inconsciente*, p.73.
29. Ibid., p.24.
30. J. Lacan, "A coisa freudiana ou Sentido do retorno a Freud em psicanálise", in *Escritos*, p.415.
31. E. Cassirer, *Ensaio sobre o homem*, p.48.
32. J. Starobinski, *As palavras sob as palavras*, p.47.
33. Ibid., p.43.
34. R. Engler, *Edition critique du "Cours de linguistique générale"*, p.266; citado in: M. Arrivé, *Linguagem e psicanálise, linguística e inconsciente*, p.22. Arrivé sugere com pertinência que é cabível a retificação da frase: "à correção contínua do consciente", por oposição a inconsciente.
35. J. Lacan, "Posição do inconsciente", in *Escritos*, p.844, e *O Seminário*, livro 11, *Os quatro conceitos fundamentais da psicanálise*, p.29.
36. J. Lacan, *O Seminário*, livro 11, *Os quatro conceitos fundamentais da psicanálise*, pp.34-7.
37. J. Laplanche, *O inconsciente e o id*, p.115.
38. L.A. Garcia-Roza, *Introdução à metapsicologia freudiana 3*, p.218.

39. Ibid., p.227.
40. Optou-se aqui pelas traduções representação-coisa e representação-palavra de acordo com a argumentação de L.A. Garcia-Roza, segundo a qual é inconveniente traduzir-se, como é usual, por representação de coisa e representação de palavra, na medida em que a partícula "de" indicaria que o objeto ou a palavra seriam aquilo que a palavra representa e não, como de fato, que objeto e palavra são ambos considerados enquanto representação. Cf. ibid., p.228.
41. Ibid., p.229.
42. J. Starobinski, *As palavras sob as palavras*, p.42. O grifo é de Saussure.
43. Ibid., p.104. O grifo é de Saussure.
44. Ibid., p.105.
45. J. Lacan, *O Seminário*, livro 20, *Mais, ainda*, p.129.
46. J. Lacan, "O seminário sobre 'A carta roubada'", in *Escritos*, p.13.
47. F. de Saussure, *Curso de linguística geral*. O leitor pode consultar igualmente com proveito: Barthes, R., *Elementos de semiologia*.
48. J. Lacan, "Radiofonia", in *Outros escritos*, p.408.
49. J. Lacan, *O Seminário*, livro 20, *Mais, ainda*, p.56.
50. Ibid., p.43.
51. Na sua pesquisa sobre os anagramas, Saussure emprega o termo, preferível, de consecutividade para falar dessa sequência no tempo.
52. M. Arrivé, *Linguagem e psicanálise, linguística e inconsciente*, pp.52-3.
53. F. de Saussure, *Curso de linguística geral*, p.139.
54. B. Milan, *Manhas do poder*, p.83.
55. J. Lacan, *Conférences et entretiens dans des universités nord-américaines*, p.36.
56. J. Lacan, "A instância da letra no inconsciente", in *Escritos*, p.498.
57. J. Lacan, "Posição do inconsciente", in *Escritos*, p.844.
58. J. Lacan, *O Seminário*, livro 3, *As psicoses*, p.139.
59. J. Lacan, "A instância da letra no inconsciente ou a razão desde Freud", in *Escritos*, p.500.
60. M. Arrivé, *Linguagem e psicanálise, linguística e inconsciente*, p.67, n.9, pp.82-3.
61. J. Lacan, *O Seminário*, livro 20, *Mais, ainda*, p.32.
62. J. Lacan, "A instância da letra no inconsciente ou a razão desde Freud", in *Escritos*, p.501.
63. J. Lacan, *O Seminário*, livro 20, *Mais, ainda*, p.195.
64. Ibid., p.68.
65. S. Freud, *Os chistes e sua relação com o inconsciente*, in *AE*, vol.VIII, p.19; *ESB*, vol. VIII, p.30.
66. Ibid., in *AE*, vol.VIII, p.21, n.4; *ESB*, vol.VIII, p.32, n.1.
67. J. Lacan, *Conférences et entretiens dans des universités nord-américaines*, p.36.
68. M. de Barros, *Livro sobre nada*, pp.70-1.

69. Ibid., p.47.
70. R. Jakobson, *Linguística e comunicação*, pp.34-62.
71. Para a retórica, a metáfora é o "emprego de uma palavra num sentido que se assemelha e, no entanto, difere de seu sentido habitual", ao passo que a metonímia é o "emprego de uma palavra para designar um objeto ou uma propriedade que se encontram numa relação existencial com a referência habitual dessa palavra". Cf. O. Ducrot e T. Todorov, *Dicionário enciclopédico das ciências da linguagem*, p.254.
72. Ibid., p.40.
73. Ibid., p.39.
74. Ibid., p.61.
75. J. Lacan, "A instância da letra no inconsciente ou a razão desde Freud", in *Escritos*, p.515.
76. Ibid.
77. Ibid.., p.522.
78. Ibid., p.509.
79. J. Lacan, "Função e campo da fala e da linguagem em psicanálise", in *Escritos*, p.261.
80. Ibid., p.264.
81. S. Freud, *A psicopatologia da vida cotidiana*, in *AE*, vol.vi, p.10; *ESB*, vol.vi, p.20.
82. J. Lacan, *O Seminário*, livro 3, *As psicoses*, p.259.
83. Heráclito, *Fragmentos*, p.97.
84. E. Roudinesco e M. Plon, *Dicionário de psicanálise*, p.554.
85. J. Lacan, *O Seminário*, livro 3, *As psicoses*, p.248.
86. J. Lacan, "Da estrutura como intromistura de um pré-requisito de alteridade e um sujeito qualquer", p.200.
87. J. Lacan, *O Seminário*, livro 1, *Os escritos técnicos de Freud*, p.308.
88. J. Lacan, *O Seminário*, livro 22, *R.S.I.*, lição de 14 jan. 1975.
89. M. Marini, *Lacan: A trajetória do seu ensino*, p.183.
90. E. Roudinesco, *História da psicanálise na França*, vol.2, p.274.
91. J. Lacan, "O simbólico, o imaginário e o real", in *Nomes-do-pai*, p.11.
92. E. Roudinesco, *História da psicanálise na França*, vol.2, p.274.
93. Pierre Soury, matemático que trabalhou com Lacan na última década de seu seminário, "designou no nó borromeano a três o papel de unidade na classificação das cadeias borromeanas". Cf. J. Granon-Lafont, *A topologia de Jacques Lacan*, p.129.
94. J. Lacan, *O Seminário*, livro 11, *Os quatro conceitos fundamentais da psicanálise*, p.142.
95. M.D. Magno fez uma notável explanação dessa concepção lacaniana básica em *O pato lógico*.
96. J. Lacan, "A coisa freudiana ou Sentido do retorno a Freud em psicanálise", in *Escritos*, p.416.
97. Tal divisão originária presentifica-se amiúde no discurso poético, sensível a esta questão crucial, e encontra uma de suas tematizações maiores em Fernando

Pessoa: "Tudo quanto penso/ tudo quanto sou/ é um deserto imenso/ onde nem eu estou". *Obra poética*, p.585.
98. J. Lacan, *O Seminário*, livro 2, *O eu na teoria de Freud e na técnica da psicanálise*, p.28.
99. S. Faladé, "Sobre lo real", p.43.
100. J. Lacan, "Situação da psicanálise e formação do psicanalista em 1956", in *Escritos*, p.471.
101. J. Lacan, *O Seminário*, livro 22, *R.S.I.*, lição de 11 mar.1975, *Ornicar?*, vol.5, p.17.
102. J. Lacan, "C'est à la lecture de Freud…", pp.14-5.
103. J. Lacan, "Abertura do seminário", 10 nov. 1978, Sainte-Anne, citado in: B. Ogilvie, *Lacan: A formação do conceito de sujeito*, p.122.
104. J. Lacan, "Ouverture de la section clinique", p.11.
105. J. Lacan, "Da estrutura como intromistura de um pré-requisito de alteridade e um sujeito qualquer", p.200.
106. J. Ayto, *Dictionary of Word Origins*, p.306.
107. J. Lacan, *O Seminário*, livro 20, *Mais, ainda*, p.105.
108. Ibid., p.107.
109. M. de Barros, *Livro sobre nada*, p.63.


## 3. Freud e os pares antitéticos [pp.138-84]

1. L. Gamwell e R. Wells, (Orgs.), *Sigmund Freud and Art*, p.108.
2. P. Roazen, *Freud e seus discípulos*, p.94.
3. No Peru, por exemplo, a divindade Pacha Camac é igualmente representada por uma cabeça com duas faces opostas.
4. L.A Garcia-Roza, *Introdução à metapsicologia freudiana*, p.276.
5. M.D. Magno, *A música*, capítulo 12.
6. J. Lacan, *O Seminário*, livro 20, *Mais, ainda*, p.29.
7. A.F. Moebius, "La première bande", p.267.
8. S. Freud, "A significação antitética das palavras primitivas", in *AE*, vol.XI, p.153; *ESB*, vol.XI, p.146.
9. Ibid., in *AE*, vol.XI, p.147; *ESB*, vol.XL, p.141.
10. Ibid., in *AE*, vol.XI, p.148; *ESB*, vol.XI, p.142.
11. Ibid., in *AE*, vol.XI, p.149; *ESB*, vol.XI, p.143.
12. S. Freud e S. Ferenczi, *Correspondência 1908-1911*, p.148.
13. S. Freud, "A significação antitética das palavras primitivas", in *AE*, vol.XI, p.153, n.7; *ESB*, vol.XI, p.146, n.7.
14. Por exemplo, numa nota de 1911 acrescentada a *A interpretação dos sonhos*, in *AE*, vol.IV, p.324; *ESB*, vol.IV, p.339.
15. S. Freud, "O interesse científico da psicanálise", in *AE*, vol.XIII, p.179; *ESB*, vol. XIII, p.211.

16. S. Freud, *Conferências introdutórias sobre psicanálise*, in *AE*, vol.xv, pp.163-5; *ESB*, vol.xv, pp.213-5.
17. S. Freud, "Uma breve descrição da psicanálise", in *AE*, vol.xix, p.217; *ESB*, vol. xix, p.255.
18. S. Freud, "O estranho", in *AE*, vol.xvii, p.226; *ESB*, vol.xvii, p.283.
19. L. Hanns, *Dicionário comentado do alemão de Freud*, p.231.
20. J. Lacan, *O Seminário*, livro 3, *As psicoses*, p.255.
21. C. Melman, *Novos estudos sobre o inconsciente*, p.67.
22. S. Freud, *Conferências introdutórias sobre psicanálise*, in *AE*, vol.xv, p.152; *ESB*, vol. xv, p.199.
23. H. Sperber, "Sobre la influencia de los factores sexuales en la génesis y evolución del lenguaje", p.118.
24. S. Freud, *Conferências introdutórias sobre psicanálise*, in *AE*, vol.viii, p.69; *ESB*, vol. viii, p.90.
25. Ibid., in *AE*, vol.viii, p.166; *ESB*, vol.viii, p.199.
26. M. Arrivé, *Linguagem e psicanálise, linguística e inconsciente*, p.178.
27. J. Lacan, *O Seminário*, livro 8, *A transferência*, p.111.
28. J. Lacan, "Radiofonia", in *Outros escritos*, p.408.
29. J. Lacan, *O Seminário*, livro 20, *Mais, ainda*, pp.25-6.
30. J. Lacan, *Conférences et entretiens dans des universités nord-américaines*, p.53.
31. J. Lacan, "C'est à la lecture de Freud...", p.13. Sublinhe-se, nessa passagem, como forma de dimensionar o inconsciente simbólico, o "ele é estruturado porque é feito como uma linguagem".
32. Ibid., p.10.
33. M. Arrivé, *Linguagem e psicanálise, linguística e inconsciente*, p.11.
34. J. Kristeva, "Psicanálise e linguagem", in *História da linguagem*, p.309.
35. *La Psychanalyse* n.1. Com a observação de ser um volume "consagrado ao tema especial: *De l'usage de la parole et des structures de langage dans la conduite et dans le champ de la psychanalyse*", com a epígrafe: "Se a psicanálise habita a linguagem, ela não poderia, sem se alterar, ignorar isso em seu discurso...".
36. E. Benveniste, "Observações sobre a função da linguagem na descoberta freudiana", in *Problemas de linguística geral I*, p.93.
37. J. Kristeva, "Psicanálise e linguagem", p.315.
38. M. Arrivé, *Linguagem e psicanálise, linguística e inconsciente*, p.167.
39. S. Freud, *A interpretação dos sonhos (parte II)*, in *AE*, vol.v, p.346; *ESB*, vol.v, p.362.
40. M. Arrivé, *Linguagem e psicanálise, linguística e inconsciente*, p.170.
41. Ibid., p.173.
42. J.C. Milner, "Sens opposés et noms indiscernables: C. Abel comme refoulé d'E. Benveniste", in *La linguistique fantastique*, p.318.
43. Nesse mesmo sentido, é curioso notar que, em português, pela alteração de apenas uma consoante, o termo "puta" derivou-se de "pura", como que a designar ainda assim a proximidade quase exata, mas não toda exata, das duas condições.

44. Sami-Ali, "Langue arabe et langage mystique: Les mots aux sens opposés et le concept d'inconscient", p.190.
45. AJ. Greimas, "Le problème des *ad'dâd* et les niveaux de signification", in Berque, J. (Org.), *L'ambivalence dans la culture arabe*, p.287 Citado in: M. Arrivé, *Linguagem e psicanálise, linguística e inconsciente*, p.201.
46. C. Hagège, *L'homme de paroles*, p.149.
47. S. Freud, Os chistes e sua relação com o inconsciente, in *AE*, vol.VIII, p.222; *ESB*, vol. VIII, p.264.
48. C. Melman, *Novos estudos sobre o inconsciente*, p.71.
49. C. Melman, *Novos estudos sobre o inconsciente*, p.64.
50. J. Bleger, *Simbiose e ambiguidade*, p.336.
51. J. Lacan, "Função e campo da fala e da linguagem em psicanálise", in *Escritos*, p.271.
52. S. Freud, *Os chistes e sua relação com o inconsciente*, in *AE*, vol.VIII, pp.3-4; *ESB*, vol. VIII, p.13.
53. Ibid., in *AE*, vol.VIII, p.41; *ESB*, vol.VIII, p.57.
54. Ibid., in *AE*, vol.VIII, p.20; *ESB*, vol.VIII, pp.31-2.
55. Ibid., in *AE*, vol.VIII, p.21, n.4; *ESB*, vol.VIII, p.32, n.1.
56. Ibid., in *AE*, vol.VIII, p.21; *ESB*, vol.VIII, pp.32-3.
57. Ibid., in *AE*, vol.VIII, p.22; *ESB*, vol.VIII, p.34.
58. Ibid., in *AE*, vol.VIII, p.23; *ESB*, vol.VIII, p.35.
59. Ibid., in *AE*, vol.VIII, p.25; *ESB*, vol.VIII, p.37.
60. Ibid., in *AE*, vol.VIII, p.26; *ESB*, vol.VIII, p.39.
61. Ibid., in *AE*, vol.VIII, p.27; *ESB*, vol.VIII, p.40.
62. Ibid., in *AE*, v.VIII, p.30; *ESB*, v.VIII, p.44.
63. Ibid., in *AE*, v.VIII, p.33; *ESB*, v.VIII, p.47.
64. Ibid., in *AE*, vol.VIII, p.33; *ESB*, vol.VIII, p.47. A solução de tradução para o chiste em si que utilizamos aqui é a encontrada por Fernando Costa Mattos e Paulo César de Souza em *O chiste e sua relação com o inconsciente* (S. Freud, *Obra completa*, vol.7. São Paulo, Companhia das Letras, 2017).
65. Ibid., in *AE*, vol.VIII, p.34; *ESB*, vol.VIII, p.48.
66. Ibid., in *AE*, volo.VIII, p.34; *ESB*, vol.VIII, pp.48-9.
67. Ibid., in *AE*, vol.VIII, p.34; *ESB*, vol.VIII, p.49.
68. Ibid., in *AE*, vol.VIII, p.34, n.27; *ESB*, vol.VIII, p.49, n.2.
69. Ibid., in *AE*, vol.VIII, pp.34-5; *ESB*, vol.VIII, p.49.
70. Ibid. Sem dúvida, é possível ler nessa categoria a origem freudiana da fecunda oposição introduzida por Lacan entre fala plena e fala vazia. Cf. Lacan, "Função e campo da fala e da linguagem em psicanálise", in *Escritos*, p.248.
71. Ibid., in *AE*, vol.VIII, p.35; *ESB*, vol.VIII, pp.49-50.
72. Ibid., in *AE*, vol.VIII, p.35; *ESB*, vol.VIII, p.50.
73. Ibid.

74. Ibid.
75. Ibid., in *AE*, vol.VIII, p.35; *ESB*, vol.VIII, p.51.
76. Ibid., in *AE*, vol.VIII, p.37; *ESB*, vol.VIII, p.52.
77. Ibid., in *AE*, vol.VIII, p.37; *ESB*, vol.VIII, p.52.
78. Ibid., in *AE*, vol.VIII, p.37; *ESB*, vol.VIII, p.53.
79. Ibid.
80. J. Lacan, "Função e campo da fala e da linguagem em psicanálise", in *Escritos*, p.267.
81. S. Freud, *Os chistes e sua relação com o inconsciente*, in *AE*, vol.VIII, p.70; *ESB*, vol. VIII, p.91.
82. Ibid., in *AE*, vol.VIII, p.67; *ESB*, vol.VIII, p.88.
83. Ibid., in *AE*, vol.VIII, p.36; *ESB*, vol.VIII, p.51.
84. S. Freud, *A interpretação dos sonhos (parte I)*, in *AE*, vol.IV, p.29; *ESB*, vol.IV, p.1.
85. Ibid., in *AE*, vol.IV, p.285; *ESB*, vol.IV, p.270.
86. Rébus é o ideograma no estágio em que deixa de significar diretamente o objeto que representa para indicar o fonograma correspondente ao nome desse objeto.
87. S. Freud, *A interpretação dos sonhos (parte I)*, in *AE*, vol.IV, p.286; *ESB*, vol.IV, p.271.
88. S. Freud, *Conferências introdutórias sobre psicanálise (partes I e II)*, in *AE*, vol.XV, p.212; *ESB*, vol.XV, p.277.
89. S. Freud, *A interpretação dos sonhos (parte II)*, in *AE*, vol.V, p.358; *ESB*, vol.V, p.334.
90. S. Freud, segundo S. Blanton, 7 set. 1929. Citado por A. de Mijolla, *Pensamentos de Freud*, p.145.
91. L.A. Garcia-Roza, *Introdução à metapsicologia freudiana 2*, p.134, n.33.
92. S. Freud, *A interpretação dos sonhos (parte II)*, in *AE*, vol.V, p.356; *ESB*, vol.V, p.332.
93. Ibid.
94. Ibid., in *AE*, vol.V, p.357; *ESB*, vol.V, p.333.
95. Ibid. in *AE*, vol.V, p.365; *ESB*, vol.V, p.340.
96. L.A. Garcia-Roza, *Introdução à metapsicologia freudiana 2*, p.136.
97. S. Freud, *A interpretação dos sonhos (parte II)*, in *AE*, vol.V, pp.357-8; *ESB*, vol.V, p.333.
98. Ibid., in *AE*, vol.V, p.358; *ESB*, vol.V, p.334. O grifo é meu.
99. Ibid., in *AE*, vol.V, p.359; *ESB*, vol.V, p.335.
100. Ibid., in *AE*, vol.V, p.351; *ESB*, vol.V, p.328.
101. S. Freud, *Conferências introdutórias sobre psicanálise*, in *AE*, vol.XV, p.138; *ESB*, vol. XV, p.181.
102. Ibid., in *AE*, vol.XV, p.146; *ESB*, vol.XV, pp.191-2.
103. J. Lacan, "Posição do inconsciente", in *Escritos*, p.844.
104. S. Freud, *A interpretação dos sonhos (parte I)*, in *AE*, vol.IV, p.317; *ESB*, vol.IV, p.299. O grifo é meu.
105. Ibid., in *AE*, vol.IV, p.318; *ESB*, vol.IV, pp.299-300.
106. Ibid., in *AE*, vol.IV, p.322; *ESB*, vol.IV, p.337.

107. Ibid.
108. Ibid., in *AE*, vol.IV, p.324; *ESB*, vol.IV, p.339.
109. Ibid., in *AE*, vol.IV, p.324, n.16; *ESB*, vol.IV, p.305, n.3.
110. Ibid., in *AE*, vol.IV, p.325; *ESB*, vol.IV, p.306.
111. Ibid., in *AE*, vol.IV, p.329; *ESB*, vol.IV, p.310.
112. Ibid., in *AE*, vol.IV, p.330; *ESB*, vol.IV, p.310.
113. Ibid., in *AE*, vol.IV, pp.324-5; *ESB*, vol.IV, pp.305-6.
114. S. Freud, *Conferências introdutórias sobre psicanálise*, in *AE*, vol.XV, p.210; *ESB*, vol. XV, p.274.
115. Ibid.
116. Ibid., in *AE*, vol.XV, p.209; *ESB*, vol.XV, p.273.
117. Ibid., in *AE*, vol.XV, p.210; *ESB*, vol.XV, p.274.
118. Ibid., in *AE*, vol.XV, p.211; *ESB*, vol.XV, p.276.
119. Ibid., in *AE*, vol.XV, p.212; *ESB*, vol.XV, p.277.
120. Ibid., in *AE*, vol.XV, p.216; *ESB*, vol.XV, p.281.
121. Ibid.
122. S. Freud, *A interpretação dos sonhos (parte I)*, in *AE*, vol.IV, p.313; *ESB*, vol.IV, p.296.
123. Ibid., in *AE*, vol.IV, p.315; *ESB*, vol.IV, p.297.
124. Ibid., in *AE*, vol.IV, p.291; *ESB*, vol.IV, pp.302-2.
125. Ibid., in *AE*, vol.IV, p.292; *ESB*, vol.IV, p.303.
126. Ibid., in *AE*, vol.IV, p.302; *ESB*, vol.IV, p.286.
127. Ibid., in *AE*, vol.IV, p.310; *ESB*, vol.IV, p.293.
128. S. Freud, *A interpretação dos sonhos (parte II)*, in *AE*, vol.V, p.586; *ESB*, vol.V, p.541. O grifo é meu.

## 4. O objeto perdido do desejo [pp.185-214]

1. Os outros três são a força (*Drang*), a fonte (*Quelle*) e o alvo (*Ziel*).
2. J. Lacan, *O Seminário*, livro 11, *Os quatro conceitos fundamentais da psicanálise*, p.159.
3. Ibid., p.170.
4. C. Lacôte, "Agalma", in P. Kaufmann, *Dicionário enciclopédico de psicanálise*, p.15.
5. "Se digo que o pequeno *a* é o que causa o desejo, isso quer dizer que ele não é seu objeto." J. Lacan, *O Seminário*, livro 22, *R.S.I.*, lição de 21 jan. 1975.
6. J. Lacan, *O Seminário*, livro 7, *A ética da psicanálise*, p.149.
7. Ibid., p.61.
8. S. Freud, "Projeto para uma psicologia científica", in *AE*, vol.I, p.376; *ESB*, vol.I, p.438.
9. Ibid.
10. J. Lacan, *O Seminário*, livro 7, *A ética da psicanálise*, p.68.

11. M. Safouan, *A sexualidade feminina na doutrina freudiana*, pp.125-6. O grifo é de Safouan.
12. J. Lacan, *O Seminário*, livro 7, *A ética da psicanálise*, p.149.
13. J. Lacan, *O Seminário*, livro 22, *R.S.I.*, lição de 8 abr.1975.
14. C. Melman, *Le livre compagnon de R.S.I.*, p.48.
15. J. Lacan, *O Seminário*, livro 11, *Os quatro conceitos fundamentais da psicanálise*, pp.56-7.
16. J. Lacan, *O Seminário*, livro 7, *A ética da psicanálise*, pp.133-4.
17. S. Freud, citado por A. de Mijolla, *Pensamentos de Freud*.
18. J. Lacan, *Televisão*, p.55.
19. J. Lacan, *O Seminário*, livro 7, *A ética da psicanálise*, p.76.
20. S. Freud, "Sobre a tendência universal à depreciação na esfera do amor", in *AE*, vol.XI, p.182; *ESB*, vol.XI, p.171.
21. J. Lacan, *O Seminário*, livro 7, *A ética da psicanálise*, pp.209 e 217.
22. Ibid., p.217.
23. J. Rajchman, *Eros e verdade*, p.73.
24. J. Lacan, *O Seminário*, livro 7, *A ética da psicanálise*, p.140.
25. Vide adiante o Anexo 1, "Sobre a evolução da espécie humana".
26. As formulações que se seguem constituem um aprofundamento das teses básicas de meu artigo "O objeto na cura analítica", in M.A.C. Jorge, *Sexo e discurso em Freud e Lacan*, pp.32-6.
27. R. Barthes, *Fragmentos de um discurso amoroso*.
28. J. Lacan, *O Seminário*, livro 22, *R.S.I.*, lição de 11 fev. 1975.
29. J. Lacan, *O Seminário*, livro 20, *Mais, ainda*, p.64.
30. Ibid., p.62.
31. Ibid., p.64.
32. V. Shevoroshkin, "The mother tongue", p.27.
33. J. Lacan, *O Seminário*, livro 1, *Os escritos técnicos de Freud*, p.309.
34. Ibid.
35. J. Laplanche e J.-B. Pontalis, *Vocabulário da psicanálise*, p.638.
36. Ibid., p.640.
37. S. Freud, "Recalque", in *AE*, vol.XIV, p.142; *ESB*, vol.XIV, p.170.
38. S. Freud, "Fragmento da análise de um caso de histeria", in *AE*, vol.VII, p.45; *ESB*, vol.VII, pp.47-8.
39. S. Freud, *Três ensaios sobre a teoria da sexualidade*, in *AE*, vol.VII, p.142; *ESB*, vol. VII, p.158.
40. Ibid., in *AE*, vol.VII, p.161; *ESB*, vol.VII, p.181.
41. Ibid., in *AE*, vol.VII, p.161; *ESB*, vol.VII, p.182. O grifo é meu.
42. Ibid., in *AE*, vol.VII, p.162; *ESB*, vol.VII, p.183.
43. Ibid., in *AE*, vol.VII, p.218; *ESB*, vol.VII, p.246.
44. S. Freud, "Escritores criativos e devaneios", in *AE*, vol.IX, p.128; *ESB*, vol.IX, p.151.

45. J. Lacan, *O Seminário*, livro 7, *A ética da psicanálise*, p.209.
46. Ibid., p.124.
47. S. Freud, "A negativa", in *AE*, vol.xix, p.254; *ESB*, vol.xix, p.297.
48. C. Millot, "La sublimation: création ou réparation?", p.70.
49. Ibid., p.72.
50. A. Juranville, *Lacan e a filosofia*, p.243.
51. Comunicação pessoal. Cf. igualmente "Preliminar a uma revisão da concepção de sublimação em Freud", in A. Didier-Weill, *Nota azul*.
52. J. Lacan, *O Seminário*, livro 7, *A ética da psicanálise*, p.143.
53. R. Short, *Dada and surrealism*, p.25.
54. M. Duchamp, *Ingénieur du temps perdu*, p.9.
55. Ibid., p.80.
56. J. Lacan, "A direção do tratamento e os princípios de seu poder", in *Escritos*, p.648.
57. Neologismo introduzido por Lacan para designar aquilo que pertence, simultaneamente, ao mais íntimo e ao mais exterior ao sujeito: dito de outro modo, aquilo que é mais íntimo ao sujeito é aquilo que também lhe é mais exterior.

## Anexo I: Sobre a evolução da espécie humana [pp.215-30]

1. A família Leakey — o casal Louis e Mary, e, depois, seu filho Richard — é digna de menção não só por ter dedicado a vida a tais pesquisas, como também por ser responsável por descobertas nesse campo comparáveis às de Newton na física.
2. S. J. Gould, *Vida maravilhosa*, p.25.
3. Ibid., p.43.
4. C. Darwin, *A origem das espécies*, p.222.
5. C. Darwin, *A descendência dos homens*, citado por R. Leakey, *A origem da espécie humana*, pp.16-7.
6. Tal foi o caso do naturalista inglês do século xix A.R. Wallace e do paleontólogo escocês R. Broom do início do século xx. Ambos mantinham a crença na espiritualidade essencial, ou essência transcendente, da humanidade.
7. R. Leakey, *A origem da espécie humana*, p.22.
8. O ser humano (*Homo sapiens sapiens*) é o único representante atual de uma família (Hominídeos), de um gênero (*Homo*) e de uma espécie (*Homo sapiens*).
9. R. Leakey, *A origem da espécie humana*, p.33.
10. D.C. Johanson e M.A. Edey, *Lucy, os primórdios da humanidade*.
11. R. Leakey, *A origem da espécie humana*, p.14.
12. Todas essas cifras relativas ao tempo perdem seu aspecto tão grandioso quando comparadas com outras: por exemplo, o código genético do homem remonta a 4 bilhões de anos, ao passo que a origem de suas vértebras, a 430 milhões de anos. Cf. A. Bourguignon, *História natural do homem*, vol.i, p.152.

13. R. Leakey, *A origem da espécie humana*, p.12.
14. É digno de nota que a expressão idiomática "não meter os pés pelas mãos" sirva precisamente para significar o "não se atrapalhar".
15. A. Bourguignon, *História natural do homem*, vol.1, p.124.
16. Ibid., pp.122-5.
17. Ibid., p.125.
18. Ibid., p.167.
19. Pesquisas atuais tendem a questionar a hipótese de que a modificação climática estaria na origem da bipedia. Ao invés de uma evolução adaptativa, é introduzida a noção de uma ontogênese fundamental, isto é, de determinismos internos ontogenéticos muito poderosos, independentes do meio, que mostrariam que a bipedia humana está ligada a modificações completas do sistema neural. Cf. A. Dambricourt-Malassé, "Nouveau regard sur l'origine de l'homme", pp.46-54.
20. R. Leakey, *A origem da espécie humana*, p.26.
21. O tamanho do corpo dos machos chega a ser duas vezes maior que o das fêmeas.
22. A. Bourguignon, *História natural do homem*, p.179.
23. R. Leakey e R. Lewin, *O povo do lago*, pp.69-71.
24. Lembre-se que ainda não estamos totalmente adaptados à posição corporal vertical, o que é atestado pela grande frequência dos problemas de coluna (lumbago, artrose, hérnias discais), e ainda por outros, como joanetes e varizes.
25. A. Bourguignon, *História natural do homem*, pp.187-8.
26. Ibid., p.189.
27. Ibid., p.188.
28. Ibid., p.189.
29. Quando se diz de alguém que ele é "saliente", a referência ao sexual é implícita.
30. Lacan observou que "o pênis ocupa uma posição dominante na conformação da imagem corporal", acrescentando que, "embora irrite os defensores da autonomia da sexualidade feminina, este predomínio é um fato que, além do mais, não pode ser atribuído exclusivamente às influências culturais". Cf. J. Lacan, "Algumas reflexões sobre o eu", p.33.
31. S. Freud, *Três ensaios sobre a teoria da sexualidade*, in *AE*, vol.VII, p.142; *ESB*, vol. VII, p.158.
32. A. Bourguignon, *História natural do homem*, p.190.
33. R. Leakey e R. Lewin, *O povo do lago*, p.200.
34. A. Bourguignon, *História natural do homem*, p.191.
35. S. Freud, "Sobre a tendência universal à depreciação na esfera do amor", in *AE*, vol.XI, p.183; *ESB*, vol.XI, p.172.
36. D. Morris, *O macaco nu*, p.56.
37. Ibid., p.61.
38. Numa comunicação pessoal, A. Didier-Weill nos fez observar que a maquilagem produz o destacamento das bordas dos furos do rosto. Nessa mesma linha de obser-

vação, pode-se acrescentar que o uso de brincos, piercings e tatuagens visa destacar também zonas de estimulação erótica privilegiadas.
39. D. Morris, O macaco nu, p.63.
40. Ibid., p.66. Como o mesmo termo "lábio" costuma designar a um só tempo a boca e a vagina, surge a questão de saber se a evolução da linguagem não terá acompanhado de perto a evolução das transformações corporais.
41. Ibid., p.59.
42. Ibid.
43. J. Lacan, O Seminário, livro 20, Mais, ainda, p.149.
44 A. Bourguignon, História natural do homem, p.190.
45. Ibid.
46. Lembremos aqui igualmente que, na psicanálise, S. Ferenczi tematizou essa questão por meio da oposição entre a linguagem da ternura infantil e a linguagem da paixão dos adultos, em seu célebre artigo de 1933, "Confusão de língua entre os adultos e as crianças", in Escritos psicanalíticos (1909-1933), p.347.

## Anexo II: Futebol, a guerra na vida cotidiana [pp.231-45]

1. Versão adaptada da conferência apresentada no colóquio "Guerra finita, guerra infinita", organizado pela Sociedade Libanesa de Psicanálise e pela Sociedade Internacional de História da Psiquiatria e da Psicanálise, realizado no Hospital Monte Líbano, em Beirute, em 30 de outubro de 2011.
2. O termo "paixão" é empregado pela maioria dos autores que estudam o futebol. Cf. por exemplo R.S.L. de Aquino, Futebol: Uma paixão nacional; C. Mattos, Cem anos de paixão.
3. Chama a atenção o retrato dos jogos feito pela televisão — sempre encerrando "com chave de ouro" os telejornais e os programas semanais —, que se restringe aos gols.
4. R. DaMatta, "Esporte na sociedade: Um ensaio sobre o futebol brasileiro", in Universo do futebol, p.16.
5. S. Freud, "Por que a guerra?", in in AE, vol.XXII, p.198; ESB, vol.XXII, p.259.
6. A criação da pulsão sexual a partir da relação entre fantasia e pulsão de morte é abordada no volume 2 desta série, A clínica da fantasia.
7. J. Lacan, "Função e campo da fala e da linguagem em psicanálise", in Escritos, p.271.
8. A pulsão é definida por Freud como uma força constante (konstant Kraft), vide p.25s e capítulo 3 do presente volume.
9. C. Melman, Novos estudos sobre o inconsciente, p.56.
10. J. Lacan, "A instância da letra no inconsciente ou a razão desde Freud", in Escritos, p.526.
11. J. Lacan, "Da estrutura como intromistura de um pré-requisito de alteridade e um sujeito qualquer", in R. Macksey e E. Donato (Orgs.), A controvérsia estruturalista, p.200.

12. J. Lacan, *O Seminário*, livro 3, *As psicoses*, p.28.
13. J.J. Blévis, "Violence et mensonge".
14. O que é particularmente bem exemplificado pelos fundamentalismos religiosos.
15. M. Safouan, *A palavra ou a morte*, p.53.
16. J. Lacan, *O Seminário*, livro 20, *Mais, ainda*, p.122.
17. J. Lacan, "A instância da letra no inconsciente ou a razão desde Freud", in *Escritos*, p.518.
18. M.A.C. Jorge, "Posfácio", in S. Freud, *Além do princípio de prazer*.
19. J. Lacan "Alocução sobre as psicoses da criança", in *Outros escritos*, p.362.
20. R. DaMatta, "Esporte na sociedade: Um ensaio sobre o futebol brasileiro", in *Universo do futebol*, p.21.
21. Ibid.
22. Ibid.
23. Ibid., p.22.
24. Ibid., p.24.
25. Ibid.
26. Ibid., p.25.
27. Uma olhada no verbete "jogo" pode espantar: são 28 diferentes significações básicas e dezenas de expressões idiomáticas, que vão desde "jogo sujo" e "jogo limpo" até "jogo de cintura". Cf. *Dicionário Houaiss da língua portuguesa*.
28. J.J.M. Retondar, *Teoria do jogo*, p.39. Cf. R. Caillois, *Os jogos e os homens, a máscara e a vertigem*.
29. J. Lacan, "Conférences et entretiens dans des universités nord-américaines", *Scilicet*, n.6-7, p.36.
30. L.C.S. Feijó, *A linguagem dos esportes de massa e a gíria no futebol*, p.75. O autor menciona ainda a obra de Robert Galisson, *Recherches de lexicologie descriptive: La banalisation lexicale*, que inventaria, dentre os vocábulos de julgamento de valores na linguagem futebolística da língua francesa, a presença de 91 termos relacionados à guerra.
31. H. Maranhão, *Dicionário de futebol*, p.248.
32. L.C.S. Feijó, *A linguagem dos esportes de massa e a gíria no futebol*, p.119.
33. Ibid. Poder-se-ia acrescentar a polissêmica expressão "fome de bola".
34. Freud utiliza essa expressão muito significativa várias vezes em seu estudo sobre a guerra. Cf. S. Freud, "Pensamentos para os tempos de guerra e morte", in *AE*, vol. xiv, pp.284, 288; *ESB*, vol.xiv, pp.319, 323.
35. Cf. M. Murad, *A violência e o futebol*.
36. Quanto ao homoerotismo presente no futebol, cf. J.Z.B. Motta, *Gol, guerra e gozo*, p.53ss.
37. L.C.S. Feijó, *A linguagem dos esportes de massa e a gíria no futebol*, pp.72-3.
38. S. Freud, "Cinco lições sobre psicanálise", in *AE*, vol.xi, p.51; *ESB*, vol.xi, p.51.

39. S. Freud, *O mal-estar na cultura*, in *AE*, vol.xxi, p.134; *ESB*, vol.xxi, p.163.
40. Uma variação do Tsu-Chu surgiu no Japão, difundida pelos imperadores Engi e Tenrei, com o nome de Kemari (Ke: atirador, mari: bola): oito jogadores masculinos se deslocavam em um campo quadrado tendo em cada lado uma árvore diferente: cerejeira, salgueiro, bordo e pinheiro.
41. Mencionado por Homero em *Sphairomachia*, livro sobre esportes com bolas.
42. Em 1175, no livro *Descriptio Nobilissimae Civitatis Londinae*, William Fitztephen mencionou a existência de um jogo semelhante ao *soule*, em que os habitantes de várias cidades inglesas saíam às ruas chutando uma bola de couro para comemorar a expulsão dos dinamarqueses. A bola representava a cabeça de um invasor.
43. Seguindo o mesmo espírito com que Freud ironizou quando os nazistas queimaram seus livros em Berlim, em 1933: "Como a humanidade evoluiu! Na Idade Média eles teriam me queimado, hoje eles queimam meus livros!".
44. S. Freud, "Por que a guerra?", in *AE*, vol.xxii, p.195; *ESB*, vol.xxii, p.255.
45. B. Milan, *O país da bola*, p.59.
46. Ibid., p.22.

# Referências bibliográficas

Ackerman, Diane. *Uma história natural dos sentidos*. Rio de Janeiro, Bertrand Brasil, 1996.
Allouch, Jean. "Freud déplacé", *Littoral*. Paris, Érès, n.14, nov. 1984, pp.5-15.
André, Serge. "Wilhelm Fliess, 1858-1928 — L'analyste de Freud?", *Ornicar?*. Paris, Navarin, n.30, jul.-set. 1984, pp.155-65.
Anzieu, Didier. *A autoanálise de Freud e a descoberta da psicanálise*. Porto Alegre, Artes Médicas, 1989.
Arrivé, Michel. *Linguística e psicanálise: Freud, Saussure, Hjelmslev, Lacan e os outros*. São Paulo, Edusp, 1994.
\_\_\_\_\_. *Linguagem e psicanálise, linguística e inconsciente: Freud, Saussure, Pichon, Lacan*. Rio de Janeiro, Zahar, 1999.
Assoun, Paul-Laurent. *Metapsicologia freudiana: Uma introdução*. Rio de Janeiro, Zahar, 1996.
Ayto, John. *Dictionary of Word Origins*. Nova York, Arcade, 1991.
Bandeira, Manuel. *Estrela da vida inteira*. Rio de Janeiro, José Olympio, 1980.
Barros, Manoel de. *Livro sobre nada*. Rio de Janeiro, Record, 1996.
Barthes, Roland. *Fragmentos de um discurso amoroso*. Rio de Janeiro, Francisco Alves, 1981.
\_\_\_\_\_. *Elementos de semiologia*. São Paulo, Cultrix, 1988.
Benveniste, Émile. *Problemas de linguística geral*. Campinas, Pontes, 2005.
Bercherie, Paul. *Géographie du champ psychanalytique*. Paris, Navarin, 1988.
Birman, Joel. "A linguagem na construção da psicanálise", in *Ensaios de teoria psicanalítica*, parte 1. Rio de Janeiro, Zahar, 1993.
Bleger, José. *Simbiose e ambiguidade*. Rio de Janeiro, Francisco Alves, 1977.
Blévis, Jean-Jacques. "Violence et mensonge". Unesco et Revue Insistance, *Journée Mondiale de la Philosophie* (2008).
Bourguignon, André. *História natural do homem*. vol.1: *O homem imprevisto*. Rio de Janeiro, Zahar, 1990.
Byck, Robert (Org.). *Freud e a cocaína*. Rio de Janeiro, Espaço e Tempo, 1989.
Caillois, Roger. *Os jogos e os homens: A máscara e a vertigem*. Lisboa, Cotovia, 1990
Cassirer, Ernst. *Ensaio sobre o homem*. São Paulo, Martins Fontes, 1994.
Chemama, Roland (Org.). *Dicionário de psicanálise*. Porto Alegre, Artes Médicas, 1995.
Classen, Constance, David Howes, e Anthony Synnott. *Aroma*. Rio de Janeiro, Zahar, 1996.
Clavreul, Jean. *A ordem médica: Poder e impotência do discurso médico*. São Paulo, Brasiliense, 1983.

Conté, Claude. *O real e o sexual*. Rio de Janeiro, Zahar, 1995.
DaMatta, Roberto et alii. *Universo do futebol: Esporte e sociedade brasileira*. Rio de Janeiro, Pinakotheke, 1982.
Dambricourt-Malassé, Anne. "Nouveau regard sur l'origine de l'homme", *Recherche*, 286. Paris, Société d'Éditions Scientifiques, abr. 1996.
Darwin. Charles. *A origem das espécies (ilustrada)*, condensado e com introdução de Richard E. Leakey. Brasília, Ed. UnB; São Paulo, Melhoramentos, 1982.
Descharnes, Robert. *Dalí de Gala*. Lausanne, Edita, 1962.
Didier-Weill, Alain. *Inconsciente freudiano e transmissão da psicanálise*. Rio de Janeiro, Zahar, 1988.
\_\_\_\_\_. "L'esprit de l'Inter-Associatif", *Bulletin de l'Inter-Associatif de psychanalyse*, n.3, set. 1994.
\_\_\_\_\_. *Os três tempos da lei*. Rio de Janeiro, Zahar, 1997.
\_\_\_\_\_. *Nota azul: Freud, Lacan e a arte*. Rio de Janeiro, Contracapa, 1997.
\_\_\_\_\_. *Lacan e a clínica psicanalítica*. Rio de Janeiro, Contracapa, 1998.
Duchamp, Marcel. *Ingénieur du temps perdu: Entretiens avec Pierre Cabanne*. Paris, Pierre Belfond, 1977.
Ducrot, Oswald e Tzvetan Todorov. *Dicionário enciclopédico das ciências da linguagem*. São Paulo, Perspectiva, 1988.
Faladé, Solange. "Sobre o real", *Documentos*, n.10. Rio de Janeiro, Corpo Freudiano do Rio de Janeiro, 26 out. 1999.
Fausto-Sterling, Anne. "The five sexes", *The Sciences*. New York Academy of Sciences, mar.-abr. 1993, pp.20-4.
Ferenczi, Sandor. *Escritos psicanalíticos (1909-1933)*. Org. Joel Birman. Rio de Janeiro, Taurus-Timbre, 1988.
Ferrater Mora, José. *Diccionario de filosofia*. Madri, Alianza Editorial, 1984.
Fliess, Wilhelm. *Les relations entre le nez et les organes génitaux féminins*. Paris, Seuil, 1977.
Freud, Sigmund. *Edição Standard Brasileira das Obras Psicológicas Completas de Sigmund Freud*. Rio de Janeiro, Imago, 1972-80.
\_\_\_\_\_. *Correspondência de amor e outras cartas (1873-1939)*. Rio de Janeiro, Nova Fronteira, 1982.
\_\_\_\_\_. *A correspondência completa de Sigmund Freud para Wilhelm Fliess (1887-1904)*. Org. Jeffrey Moussaieff Masson. Rio de Janeiro, Imago, 1986.
\_\_\_\_\_. *Obras completas*. Buenos Aires, Amorrortu Editores, 1996.
\_\_\_\_\_. *Além do princípio de prazer*. Belo Horizonte, Autêntica, 2020.
Freud, Sigmund e Sandor Ferenczi. *Correspondência 1908-1911*. Rio de Janeiro, Imago, 1994.
Fuks, Betty. *Freud e a judeidade*. Rio de Janeiro, Zahar, 2000.
Gamwell, L.; Wells, R. (Orgs.). *Sigmund Freud and Art: His Personal Collection of Antiquities*, State University of New York, Freud Museum, Londres, 1989.
Garcia-Roza, Luiz Alfredo. *Introdução à metapsicologia freudiana*, 3 vols. Rio de Janeiro, Zahar, 1991-5.

Gay, Peter. *Freud, uma vida para o nosso tempo*. São Paulo, Companhia das Letras, 1989.
Gould, Stephen Jay. *Vida maravilhosa: O acaso na evolução e a natureza da história*. São Paulo, Companhia das Letras, 1989.
Granon-Lafont, Jeanne. *A topologia de Jacques Lacan*. Rio de Janeiro, Zahar, 1990.
Hagège, Claude. *L'homme de paroles*. Paris, Fayard, 1985.
Hanns, Luiz. *Dicionário comentado do alemão de Freud*. Rio de Janeiro, Imago, 1996.
Heráclito. *Fragmentos*. Trad. Emmanuel Carneiro Leão. Rio de Janeiro, Tempo Brasileiro, 1980.
Jakobson, Roman. *Linguística e comunicação*. São Paulo, Cultrix, 1975.
Jakobson, Donald C. e Maitland A. Edey. *Lucy: Os primórdios da humanidade*. Rio de Janeiro, Bertrand Brasil, 1996.
Jorge, Marco Antonio Coutinho. *Sexo e discurso em Freud e Lacan*. Rio de Janeiro, Zahar, 1988.
_____. "Plerôme: Freud à nouveau", Conferência na Maison de L'Amérique Latine, Paris, 13 fev. 1989, inédita.
_____. "A psicanálise entre ciência e religião", *Anuário Brasileiro de Psicanálise*, 3. Rio de Janeiro, Relume-Dumará, 1995, pp.42-6.
_____. "Hamlet, o desejo e a morte", in Urania Tourinho Peres e Maria Thereza Avila Dantas Coelho (Orgs.). *Anais do I Congresso Internacional do Colégio de Psicanálise da Bahia*, Salvador, EGBA, 1998.
Juranville, Alain. *Lacan e a filosofia*. Rio de Janeiro, Zahar, 1987.
Kaufmann, Pierre (Org.). *Dicionário enciclopédico de psicanálise: O legado de Freud e Lacan*. Rio de Janeiro, Zahar, 1996.
Kris, Ernest. "Estúdio preliminar" a "Los orígines del psicoanálisis", in Sigmund Freud, *Obras completas*, vol.3. Madri, Biblioteca Nueva, 1968, pp.587-630.
Kristeva, Julia, *História da linguagem*. Lisboa, Edições 70, s/d.
Lacan, Jacques. "Le savoir du psychanalyste", Séminaire de Sainte Anne 1971-2, inédito, mimeo, s/d.
_____. *R.S.I.*, lições de 11 mar., 18 mar., 8 abr., 15 abr., 13 maio, publicadas in *Ornicar?*. Paris, Le Graphe, n.5, dez.-jan. 1975-6.
_____. "Conférences et entretiens dans des universités nord-américaines", *Scilicet*. Paris, Seuil, n. 6-7, 1976, pp.5-63.
_____. "Da estrutura como intromistura de um pré-requisito de alteridade e um sujeito qualquer", in Richard Macksey e Eugenio Donato (Orgs.). *A controvérsia estruturalista*. São Paulo, Cultrix, 1976, pp.198-212.
_____. "Ouverture de la section clinique", *Ornicar?*. Paris, Lyse, n.9, abr. 1977.
_____. "C'est à la lecture de Freud...", in R. Georgin, *Lacan*, Cahiers Cistre, n.3, Lausanne, L'Age d'Homme, nov. 1977, pp.9-17.
_____. *O Seminário*, livro I, *Os escritos técnicos de Freud*. Rio de Janeiro, Zahar, 1979.
_____. *O Seminário*, livro II, *Os quatro conceitos fundamentais da psicanálise*. Rio de Janeiro, Zahar, 1979.
_____. *O Seminário*, livro 20, *Mais, ainda*. Rio de Janeiro, Zahar, 1982.

Lacan, Jacques. *O Seminário*, livro 2, *O eu na teoria de Freud e na técnica da psicanálise*. Rio de Janeiro, Zahar, 1985.

_____. "Séminaire de Caracas", in *Almanach de la dissolution*, Paris, Navarin, 1986.

_____. *O Seminário*, livro 3, *As psicoses*. Rio de Janeiro, Zahar, 1988, 2.ed. corrigida.

_____. *O Seminário*, livro 7, *A ética da psicanálise*. Rio de Janeiro, Zahar, 1988.

_____. *O Seminário*, livro 8, *A transferência*. Rio de Janeiro, Zahar, 1992.

_____. *O Seminário*, livro 17, *O avesso da psicanálise*. Rio de Janeiro, Zahar, 1992.

_____. *Televisão*. Rio de Janeiro, Zahar, 1993.

_____. "Algumas reflexões sobre o eu", *Papéis*, 2. Rio de Janeiro, Corpo Freudiano, maio 1995, pp.31-9.

_____. *Escritos*. Rio de Janeiro, Zahar, 1998.

_____. *O Seminário*, livro 5, *As formações do inconsciente*. Rio de Janeiro, Zahar, 1999.

_____. *Outros escritos*. Rio de Janeiro, Zahar, 2003.

_____. *Nomes-do-pai*. Rio de Janeiro, Zahar, 2005.

_____. *O Seminário*, livro 10, *A angústia*. Rio de Janeiro, Zahar, 2005.

_____. *O Seminário*, livro 23, *O sinthoma*. Rio de Janeiro, Zahar, 2007.

_____. *O Seminário*, livro 6, *O desejo e sua interpretação*. Rio de Janeiro, Zahar, 2016.

_____. *O Seminário*, livro 22, *R.S.I.* Inédito (mimeo).

Laplanche, Jean. *Novos fundamentos para a psicanálise*. São Paulo, Martins Fontes, 1992.

Laplanche, Jean e Jean-Baptiste Pontalis. *Vocabulário da psicanálise*. Lisboa, Moraes, 1976.

*La Psychanalyse*, vol.1, Société Française de Psychanalyse, Paris, PUF, 1956.

Leakey, Richard. *A origem da espécie humana*. Rio de Janeiro, Rocco, 1995.

Leakey, Richard e Roger Lewin. *O povo do lago — o homem: Suas origens, natureza e futuro*. Brasília, Editora UnB; São Paulo, Melhoramentos, 1988.

Lorenz, Konrad. *Les fondements de l'éthologie*. Paris, Flammarion, 1984.

Machado, José Pedro. *Dicionário etimológico da língua portuguesa*. Lisboa, Livros Horizonte, 1990.

Magno, M.D. *O pato lógico*. Rio de Janeiro, Aoutra, 1986.

_____. *A música*. Rio de Janeiro, Aoutra, 1986.

_____. *Ordem e progresso: Por dom e regresso*. Rio de Janeiro, Aoutra, 1987.

Mannoni, Maud (Org.). *As identificações na clínica e na teoria psicanalítica*. Rio de Janeiro, Relume-Dumará, 1994.

Mannoni, Octave. *Chaves para o imaginário*. Petrópolis, Vozes, 1973.

_____. *Freud, uma biografia ilustrada*. Rio de Janeiro, Zahar, 1993.

Maranhão, Haroldo, *Dicionário de futebol*. Rio de Janeiro, Record, 1998.

Marini, Marcele. *Lacan, a trajetória do seu ensino*. Porto Alegre, Artes Médicas, 1991.

Mattos, Cláudia. *Cem anos de paixão: Uma mitologia carioca no futebol*. Rio de Janeiro, Rocco, 1997.

Melman, Charles. *Novos estudos sobre a histeria*. Porto Alegre, Artes Médicas, 1985.

_____. *Le livre compagnon de R.S.I.* Paris, Éditions de l'Association Freudienne, 1991.

_____. *Novos estudos sobre o inconsciente*. Porto Alegre, Artes Médicas, 1994.

Mijolla, Alain de. *Pensamentos de Freud*. Rio de Janeiro, Nova Fronteira, 1985.
\_\_\_\_\_. *Revista Internacional da História da Psicanálise*, vol.2. Rio de Janeiro, Imago, 1989.
Milan, Betty. *Manhas do poder*. São Paulo, Ática, 1979.
\_\_\_\_\_. *O país da bola*. Rio de Janeiro, Record, 1998.
Millot, Catherine. "La sublimation: création ou réparation?", *Ornicar?*. Paris, Lyse, n.25, 1982.
\_\_\_\_\_. *Freud antipedagogo*. Rio de Janeiro, Zahar, 1987.
\_\_\_\_\_. *Nobodaddy: A histeria no século*. Rio de Janeiro, Zahar, 1989.
Milner, Jean-Claude. "Sens opposés et noms indiscernables: C. Abel comme refoulé d'E. Benveniste", in *La linguistique fantastique*. Paris, Clims, 1985.
Moebius, A.F. "La première bande", *Ornicar?*. Paris, Lyse, n.17-8, 1979, pp.267-77.
Morris, Desmond. *O macaco nu*. São Paulo, Círculo do Livro, s/d.
Moscovitz, Jean-Jacques e Philippe Grancher. *Para que serve uma análise? Conversas com um psicanalista*. Rio de Janeiro, Zahar, 1991.
Motta, Joaquim Zailton B. *Gol, guerra e gozo*. São Paulo, Casa do Psicólogo, 2005.
Murad, Maurício. *A violência e o futebol: Dos estudos clássicos aos dias de hoje*. Rio de Janeiro, FGV, 2007.
Nasio, J.-D. *O livro da dor e do amor*. Rio de Janeiro, Zahar, 1987.
\_\_\_\_\_. *Lições sobre os 7 conceitos cruciais da psicanálise*. Rio de Janeiro, Zahar, 1989.
\_\_\_\_\_. *Cinco lições sobre a teoria de Jacques Lacan*. Rio de Janeiro, Zahar, 1993.
Ogilvie, Bertrand. *Lacan, a formação do conceito de sujeito*. Rio de Janeiro, Zahar, 1988.
Pacheco, Olandina M.C. de Assis. *Sujeito e singularidade: Ensaio sobre a construção da diferença*. Rio de Janeiro, Zahar, 1996.
Pessoa, Fernando. *Obra poética*. Rio de Janeiro, Aguilar, 1969.
Porge. Erik, *Freud/Fliess, mito e quimera da autoanálise*. Rio de Janeiro, Zahar, 1998.
Prigogine, Ilya e Isabelle Stengers. *A nova aliança*. Brasília, Editora Universidade de Brasília, 1991.
Radzinski, Annie. "Lacan/Saussure: les contours théoriques d'une rencontre", *Langages*, n.77, 1985, pp.117-24.
Retondar, Jeferson José Moebus. *Teoria do jogo*. Petrópolis, Vozes, 2007.
Rajchman, John. *Eros e verdade: Lacan, Foucault e a questão da ética*. Rio de Janeiro, Zahar, 1994.
Rimbaud, Arthur. *A correspondência de Arthur Rimbaud*. Porto Alegre, L&PM, 1983.
Ritvo, Lucille B. *A influência de Darwin sobre Freud: Um conto de duas ciências*. Rio de Janeiro, Imago, 1992.
Roazen, Paul. *Freud e seus discípulos*. São Paulo, Cultrix, 1978.
Roudinesco, Elisabeth. *História da psicanálise na França: A batalha dos cem anos*, 2 vols. Rio de Janeiro, Zahar, 1988-9.
\_\_\_\_\_. *Jacques Lacan: Esboço de uma vida, história de um sistema de pensamento*. São Paulo, Companhia das Letras, 1994.
Roudinesco, Elisabeth e Michel Plon. *Dicionário de psicanálise*. Rio de Janeiro, Zahar, 1998.

Safouan, Moustapha. A *sexualidade feminina na doutrina freudiana*. Rio de Janeiro, Zahar, 1977.

\_\_\_\_\_. *A palavra ou a morte: Como é possível uma sociedade humana?* Campinas, Papirus, 1993.

Sami-Ali. "Langue arabe et langage mystique: les mots aux sens opposés et le concept d'inconscient", *Nouvelle Revue de Psychanalyse*, n.23, 1982.

Saussure, Ferdinand de. *Curso de linguística geral*. São Paulo, Cultrix, 1991.

Shevoroshkin, Vitaly. "The mother tongue", in *The Sciences*, The New York Academy of Sciences, maio-jun. 1990.

Short, Robert. *Dada and surrealism*. New Jersey, Chartwell, 1980.

Sperber, Hans. "Sobre la influencia de los factores sexuales en la génesis y evolución del lenguaje", *Suplemento de las Notas*, 1, Escuela Freudiana de Buenos Aires, nov. 1980, pp.100-20.

Starobinski, Jean. As *palavras sob as palavras: Os anagramas de Ferdinand de Saussure*. São Paulo, Perspectiva, 1974.

Sulloway, Frank J. *Freud, biologiste de l'esprit*. Paris, Fayard, 1981.

Turkle, Sherry. *Psychoanalytic Politics — Freud's French Revolution*. Nova York, Basic Books, 1978.

Wine, Noga. *Pulsão e inconsciente: A sublimação e o advento do sujeito*. Rio de Janeiro, Zahar, 1992.

# Filmes

*2001: Uma odisseia no espaço* (*2001: A Space Odyssey*, 1968), de Stanley Kubrick.

*Fantasma da liberdade, O* (*Le fantôme de la liberté*, 1974), de Luis Buñuel.

# Créditos das ilustrações

p.200 (Imagem 1): © Photothèque R. Magritte/ AUTVIS, Brasil, 2022. *Os amantes*, 1928. Óleo sobre tela, 54 × 73 cm/ Oronoz/ Album/ Fotoarena.

p.200 (Imagem 2): © Photothèque R. Magritte/ AUTVIS, Brasil, 2022. *O princípio de prazer*, 1937. Óleo sobre tela, 79 × 63,5 cm/ Artepics/ Alamy/ Fotoarena.

p.200 (Imagem 3): © Photothèque R. Magritte/ AUTVIS, Brasil, 2022. *O bilhete postal*, 1960. Óleo sobre tela, 70 × 50 cm/ akg-images/ Album/ Fotoarena.

p.200 (Imagem 4): © Photothèque R. Magritte/ AUTVIS, Brasil, 2022. *A grande guerra*, 1964. Óleo sobre tela, 65 × 54 cm/ Fine Art Images/ Album/ Fotoarena.

p.200 (Imagem 5): © Photothèque R. Magritte/ AUTVIS, Brasil, 2022. *A ideia*, 1966. Guache sobre papel, 38,5 × 29,5 cm/ akg-images/ Album/ Fotoarena.

p.212 (acima e à esquerda): Leonardo da Vinci (1452 - 1519). *São João Batista*, 1513 a 1516. Óleo sobre tela, 69 × 57 cm.

p.212 (acima e à direita): Leonardo da Vinci (1452 - 1519). *Baco*, 1511 a 1515. Óleo sobre madeira, 117 × 115 cm.

p.212 (abaixo): Leonardo da Vinci (1452 - 1519). *A última ceia*, 1495 a 1498. Pintura em parede, 460 × 880 cm. Igreja Santa Maria delle Grazie.

p.213 (à esquerda): *A virgem e o menino Jesus com Sant'Ana e São João menino*, 1499 a 1500. Carvão realçado com giz branco sobre papel, montado em tela, 141,5 × 104,6 cm.

p.213 (à direita): Leonardo da Vinci (1452 - 1519). *Vergine delle rocce*, 1483 a 1486. Óleo sobre tela, 199 × 122 cm.

## Coleção Transmissão da Psicanálise

**Não Há Relação Sexual**
*Alain Badiou*

**Fundamentos da Psicanálise
de Freud a Lacan**
(4 volumes)
*Marco Antonio Coutinho Jorge*

**Histeria e Sexualidade
Transexualidade**
*Marco Antonio Coutinho Jorge;
Natália Pereira Travassos*

**Por Amor a Freud**
*Hilda Doolittle*

**A Criança do Espelho**
*Françoise Dolto e J.-D. Nasio*

**O Pai e Sua Função em Psicanálise**
*Joël Dor*

**Introdução Clínica à
Psicanálise Lacaniana**
*Bruce Fink*

**A Psicanálise de Crianças
e o Lugar dos Pais**
*Alba Flesler*

**Freud e a Judeidade**
*Betty Fuks*

**A Psicanálise e o Religioso**
*Philippe Julien*

**O Que É Loucura?**

**Gozo**

**Simplesmente Bipolar**
*Darian Leader*

**5 Lições sobre a
Teoria de Jacques Lacan**

**9 Lições sobre Arte e Psicanálise**

**Como Agir com um
Adolescente Difícil?**

**Como Trabalha um Psicanalista?**

**A Depressão É a Perda de uma Ilusão**

**A Dor de Amar**

**A Dor Física**

**A Fantasia**

**Os Grandes Casos de Psicose**

**A Histeria**

**Introdução à Topologia de Lacan**

**Introdução às Obras de Freud,
Ferenczi, Groddeck, Klein, Winnicott,
Dolto, Lacan**

**Lições sobre os 7 Conceitos
Cruciais da Psicanálise**

**O Livro da Dor e do Amor**

**O Olhar em Psicanálise**

**Os Olhos de Laura**

**Por Que Repetimos os Mesmos Erros?**

**O Prazer de Ler Freud**

**Psicossomática**

**O Silêncio na Psicanálise**

**Sim, a Psicanálise Cura!**
*J.-D. Nasio*

**Freud e a descoberta do inconsciente**
*Octave Mannoni*

**Guimarães Rosa e a Psicanálise**
*Tania Rivera*

**A Análise e o Arquivo**

**Dicionário Amoroso da Psicanálise**

**Em defesa da psicanálise**

**O Eu Soberano**

**Freud — Mas Por Que Tanto Ódio?**

**Lacan, a Despeito de Tudo e de Todos**

**O Paciente, o Terapeuta e o Estado**

**A Parte Obscura de Nós Mesmos**

**Retorno à Questão Judaica**

**Sigmund Freud na sua Época
e em Nosso Tempo**
*Elisabeth Roudinesco*

**O Inconsciente a Céu Aberto
da Psicose**
*Colette Soler*

3ª EDIÇÃO [2022] 1 reimpressão

ESTA OBRA FOI COMPOSTA POR MARI TABOADA EM DANTE PRO E
IMPRESSA EM OFSETE PELA GRÁFICA PAYM SOBRE PAPEL PÓLEN NATURAL
DA SUZANO S.A. PARA A EDITORA SCHWARCZ EM OUTUBRO DE 2023

A marca FSC® é a garantia de que a madeira utilizada na fabricação do papel deste livro provém de florestas que foram gerenciadas de maneira ambientalmente correta, socialmente justa e economicamente viável, além de outras fontes de origem controlada.